2025年度浙江省社会科学界联合会研究课题（课题编号：2025N164）

光明社科文库
GUANGMING DAILY PRESS:
A SOCIAL SCIENCE SERIES

·法律与社会书系·

社会情绪的传递与互动研究

以情感符号为视角

陈美楠 | 著

光明日报出版社

图书在版编目（CIP）数据

社会情绪的传递与互动研究：以情感符号为视角 /
陈美楠著 . -- 北京：光明日报出版社，2024.11.
ISBN 978 - 7 - 5194 - 8293 - 0

Ⅰ. C912.63

中国国家版本馆 CIP 数据核字第 2024CM0944 号

社会情绪的传递与互动研究：以情感符号为视角
SHEHUI QINGXU DE CHUANDI YU HUDONG YANJIU：YI QINGGAN FUHAO
WEI SHIJIAO

著　　者：陈美楠			
责任编辑：刘兴华		责任校对：宋　悦　贾　丹	
封面设计：中联华文		责任印制：曹　净	

出版发行：光明日报出版社

地　　址：北京市西城区永安路 106 号，100050

电　　话：010-63169890（咨询），010-63131930（邮购）

传　　真：010-63131930

网　　址：http：//book. gmw. cn

E - mail：gmrbcbs@ gmw. cn

法律顾问：北京市兰台律师事务所龚柳方律师

印　　刷：三河市华东印刷有限公司

装　　订：三河市华东印刷有限公司

本书如有破损、缺页、装订错误，请与本社联系调换，电话：010-63131930

开　　本：170mm×240mm

字　　数：190 千字　　　　　　印　　张：12

版　　次：2025 年 1 月第 1 版　　印　　次：2025 年 1 月第 1 次印刷

书　　号：ISBN 978 - 7 - 5194 - 8293 - 0

定　　价：85.00 元

目　录

绪　论

一、研究背景

情绪是每个社会成员在日常生活中的内心状态的反映，社会情绪是社会成员在社会交往中所体验的一种心理感受，是社会心态的重要构成内容。[①] 近年来，我国各领域的快速发展和国民生活水平的不断提高，群体的幸福感和获得感也从侧面反映出群体情绪的真实状态。然而，14 世纪鼠疫在亚洲和欧洲暴发；19 世纪鼠疫、霍乱、天花和黄热病等烈性传染病的流行；21 世纪暴发的 SARS、甲型 H1N1 流感等，再到目前不确定性事件的暴发，以持续性、传染性、广泛性为基本特征，严重危害群众生命安全和身体健康，阻碍了社会经济的稳定发展，影响了社会和谐氛围的营造。

世界卫生组织总干事谭德塞表示："新冠疫情影响了全球数百万人的心理健康，造成了焦虑和恐惧，扰乱了心理卫生服务。在全球范围内，心理健康已经是一个被忽视的健康问题。"[②] 尤其是突发公共卫生事件引发不确定性在一定程度上对群体心理产生强烈的恐慌感。而这些行为的背后，隐藏着诸多社会问题：一方面，大众对生存环境的认识是深刻的、持久的、广泛的，一旦生存环境暴露于风险之下，就会引起群众的不安；另一方面，在社会互动中，他们的主观感受得不到客观表达，消极情绪难以宣泄，共同体意识难以形成，难免会发生摩擦。如何使人们对负面的社会情绪有更清晰、更理性的认识，进而引导社会各界采取积极措施，促进人与人之间的沟通与合作，关注复杂风险环境下社会群体心态的调节，增强正面的社会情绪，促进社会和谐稳定与健康发展，已成

---

① 王俊秀. 中国社会心态 10 年［M］. 北京：社会科学文献出版社，2020：12.
② 谭德塞：疫情期间缺乏社交活动对心理健康产生影响［EB/OL］. 人民网，2020-08-28.

为亟待解决的重要问题。

我国正处于"两个一百年"的历史交汇期，不仅各行各业都在积极进行变革，习近平总书记指出："特别是现在这一代的年轻人，他们也在变化中，他们的心态和思想也在改变。"① 国民正在变得更加自信和自强。但就在这复杂变化中，人们对于生活的期待越来越高，每天都会面临着各种各样的问题：工作压力大，家庭矛盾多，学业紧张等等，可以说，现代社会是一个充满了烦恼、焦虑和不安全因素的世界。突发公共卫生事件的暴发不仅加剧了这种焦虑情绪和不安感，而且加深了社会情绪对社会、群体的影响，使得人们在认识和处理个人与他人之间的关系时更多地依赖于情感。这是因为交流能够激发个体的想法和感觉，从而激发他们的即兴创造力和想象力，产生意想不到的结果，而如果他们单独时就不会有这种想法和感觉。②

在信息化网络时代，国民生活和工作节奏在加快，身体和心理压力也在大幅增加。由于主、客观因素，社会成员本身存在情绪问题，如焦虑、抑郁等。具体来说，通过《中国国民心理健康报告（2019—2020）》可知，不同学历的调查对象在心理健康水平上也存在差异。以抑郁为例，大学本科及以上群体的抑郁高风险检出率为13.6%，中专/大专群体的检出率为16%，高中及以下群体的检出率为18.1%。③ 这表明，随着人们生活质量的提高和文化素养的提升，人们的精神压力反映不同变化，心理健康问题比身体健康问题更加凸显，甚至少数人由于极端的情绪问题而产生"反社会倾向"，亦会做出反社会行为。这些不良行为的主要原因是：如果人们长期沉浸在负面情绪中，心理精神世界就会慢慢酝酿成为一个火药桶，一些微不足道的事情都会触发它们的引信，导致惨烈的后果。④

总之，社会建设的核心是构建社会共同体，是构建社会成员共同的情感和道德规范。社会建设和社会心态的内在联系在于：社会问题和矛盾如果长期得不到妥善处理和解决，就会逐渐形成根深蒂固的社会心态，并成为影响社会氛围的重

① 习近平："大思政课"我们要善用之 [EB/OL]. 新民网，2021-03-07.
② 陈向明. 质的研究方法与社会科学研究 [M]. 北京：教育科学出版社，2000：1.
③ 傅小兰，张侃，陈雪峰，等. 中国国民心理健康发展报告（2019-2020）[M]. 北京：社会科学文献出版社，2021.
④ "一名女子在火锅店就餐，因为要求服务员给火锅加水被拒而发生口角。结果服务员竟将一锅滚烫的高汤，直接浇到顾客身上。"参见封寿炎. 热汤浇顾客，邪火戾气从何而来 [N]. 解放日报，2015-08-27 (6).

要因素。社会心理建设包括社会环境、社会稳定、心理健康、社会凝聚力、社会共识、社会价值观、社会情绪等方面的建设。其中社会认知态度、社会情绪、社会价值观与社会行为取向等与社会心态的核心内容密切相关，共同决定着社会的发展，是构建社会心理服务体系的主要内容。① 进言之，社会情绪是社会稳定的基础，社会情绪的失衡将导致社会问题的发生。除了社会情绪中隐藏的风险因素外，其他如自然灾害、突发公共卫生事件等客观环境变化引发的结果也会对群体情绪产生直接而重大的影响，而生活需要、物质需求和精神追求无疑会受到这些风险事件的干扰，也会打破群体原有的情感模式，群体会经历更多的来自内心的不确定性。简言之，当人们面临着某种突如其来的困难或者危机时，由于恐惧和焦虑等负向冲动作用，会导致个体产生一系列行为反应，从而引起群体情绪，如群体焦虑、社会怨气等。

特别是调研期间正处突发公共卫生事件的关键阶段，在不确定性事件反复发生时，每个人都会形成一种特殊的心理状态，通过与他人的互动产生行为反应，通过自我表达和情感体验形成共同的情绪体验。人际互动又会影响社会情绪的传递。本研究从互动—情感符号视角出发，采用深度访谈法、观察法等研究方法，以 G 省 W 市抗击疫情的现有阶段为基础，通过对人与人之间社会情绪的传递分析，探讨社会情绪的产生和传递机制，关心国民心理健康发展，解决国民心理健康问题，更好地完善心理服务体系建设，毕竟，加强我国心理服务体系建设是推动社会建设、经济发展的重点任务之一。

二、文献综述

社会情绪是判断社会心态的核心指标之一。对社会情绪的研究不可避免地涉及对社会心态的理解。② 在梳理现有研究的基础上，国内外学术界对社会心态问题进行了大量的探讨。在西方社会中，社会心态最早起源于亚里士多德对尚未受到外界事物影响和刺激的心灵的隐喻，即白板说。对此学说，洛克在批判了天赋观念之后，运用了白板思想并加以发挥，论证了认识来源于经验的基本原则。在他看来，

---

① 王俊秀. 社会心态中的风险和不确定性分析 [J]. 江苏社会科学，2016：15-21.
② 段慧丹. 从嫉妒到怨恨：当代中国社会情绪的变迁（1978 年至今）[D]. 上海：华东师范大学，2014：2.

最初的心灵像一块没有任何记号和任何观念的白板，一切观念和记号都来自后天的经验。[①] 然而，在这个复杂多变的社会，越来越多的数据和网络信息将社会与人们紧密相连，并为人们的心灵"白板"增姿添彩。公众进入科技化和信息化社会后，不仅社会观念的传播方式发生了变化，社会心态的形成机制也变得更加复杂，呈现出新的特点。[②] 由此可见，"社会心态"问题在国家层面受到前所未有的重视，自尊自信、理性平和、积极向上心态的培育已经纳入国家治理宏大体系之中。[③] 有学者认为，公众心态是随着社会的发展而变化的，而社会运行的状态决定着社会心态的表现。许多哲学、社会学、心理学和其他领域的学者研究了社会心态，就使用频率而言，社会心态是仅次于社会心理这一术语（如图 0-1 所示）。

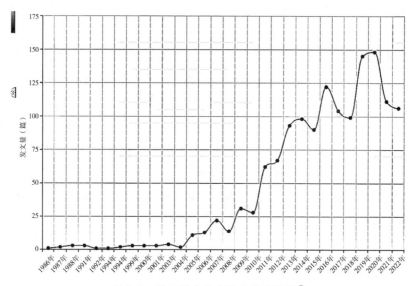

图 0-1　关于社会心态论文检索数量[④]

以"社会心态"为主题词，知网检索显示，自 1986 年以来，研究者一直在使用这一概念。从 1993 年到 1997 年，使用"社会心态"的次数小幅度上升，

---

① 约翰·洛克. 人类理解论 [M]. 关文运，译. 北京：商务印书馆，2011：10.
② 杨宜音，王俊秀，等. 当代中国社会心态研究 [M] 北京：社会科学文献出版社，2013：导言 4.
③ 杨锃. 从"人格崇拜"到"自主自我"：社会的心理学化与心灵治理 [J]. 社会学研究，2019：57.
④ 数据由笔者进行整理统计。数据源于知网 [EB/OL]，2022-01-30.

论文篇数从 18 篇到 45 篇以内。进入 20 世纪以来，随着中国社会、经济的快速发展，学术界越来越关注"社会心态"随社会的发展而出现的变化，论文篇数也从几十篇上升至几百篇。其中，2010 年至 2015 年，使用社会心态概念的论文数量达到小高峰，随后几年，关于"社会心态"的论文发表也一直呈现增加趋势。这说明社会心态这个概念的运用数量日益增多。

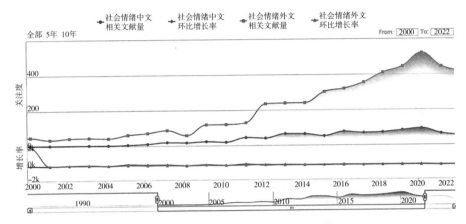

图 0-2　国内外社会情绪相关文献量①

由图 0-2 可知，以"社会情绪"作为关键搜索词，2000 年至 2022 年期间主要分为两个阶段：第一个阶段指前十年，社会情绪方面的文献发文量一直处于平稳趋势且数量不多，中文文献量平均每年不超过 11 篇，外文文献量平均每年不超过 63 篇。第二阶段是指至今，文献发文量明显增加，中文文献量平均每年为 60 篇；外文文献量平均每年约为 253 篇。相较于第一阶段而言，第二阶段在数量上都是大幅度上升状态。

（一）国外研究现状

1. 社会情绪的现状研究

在《情感社会学》中，特纳对"情感/情绪"的理论研究进行了详细的梳理。在他看来，1970 年代，当社会学家开始研究情感问题时，他们把注意力集中在情感如何塑造自我；情感如何塑造互动过程；人们是如何对社会结构与文

_____

① 数据由笔者进行整理统计。知网检索［EB/OL］，2022-04-03.

化产生承诺的以及情感如何维持或改变社会结构和文化符号等问题。① 基于这些问题，国外学者从不同视角对情感作出分析。

首先，学者通过社会心理学视角对社会情绪进行探讨。面对日益严重的社会问题（刑事犯罪、肥胖）和各种新出现的社会现象，史丹利·沙克特等人试图用严谨的实验证据提出发人深省的社会心理学理论。尽管群体和集体是由个体组成的，但他们总是以集体的形式影响着每个人的情绪。在西方社会，社会情绪也被视为是群体情感或集体情感。乔治提出的"群体情感基调"、麦金托什"社会诱发性感情"、凯利"群体情感"、群体情绪、群体心境、群体特定情感的区分，为群体心态中的情绪研究奠定了基础。② 勒庞在《乌合之众》一书中对群体心理及行为的研究成为经典。再如涂尔干的集体表征和图腾崇拜，荣格的集体无意识的概念等也是群体心理研究中的重要概念，这些概念强调了情感的"社会"性。

其次，从互动和仪式的角度探讨情感问题。研究者指出情感是人的感觉、思想和行为的反映。从仪式的角度来看，特纳认为互动的重要价值在于人们以一种有节奏的、同步的方式进行交流。情感能量水平通过被唤醒的情感来提高，继而被象征性（符号化）地表达出来，而被唤醒后的情感有助于加强群体团结。③ 柯林斯通过借鉴涂尔干的观点（图腾），以及戈夫曼在情感研究中对"邂逅"的论述，发展了互动仪式的概念。柯林斯更关注的是人们在多种情境下，或高水平或低水平的持久的情感能量。在他看来，情感能量会导致群体情绪的起起落落，导致人们主动参与互动或是退避不前。换言之，柯林斯与涂尔干的观点一致，认为共同在场、共同集中注意力、有节奏的同步以及相同心境、群体的符号化会唤醒情绪，实质上，当情绪被唤醒时，仪式的这些组成部分被④社会情绪的产生和延续，尤其是最近几年，正是由于某些事件或情境的发生，群体共同关注的同时心境越来越一致，焦虑、浮躁或是戾气等情绪被唤醒，情感

---

① 特纳，斯戴兹．情感社会学［M］．孙俊才，文军，译．上海：上海人民出版社，2007：19.

② 杨宜音，王俊秀，等．当代中国社会心态研究［M］北京：社会科学文献出版社，2013：13.

③ 特纳，斯戴兹．情感社会学［M］．孙俊才，文军，译．上海：上海人民出版社，2007：20.

④ 赋特纳，斯戴兹．情感社会学［M］．孙俊才，文军，译．上海：上海人民出版社，2007：61-62.

逐渐被增强。

最后，还有学者从文化和情感的角度出发认为文化不仅可以影响情感，而且情感是文化承诺的动力。[①] 身体感受、表达姿态、社会情境或关系以及社会的情感文化都可作为情感的组成部分。在文化与情感相关的理论中，大多数学者认为社会及其亚文化都蕴含了情感文化，它由情感的意识形态、表达感受的规则、情感词汇和联结情感的多个成分的文化逻辑组成。人们常常会在他们的真实感受和表达规则的要求之间陷入不一致的冲突状态。[②] 比如，有的学生考得高分时，他们的真实感受是开心和愉悦；有的学生考得低分，他们的真实感受是沮丧和失落。当快乐的群体向沮丧的群体表达自己的感受时，他们可能会因为关心对方的感受而陷入自己的真实感受和表达规则之间的矛盾。个体的情感处理习惯会逐渐沉淀为不自觉的群体倾向与行动准则，成为群体具有共享性的、不能随意改变的规则。此外，从生命发展的角度来看待积极的情绪及其与心理健康的关系是至关重要的，[③] 也就是说，随着人们对自身健康的重视和社会需求的不断增长，积极情绪能够增强个体的内部动力机制，促进心理健康水平的改善与维护。

2. 情绪传递的研究概况

人类的独特特征之一是他们在形成社会纽带和建构复杂的社会结构时对情感的依赖。[④] 情感在亲密关系中发挥着至关重要的作用，它是发展和维护这些关系的核心，并可以影响个人与人际间的情感动态，[⑤] 情感动态通常是由情绪具体呈现的。一般来说，社会互动是一个非常微妙的过程，在互动中，人们把情绪作为社会和文化产品，[⑥] 传递不同的情感信息，时而有意识，时而无意识，互动对象则会识别这些不一样的情感，有时是有意识的，有时又是无意识的，认识

① 特纳，斯戴兹. 情感社会学 [M]. 孙俊才，文军，译. 上海：上海人民出版社，2007：239.

② 特纳，斯戴兹. 情感社会学 [M]. 孙俊才，文军，译. 上海：上海人民出版社，2007：54.

③ VILLANUEVA C M, SILTON R L, HELLER W, et al. Change is on the Horizon: Call to Action for the Study of Positive Emotion and Reward in Psychopathology [J]. Current Opinion in Behavioral Sciences, 2021, 39: 34-40.

④ 特纳，斯戴兹. 情感社会学 [M]. 孙俊才，文军，译. 上海：上海人民出版社，2007：1.

⑤ SCHOEBI D, RANDAL A K, l. Emotional Dynamics in Intimate Relationships [J]. Emotion Review, 2015, 7 (4): 342-348.

⑥ BOEHNER K, DEPAULA R, Dourish P, et al. How Emotion is Made and Measured [J]. International Journal of Human-Computer Studies. 2007, 65 (4): 275-291.

并对其进行解释。① 安娜·吉布斯指出："身体可以像着火一样轻易陷入某种感情：情绪从一个个体跳到另一个个体，于是它唤起柔情、产生羞愧、激起愤怒和引起恐慌——简而言之，在你能想象到的每一种充满激情的火焰中，具有交际功能的情绪可以点燃人们的神经和肌肉"。② 在人际互动的过程中，各种情绪不断地呈现和传递，使群体彼此感同身受，"共情、从众、附和"等心理行为不论是有意识的还是无意识的；不管是正向的还是负向的，都无疑描绘出情绪传递的过程。

Hannes Rosenbusch③ 等提出情境情绪转移（传染）和具有相似情绪的用户聚集（同质性）在一起的现象。具体通过多层次分析方法对这些机制进行了一致的分析，利用 YouTube 的层次结构来分解 YouTuber 情绪对观众评论的视频和渠道层面的影响。Nidhya Logeswaran & Joydeep Bhattacharya④ 通过音乐、绘画等艺术手段进行情感方面的刺激传递，其认为音乐刺激（快乐和悲伤）启动了情绪面孔（中性的、快乐的和悲伤的）的处理，缓解了消极、负面情绪的问题。在研究中，行为实验显示出音乐启动的显著效果：在听快乐（悲伤）音乐之前，无论面部情绪如何，都能增强对面部的快乐（悲伤）感知。

Stieglitz, S. & Dang - Xuan, L⑤ 认为社交媒体信息更多是由情感驱动。Jennifer C. Veilleux 等⑥认为对情绪持"友好"看法的人注意力更集中，表现出更高的情商，更乐于分享情绪，通常情绪失调的程度也会更低。另外，Anthony

---

① 特纳，斯戴兹. 情感社会学 [M]. 孙俊才，文军，译. 上海：上海人民出版社，2007：237.

② 斯宾塞，沃尔比，亨特. 情感社会学 [M]. 张军，周志浩，译. 南京：江苏凤凰教育出版社，2015：47.

③ ROSENBUSCH H, EVANS A M, ZEELENBERG M. Multilevel Emotion Transfer on YouTube：Disentangling the Effects of Emotional Contagion and Homophily on Video Audiences, 2019：991.

④ LOGESWARAN N, BHATTACHARYA J. Cross Modal Ttransfer of Emotion by Music [J]. Neuroscience Letters, 2009, 455（2）：129.

⑤ STSTIEGLITZ S, DANG-XUAN L. Emotions and Information Diffusion in Social Media—Sentiment of Microblogs and Sharing Behavior [J]. Journal of Management Information Systems, 2013, 29（4）：219.

⑥ VEILLEUX J C, POLLERt G A, SKINNER K et al. Individual Beliefs About Emotion and Perceptions of Belief Stability are Associated With Symptoms of Psychopathology and Emotional Processes [J]. Personality and ndividual Differences. 2020, 171（1）：2.

Cherbonnier & Nicolas Michinov[①] 指出，信息和通信技术的发展为使用表情符号来传递情感提供了一种新的非语言渠道。即是说，情绪传递不仅能够通过语言、文字来实现，还可以使用一些情感符号来实现人际互动，如 Twitter、facebook、微信、微博的表情包；抖音、微视等短视频的点赞功能，这些不仅能够帮助人们理解外界事物的意义、本质和功能，还能将主体的内心想法（喜欢或厌恶等）表达出来，与他人有效沟通，同时，还可以大大增强网络时代中人际关系的亲密性和互动性。

3. 风险与社会情绪的研究

"风险"这个词似乎在 17 世纪才得以变为英语，它可能源于一个西班牙的航海术语，意思是遇到危险或触礁。[②] 风险往往伴随着危险、危机，在许多情况下，风险即危险。既往研究发现，人们在面对风险事件时，会根据一些情绪/情感线索处理信息、作出判断和制定决策。这是因为情感是情境性的、具体化的和社会性的建构——在流动的、多元的和突现的过程中解构和重构；情感在关系空间中是相互关联的。[③] 例如孩子们观察和他们互动的人所表现出的情绪有喜悦（分享糖果、礼物时的开心情绪）、嫉妒（看到他人拥有玩具，自己没有时的羡慕）等。研究者指出青少年可能比儿童更容易受到冲动或情绪驱动的反应（例如他们对威胁的敏感性提高），他们调节情绪的能力尚未成熟，当他们面对诸多风险的时候，极易产生暴躁的情绪。

风险的不确定性与情绪相伴相生。医学领域上的不确定性是指"个体无法对健康事件形成连贯的认知图式。"[④] 例如，当群体在面临遗传疾病风险时，必

---

① CHERBONNIER A，MICHINOV N. The Recognition of Emotions Beyond Facial Expressions：Omparing Emoticons Specifically Designed to Convey Basic Emotions With Other Modes of Expression [J]. Computers in Human Behavior，2021：1.

② 吉登斯. 现代性的后果 [M]. 田禾，译. 南京：译林出版社，2000：29.

③ ASKINS K. 'That's Just What I Do'：Placing Emotion in Academic Activism [J]. Emotion，Space and Society，2009，2（1）：4.

④ TACKETt A P，CUSHING C C，SUORSA K I，et al. Illness Uncertainty，Global Psychological Distress，and Posttraumatic Stress in Pediatric Cancer：A Preliminary Examination Using a Path Analysis Approach [J]. Journal of Pediatric Psychology，2015，4（3）：309.

须学会如何处理有关其健康和长期未来的复杂的不确定性,① 只有这样才可以缓解恐慌不安的情绪。非医学领域的不确定性和医学领域的不确定是相似的，即引发群体恐慌，由于对事物的不确定和不可预测的风险，群体往往表现出不耐、焦虑和恐慌。但是，Qing Han 和 Bang Zheng 等指出与风险有关的情绪可以产生团结的潜力。比如，通过分析 Psy Corona 调查的横断面和纵向数据，其中也包括来自 112 个国家的 54845 名参与者，运用规范曲线分析（SCA）检查 COVID-19 的风险感知与情绪和自评心理健康的关系，在 SCA 中，所有 162 个多层线性回归表明，COVID-19 的更高风险感知与较少的积极或更多的负面情绪显著相关。突发公共卫生事件的危机中，医护人员会以急切的情绪救治病人，凝聚起更高的团结力量，然后寻找最佳的救治方案，除此以外，社区工作人员、志愿者等其他防疫人员与居民一起配合，做好疫苗接种、大规模核酸检测等，增强信心和缓解全员的负面情绪。由此而言，重大突发公共卫生事件不仅给人们的生命财产造成了巨大的损失，也给人们的心理带来巨大冲击，导致人们出现焦虑、抑郁、失眠等心理与行为问题。

4. 情绪类型的划分研究

罗素认为，情绪的心理结构并非一个单一的过程，而是各种过程的总称，包括各种情绪情节成分、成分之间的联系，以及作为特定情绪成分的分类模式。美国心理学家普拉切克提出：悲痛、恐惧、惊奇、狂喜、狂怒、警惕、憎恨。② 这些情绪反应的产生，都是在大脑皮层形成一种特殊的感觉——"神经紧张"状态下引起的。人们通过各种方式对自己所处的环境进行调节，使之保持平衡与适度安定。当我们处于紧张时，会表现为焦虑；如果我们处于轻松愉快的心境中时，则会表现为放松。正如达尔文将情绪分为不同的类别，如"低落的情绪"（包括焦虑、忧伤、沮丧和失望），"自我关注的情绪"（包括羞愧、害羞和谦虚）等。③ 有些情绪因客观事物而产生，有些情绪是主体本身就存在。特别是当前社会处于网络发展迅速的时代，研究者逐渐将关注点放置于网络情绪的类

① FISHER C L, ROCCOTAGLIATA T, RISING C J, et al. "I Don't Want to Be an Ostrich": Managing Mothers' Uncertainty during BRCA1/2 Genetic Counseling [J]. Journal of Genet Counseling, 2017, 26 (3): 455.
② 普拉特契克 [EB/OL]. 百度百科, 2021-01-11.
③ 特纳, 斯戴兹. 情感社会学 [M]. 孙俊才, 文军, 译. 上海: 上海人民出版社, 2007: 237.

型划分中，如 Nagy 和 Stamberger 针对 2010 年加州天然气爆炸事故中网络平台（推特）的用户情绪时发现事故初始阶段，用户的负面情绪远高于正面情绪。可见，现有研究以情绪倾向性分析为主，主要把突发危机下网络情绪划分为正面、中性和负面，当然，也可划分为积极和消极。

总之，人们熟知的情绪基本类型为喜怒哀乐，社会情绪的产生也正是在这些基础情绪上发展而来。从个体情感来看，情感与意志相比较，具有更大的不确定性和复杂性。它对于个体行动的影响是多方面、深层次的，同时，它又受到环境条件、个体观念等诸多因素的制约。情感不仅是个体的情绪和感受状态，也是作为规则、规范和制度而存在的集体状态。[①] 情感是人类最重要的内驱力，情感能够直接或间接地影响人们的思维过程，使其朝着目标努力前进。并且情绪有很多种转换手段，如激励情绪，安抚情绪，调节情绪等。但无论采用哪种手段，都需要通过一定的载体将情感传递出去，才能达到预期的效果。

（二）国内研究现状

1. 社会情绪的现有研究

在国内学者眼中，随着近年来中国群体性事件的频繁发生，在社会发展过程中起着晴雨表和风向标作用的社会情绪，越来越受到管理者和研究者的关注。第一，以文化作为研究基础探讨社会情绪。一方面，从文化的角度来看，情感与文化总是相辅相成的，情感以文化为基础，文化营造情感的氛围。任何一个社会，不仅有其特定的客观结构和发展水平，而且有其独特的精神风貌和心理状态，都会有其自身的情感韵律。[②] 人们对于情感的认识、体验及其行动都具有一种主动或被动的倾向，情绪作为人们生命活动过程中最本质的内在属性之一，它既能表征主体的心理状况，又能反映一定时期、一定地域以及一定历史条件下人们的思想、道德和价值取向等方面的情感现象。当情感律动达到顶峰时，群体出现喜悦、骄傲、自豪等情绪，情感律动开始下降时，群体又会出现生气、愤怒、怨恨、浮躁等情绪（如图 0-3 所示）。

人作为社会关系的总和，所有人从出生开始体验到的情绪都不可避免地带

---

① 王雨磊. 缘情治理：扶贫送温暖中的情感秩序 [J]. 中国行政管理，2018：97.

② 成伯清. 从嫉妒到怨恨：论中国社会情绪氛围的一个侧面 [J]. 探索与争鸣，2009：49.

有文化和环境的印记。① 一个国家或民族的心理健康
状况直接影响着其经济发展和社会进步的程度。赵晖
和周赟指出，社会转型期经济发展带来的新变化，促
使社会浮躁的产生，这是因为在转型期，伴随着经济
社会的快速转型，文化发展呈现出多元化的趋势，文
化冲突、文化失范、文化风险接踵而至，作为社会文
化精神内核的价值观呈现出多元化、不平衡的趋势，
出现了主导性精神价值的缺失和道德秩序的混乱，从
而引发了生存价值受到威胁的社会焦虑的广泛蔓延。
归根到底，这种文化多元化的发展是由于群体本体的
差异性，包括教育背景、工作经验等方面的差异，可

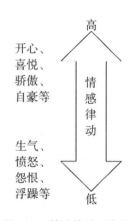

图 0-3　情感律动示意图

能导致自我、社会认同和价值观的差异，这会造成一定程度的不确定性，最后
产生社会冲突和社会矛盾。

另一方面，学者通过文化以外的角度探讨社会情绪。从个体特征来讲，黄
玲玲等人基于效价和唤醒两个维度探讨了情绪中的核心情绪，即一种基本的心
理原始状态，比如，在最纯粹的核心情绪形式下，一觉醒来就莫名其妙地高兴
或沮丧，或者在盛夏的海滩度假时，平静、闲适等情绪会出现在许多非原型的
情绪情节中。② 与个体层面对情绪的讨论相比，王俊秀指出，通过社会心态的宏
观视角，社会情绪是指在一定社会环境下，某一群体或某些群体或整个社会多
数人共同分享的情绪体验，他从社会心态的角度出发重点探讨社会情绪的产生，
研究范围不再局限于个体特征，这也更好地为本研究奠定了基础。

第二，通过社会情境探讨社会情绪。徐晓坤等认为，社会情绪依赖于社会
情境，要求个体在社会情境中对自己的处境和状态有更广泛的表述，社会情境
是一种主观理解的、在叙事框架内的、身体动员行为的排序，是社会生活的基

①　新冠肺炎疫情对社会情绪的影响：心理健康服务视角：本刊专访中国人民大学教授、博
士生导师俞国良 [J]. 黑龙江社会科学，2020：72.

②　黄玲玲，许远理，王晓宇．核心情绪：情绪产生之前的基础状态 [J]. 兰州教育学院学
报，2010：47.

本单元，是最普遍的、无处不在的、简单的完整单元。① 沙莲香认为社会情绪是人们对社会生活中各种情境的感知，通过群体成员之间的相互影响和互动而形成的较为复杂和相对稳定的态度体验，这种感知和体验对个人或整体有指导和激励作用。比如，随着中国科学技术的快速发展和网络时代的日趋完善，大多数学者都在探讨当前网络环境下引发的群体性情绪。近年来影响深远的网络公共事件背后有很强的社会情绪，它往往会影响事件的进程，有时会使事件偏离原来的重点，有时会促使一些普通的社会问题转变成为重大的公共事件。② 同样通过虚拟网络社会探索社会情绪的朱代琼和王国华指出，社会情绪是一定规模的群体或社会公众在网络空间中对自身有关的社会客观事实的共同而普遍的体验和反应，包括身体唤醒、体验、认知过程和行为表现等一系列复杂的整体过程。可以看出，社会情绪作为群体共同的社会心理状态，也可以用来衡量社会成员互动的效果，即被解释为在社会情境中通过人际交往表现出来的一系列情绪活动以及在个体情绪基础上的体验性实现的外显行为。

第三，探讨情绪的不同源头对社会情绪类型作出划分。大多数学者将社会情绪分为积极倾向和消极倾向或正面、中性和负面情绪。当前，我国人民的社会情绪总体上是积极健康的，但是各种消极的、非理性的，甚至极端严重的社会情绪也在增多。③ 同时，对于群体来说，积极和消极的社会情绪都有可能对其行为产生影响。因此，研究社会情绪具有重要现实意义。积极情绪有可能源于社会获得感和幸福感的增加，消极情绪有可能来自社会和经济压力，如经济和社会快速发展造成的群体焦虑；因社会利益失衡而产生的不满情绪；富人与穷人之间的鸿沟和权力腐败所引起的仇恨情绪；因攀比和无能而产生的怨恨情绪；因缺乏社会信任而产生的叛逆情绪；因价值真空而造成的无聊情绪；因道德混乱而导致的冷漠情绪等。④ 总之，积极和消极的情绪总是有其特定的现实背景，社会情绪的表达就需要特定情境的具体分析，当然，不同类型的社会情绪可能存在不同表达形式，这就需要通过社会互动过程更多地寻找传递根源。

---

① 斯宾塞，沃尔比，亨特．情感社会学 ［M］．张军，周志浩，译．南京：江苏凤凰教育出版社，2015：107-108.

② 刘博．网络公共事件中的群体情绪及其治理 ［J］．上海行政学院学报，2017：98.

③ 温淑春．当前我国社会情绪的现状、成因及疏导对策 ［J］．理论与现代化，2013：104.

④ 张丽红．当前社会存在的主要负面情绪及其疏导 ［J］．理论界，2011：167.

最后，关于如何测量群体情绪，关键在于将个体情绪与群体情绪进行剥离。这是因为个体和群体的愉悦体验在感觉上非常相似，而影响群体的事件也会以与个体相同的方式影响群体成员，模糊了个体情绪和群体情绪之间区别。[①] 当然，群体情绪测量的不足主要集中在：①确保测量的是群体情绪而非个体情绪；②继续以传统李克特式的口头报告方式进行测量；③现有的测量往往是通过表象的方式进行，这可能会导致群体情绪测量中的误差；④单一的方法工具，无法相互验证，[②] 可以看出，社会情绪的测量还存在许多困难和不足。洪宇翔等人指出，[③] 需要将"社会情绪"的研究置于全新的空间，提出一个社会情绪图式，即从情景知觉到情景认知的社会情绪的过程，也就是说，它包含着对人们的行为、思想和情感进行分析、解释的能力，同时又具有相应的理论功能。如何选取合适的指标来测量社会情绪仍是未来研究关注的内容之一。

2. 焦虑情绪的研究现状

群体焦虑是一种最常见的社会情绪。在社会运行过程中，由于群体承担的角色不同，给他们带来了许多压力。焦虑情绪的产生原因是：第一在经济层面，资源分配不均，贫富差距增大。在主体心理上，社会成员往往因收入差距过大而感到无奈；因社会竞争缺乏良性程序而引发强烈的不公平心态；因无处不在的权力寻租而加剧了无助和愤怒。[④] 社会成员的社会经济利益地位的急速变化，往往会产生巨大的双重示范效应，这又给许多社会成员造成了压力。[⑤] 导致群体在追求基本需求时感到焦虑，并对未来不确定且没有任何安全感。焦虑情绪可以通过自我效能感、家庭和社交网络等因素影响主体行为，从而导致更多的负面应激反应，造成严重的后果。第二在社会层面，随着现代社会的快速发展，科学技术的突飞猛进，群体互动扩展到网络空间，社会变得越来越复杂化和多样化。特别是现代化社会，加快了全球化进程，促进了专业化、信息化的发展，

① 杨宜音，王俊秀，等. 当代中国社会心态研究 [M] 北京：社会科学文献出版社，2013：109.

② 杨宜音，王俊秀，等. 当代中国社会心态研究 [M] 北京：社会科学文献出版社，2013：117.

③ 洪宇翔，李从东，谢天. 基于 X 列表的社会情绪图式模型研究 [J]. 系统科学学报，2016，24（2）：96.

④ 管健. "弱势心态"蔓延：矫情还是憋屈 [J]. 人民论坛，2010：22.

⑤ 吴忠民. 中国为何弥漫着社会焦虑 [N]. 学习时报，2011-06-13（4）.

但也在一定程度上给社会带来了较大的不确定性。第三在群体层面，群体认同、塑造积极的价值观和信仰等。在许多情况下，群体因冲动，缺乏身份认同感，价值观破裂和信念动摇而陷入焦虑。换句话说，当人们面对许多诱惑时，特别是为了经济利益，他们往往缺乏坚定的信念、长期的目标导向和执着的精神，并且不可避免地随波逐流，捉摸不定而焦虑。① 严重的焦虑情绪影响了人们的工作和生活，甚至有可能使人产生恐惧症，出现各类问题。邢占军同样赞同管健、吴忠民的观点，他认为社会焦虑与中国快速现代化进程和剧烈社会转型所带来的压力，以及随之而来的价值缺失和信仰危机密切相关，这严重影响了人们的幸福感和社会的幸福指数。②

鉴于此，不少学者在探讨焦虑类型时，也把焦虑的原因作为研究依据。郝宇青等认为，③ 对于当前中国社会呈现的焦虑类型而言，主要有四种：利益性焦虑、价值性焦虑、政治性焦虑和身份认同焦虑。罗希明和王仕民将焦虑与具体环境相结合指出：在现代社会，人们产生焦虑的类型主要包括：①基本生存型焦虑主要是由于现代人在学习、生活、工作过程中缺乏基本的生存条件而产生的焦虑；②归属型焦虑是指人们追求个人归属感的需要特别强烈和迫切。一旦这种需求得不到满足，他们就会陷入痛苦的焦虑之中；③发展型焦虑表示现代人在成长成才的发展过程中由于发展性问题而产生的焦虑。仇立平④从阶层分化的角度来讨论焦虑的类型。比如，穷人有穷人的焦虑，富人有富人的焦虑；老人有老人的焦虑，孩子有孩子的焦虑；群众有群众的焦虑，官员有官员的焦虑；当然，依靠自己的努力成为城市中产阶级一员的新移民更是有不同的焦虑。蔡劲松等人⑤则简明扼要地表明，在现实生活中，人们普遍有两种形式的焦虑，即学习焦虑和生存焦虑。学习焦虑来自尝试新事物的恐惧；生存焦虑来自对现实生存状况的忧患意识。可以看出，焦虑类型的划分是根据群体的现实环境和其所遇到的压力来进行的，尤其是近年来，很多人都出现过所谓的焦虑症状，这已经成为当今生活中普遍存在的社会现象。

---

① 吴忠民. 中国为何弥漫着社会焦虑 [N]. 学习时报，2011-06-13 (4).

② 邢占军. 焦虑之下的幸福指数 [J]. 探索与争鸣，2012 (7)：13.

③ 郝宇青，张弓. 当下中国社会焦虑的类型探析 [J]. 齐鲁师范学院学报，2013, 28 (1)：31.

④ 仇立平. 城市新移民的"中产焦虑" [J]. 人民论坛，2014 (15)：64.

⑤ 蔡劲松，刘建新. 现代性危机中城市生存焦虑的风险与化解 [N]. 中国科学报，2019-06-26 (3).

关于如何缓解焦虑，研究者通过文化治理来调和公民个人与城市生活之间的矛盾，从而防范和消解生存型焦虑，是一种既有理论依据又有现实可行性的解决方案。吴忠民认为，[①] 如果要缓解焦虑，需要做到两件事：①建立初级的民生保障体系；②尽可能地实现充分就业，通过增加就业机会来解决社会成员的生存压力，由此通过解决、保障民生问题来探讨缓解群体焦虑的问题。文化治理和解决基本的民生保障问题都是以社会公平公正为基础。公平和公正是消减弱势心理蔓延的最好良药，社会生活充满了良性的竞争程序和严格的制度，每个人都可以为其理想而努力，[②] 从而使社会成为一个充满活力的大家庭。但也不难发现，当前我国经济社会环境发生了深刻变革，社会矛盾呈现多元化、复杂化态势，社会主体利益诉求日益多元化，各种矛盾相互交织、叠加，各种社会风险时有发生。如果不及时有效地处理，很容易引发群体性事件、突发性特大安全事故等不良后果，给社会造成巨大损失，同时，对社会成员的心理造成影响。根据不同的焦虑类型，缓解的方法也有差异。例如，颜其松[③]表示对于公共权力信任和信息安全焦虑的青年人，国家需要从总体上改善社会环境和网络安全环境。针对有综合风险焦虑的人来说，需要通过提高他们的信息辨别能力来减少和消除他们的信息风险焦虑。对于有生活压力焦虑的人，要帮助这类青年人更好地进行社会定位，同时健全社会心理支持等公共服务，帮助他们释放压力。

3. 情绪传递研究

人类的情感在传播过程中是一种富有意义的文化符号交流形式。[④] 情绪会从一个人传播到另一个人，一传十，十传百，不知从何处开始，也不知从何处停止。[⑤] 张奇勇和卢家楣指出情绪感染由最初的仅仅指原始性情绪感染，发展成囊括意识性情绪感染，又进而扩展为意识层面上所有的情绪传递与调节。情绪感染并不仅是一种对肌肉运动的简单、机械式的模仿现象，而是一种涉及人际同

---

① 吴忠民. 中国为何弥漫着社会焦虑 [N]. 学习时报，2011-06-13 (4).

② 管健. "弱势心态" 蔓延：矫情还是憋屈 [J]. 人民论坛，2010：23.

③ 颜其松. 自媒体环境下青年社会焦虑心态的实证研究 [J]. 现代交际，2019 (4)：5.

④ 张兵娟. 互动仪式中的情感传播及其建构：以《中国好声音》为例 [J]. 新闻爱好者，2012：16.

⑤ 蒋子龙. 警惕情绪污染 [J]. 人民论坛，2008：44.

步、具有动态性和交互性的社会行为。例如在某些特定工作岗位上（客户服务或医护人员）会广泛存在情绪感染。服务工作中的压力也许不仅来源于与客户之间的公开矛盾，还来自对对方消极情绪的持续捕捉和感染。① 不同行业领域中使情绪感染成为管理员工的重要实践组成部分，比如通过激励、沟通和组织等运用情绪感染，以提升工作绩效。

目前，社会观念的传播方式发生了变化，社会心态的形成机制更加复杂，呈现出新的特点，② 即社交方式向网络、多媒体等方向多元化发展。三星博客、空间、微博、抖音、头条等应用的普及，满足了人们的自我表达欲望。人们可以通过文字、图片、音乐、视频等方式来表达自己的情感和感受，在现实生活中实现梦想，与熟人、陌生人分享和交流。③ 情感传递作为一种独特的心理体验，一直随着人类技术的发展而不断演进。④ 李潇健也将他们的注意力从传统的社交方式转移到网络平台上，以网民群体作为研究对象，网民不仅仅满足于信息交流的传递，更转向情绪的渲染与情感的表达。不同情感倾向的网民发布的舆情信息各有不同，但通过其发布的舆情信息可以推断其情感。网民浏览到舆情信息会影响他们的情感倾向，进而情感的演变会受到舆情信息的影响。许多不同情感倾向的网民发表自己的观点，参与讨论，使舆情信息交互，⑤ 互动次数也更加频繁，内容更为丰富，同时由于主体在不同的情绪状态下表现出来的心理特征和行为方式有所差异，从而引起网民对某一个具体问题的看法或态度也是不一样的。人们的社会生活脱离不了群体而存在，冯柔佳等人认为群体情绪对群体内成员个人及与其互动的其他群体同样具有重要的社会意义。主体情绪的强烈程度会受到信息内容的影响。为了高效传播信息，李帅帅等人指出，对于每一场舆论引导工作，可将大众大致分为两类：效价高唤醒度低的群体说明了群体受情绪影响程度高，但是在受刺激过后也不会产生激烈反应；则效价高唤

① 刘春晓，刘立志，王丹，等.集体仪式促进群体情绪感染的机制 [J].心理科学进展，2022，30（8）：1870-1882.
② 杨宜音，王俊秀，等.当代中国社会心态研究 [M] 北京：社会科学文献出版社，2013：8.
③ 王俊秀.中国社会心态10年 [M].北京：社会科学文献出版社，2020：14.
④ 胡佩知.人民日报抖音号的情感传播研究 [J].新媒体研究，2020：24.
⑤ 夏一雪.基于舆情大数据的网民情感"衰减—转移"模型与实证研究 [J].情报杂志，2019：149.

醒度高的人群即指群体受情绪影响程度高的群体容易受到刺激产生激烈反应。

4. 社会情绪与风险的研究

从现有文献可以看出，社会情绪与风险之间的关系是相互影响的。一方面，社会情绪本身存在风险，主要包含两个方向：①情感堵塞的风险。长期的情感阻塞会成为一种心理问题和病症，会导致主体不断寻求其他的替代方式；②后情感社会风险，即当前社会开始讨厌煽情和心灵鸡汤，正是因为情感被过度包装与精心传递，使得商业化、廉价的，甚至虚假的情感泛滥，人们无法体验到真诚的情感，开始逃避、抵制和反对含有这种情感的活动。① 另一方面，社会风险的不确定性也对社会情绪产生一定程度的影响。比如，王俊秀在 2009 年 11 月到 2010 年 1 月做的居民风险认知调查中发现，被认为最危险的风险源是：核泄漏、毒气泄漏、战争、燃气爆炸、核武器、传染病流行等，由于这些事故型、社会性的风险给群体情绪带来了不稳定，从而引发一系列的社会问题。简言之，社会转型中的社会矛盾和冲突不断凸显，社会情绪是这些矛盾和冲突的核心：一种是当社会矛盾和冲突表现为激烈的社会情绪时暴发；另一种是社会情绪成为这些矛盾和冲突的驱动成分。②

现代社会是一个充满风险的社会，人们必须面对各种各样的风险，既存在人为因素，也因自然因素导致而成，必须把风险控制在人们可以接受的水平，使群体具有安全感，③ 一旦风险超出人们的认知范围，极易引发群体恐慌、群体焦虑等心理状态，做出不恰当的行为，阻碍社会的稳定发展。这是因为随着社会风险的增加，群体的不安全感也会增加。习近平总书记强调："世界正处在大发展大变革大调整时期，和平与发展仍然是时代主题。世界多极化、经济全球化、社会信息化、文化多样化深入发展，全球治理体系和国际秩序变革加快，各国相互联系和相互依存日益加深，国际力量对比更加平衡，和平与发展的趋势不可逆转。同时，世界面临突出的不稳定性和不确定性，世界经济增长动力不足，贫富分化日益严重，地区热点问题层出不穷，恐怖主义、网络安全、重

---

① 王俊秀. 中国社会心态 10 年 [M]. 北京：社会科学文献出版社，2020：91.
② 王俊秀. 中国社会心态 10 年 [M]. 北京：社会科学文献出版社，2020：48.
③ 王俊秀. 中国社会心态 10 年 [M]. 北京：社会科学文献出版社，2020：26.

大传染病、气候变化等非传统安全威胁持续蔓延，人类面临许多共同挑战。"①
因此，柴梦然和郝旭强调，②群体应该从社会情绪产生的过程中寻找风险信号，
从中分析社会转型和结构分化的问题，积极引导负面情绪走向，化解矛盾风险，
防止负面情绪的迅速传播、黏合与发酵，进一步研究如何缓解情绪，并且防止
负面情绪造成的极端行为。危机情境下，牛金玉等③指出公众普遍存在对风险信
息的强烈需求，沟通不充分会导致不良的情绪和行为反应，不同的沟通策略和
方式选择会带来截然不同的效果。

（三）研究述评

根据文献梳理，国外研究的优点是在西方社会环境的基础上更全面地探讨
社会情绪，但也有以下不足之处：1. 以理论环境为前提，容易隐含西方的经验
性和规范性价值判断；2. 相比之下，缺乏对中国本土现实的考虑，因此对中国
的社会治理实践存在困难。然而，国内研究与国外研究相比，优势主要体现在：
1. 对本土实践具有较强的经验借鉴性；2. 能够根据国家体制和制度的发展，随
时掌握公众社会心态（包括社会情绪）的最新进展；3. 以社会情绪为变量，指
出培育向上的、积极的社会情绪是稳定社会秩序的前提和条件，是构建群体与
社会之间信任和互动的桥梁，起到"心"能量。

具体而言，国内外学术界主要针对社会情绪的概念、划分类型等内容作出
论述。第一，如何理解和界定社会情绪。一方面，国内外学者通过个体情绪和
社会情绪的关系来定义社会情绪。包括社会情绪是个体情绪的结合，也是个体
情绪的社会外延的概念，但始终未能达成统一标准。另一方面，大部分学者将
社会情绪置于社会心态的框架下进行阐述，比如，王俊秀指出社会情绪是社会
需要满足与否的直接体验，是社会心态动力特征的延续和体现，它由内在的需
要、动机、驱力所激发，表现为外部可感知的情绪，继承了心理的动力特征，
成为社会心态在人际和群际互动和社会行动中的能量，推动和调节着社会的运

---

① 习近平：决胜全面建成小康社会 夺取新时代中国特色社会主义伟大胜利：在中国共产
党第十九次全国代表大会上的报告［EB/OL］. 中国人民共和国中央人民政府，2017-10-27.

② 柴梦然，郝旭. 论突发公共事件中网络社会情绪的生成逻辑与治理［J］. 内蒙古财经大
学学报，2020，18（6）：97.

③ 牛金玉，陈超亿，宁良文，等. 新冠肺炎疫情下的公众风险沟通满意度：信息需求、渠
道偏好、媒介信任与情绪的影响［J］. 中国科学基金，2020，34（6）：800.

行。龚为纲和朱萌指出，社会情绪的研究还存在以下问题：1. 关于社会情绪融入社会结构中的思考；2. 将社会情绪嵌入社会情境中，以便分析和进一步探讨。第二，社会情绪的类型划分，主要是积极与消极或正面与负面。积极情绪是指能够使人愉悦、快乐，具有一定价值的心理状态；而消极情绪则指不利于身体健康和生活质量提高的情绪。积极情绪可以帮助主体在压力下保持稳定，减少焦虑等消极情绪，从而增加工作效率；消极情绪又可以通过影响主体对自己的评价来间接地起到调节行为。最后，关于如何测量社会情绪仍存在手段和指标等缺陷。

综上所述，长期以来，情绪/情感研究一直是心理学和精神医学的重点，更多地关注个体情绪表达，但如前所述，随着时代向前发展并走向复杂和多元化，研究开始从微观（个体）层面的情绪转向更为中观、宏观（群体或社会）层面的情绪。特别是在社会活动过程中，情绪表达不仅体现了个体的所思所想，也成为群体互动过程中社会运行的"天气预报"，影响着群体行为，对稳定社会秩序、实现和谐社会具有现实意义。鉴于此，本研究强调将社会情绪置于社会互动过程中进行分析。这是因为，无论是在西方语境下，还是在中国本土环境下，社会情绪的发展往往与社会变迁和转型有关，社会情绪的发展离不开社会情境和社会事件的作用。社会情绪一方面对社会发展起着推动作用，这得益于和谐团结的良好社会氛围，具有积极向上的情感能量，不仅可以增强社会凝聚力，还可以促进和谐社会的建设。另一方面，当社会情绪成为公共事件的根源，也就是说，当社会情绪成为分裂社会结构的因素时，这些破坏性因素最终会导致社会矛盾与冲突，影响社会稳定。社会情绪越复杂，人际互动的问题就越多，社会问题就越严重，社会关系就越紧张。社会问题的出现不可避免地制约着个人或群体的行为，背后隐藏的风险和危机也将导致群体缺乏足够的安全感，经由互动，这种不确定性被不断延伸，从而产生焦虑或恐慌的社会情绪。

社会情绪还在一定程度上反映个体或群体生活环境的特点，如社区的政治气候、文化水平、经济状况、风俗习惯和其他客观条件，这些都可能对个人或群体产生负面情绪效应。有些环境是确定的，有些环境是存在风险的，有些环境又是不确定的。具体来讲，贝尔在《后工业社会的来临》一书中表明确定性环境是指约束条件不变或者约束条件已知的情况；风险环境是指某后果已经知道，而且其中每一后果出现的概率也可以计算出来的情况；在不确定的环境中，可以猜测出可能的后果，但完全不知道其发生的可能性的情况。于是，从社会互动情境中探讨社会情绪的传递过程，有助于深入了解社会情绪的产生，也为完善心理服务体系建设，提高国民认同感和信任感，营造社会和谐氛围以及社会的稳定发展奠定扎实的基础。

三、研究问题及意义

（一）问题提出

社会情绪的产生与社会互动有关。本研究从互动—情感符号的角度，运用访谈法、观察法等，旨在考察社会互动过程中，群体应对不确定环境时可能发生的情绪传递过程：即通过什么途径感知到外部世界？如果感知到外界的不确定性程度高，那么群体将如何做出反应？这些反应又对群体和社会产生什么影响？分析实践案例，有助于理论与实践相结合，理解社会情绪是如何产生和传递的，并进一步尝试回答以下问题：

第一，社会情绪是社会心态的主要构成内容，代表着社会成员对现实环境最真实感受到的一种或多种心理状态。社会情绪在社会环境中如何产生？

第二，社会情绪产生以后，通过群体与外界的互动来传递，人与人之间的交流实现了个体情绪向社会情绪的转化。社会情绪的传递过程如何呈现？

第三，社会情绪是人们内心状态的表现，群体会选择既合适又符合实际情况的情感符号来呈现真实的情感。不同氛围下社会情绪的具体表征是什么？以群体焦虑现象为例，分析社会情绪在日常生活中的呈现以及面对突发危机时具体表征是否存在差异化？从而对社会和群体产生哪些影响？

第四，社会情绪在传递过程中不可避免地存在着一些影响生活质量和社会秩序稳定的因素，社会情绪的动因是什么？究竟是人们自身的心理风险导致还是社会风险诱发的结果？

（二）研究意义

1. 学术价值

学术界对社会情绪的研究是嵌入到社会心态的研究框架之中进行分析，[①] 并

---

① 洪宇翔. 风险视角下网络空间社会情绪的形成和干预 [J]. 浙江学刊，2017：135.

偏重于概念内涵、产生根源、缓解措施的探讨。本研究学术价值在于：①以互动—情感符号探讨群体的社会情绪（如社会焦虑、社会怨气）是如何传递以及对家庭和社会的影响，回答如何构建积极心态的培育机制，拓展社会心理学的视角分析。②比较和探讨群体对风险感知，尤其是关于不确定性的情绪强弱表达；群体对舆情信息的接受程度高低；社会情绪的传递差异。本研究既不简单地依循心理学视角来讨论基于特定事件背景下社会情绪的传递过程，以达到建立稳定的社会秩序发展的目的，也不完全否定心理学对互动过程中情绪表达的相关研究，而是根据突发公共卫生事件的关键时刻和结合现实环境探讨社会情绪中固有的隐性风险因素。因此，社会情绪的传递研究具有重要理论和现实意义的课题，并对社会成员获得安全感；社会秩序得以稳定发展，政府公信力提高等都具有重要现实意义。

2. 应用价值

突发公共卫生事件的持续蔓延，不可避免地改变了人类的生活与习惯。缓解因突发事件引发的负面的社会情绪和心理压力，是我国政府在当前经济形势下的重要工作。其一政策方面，我国政府对突发公共卫生事件应急管理相关政策是逐渐精细和完善的。如 2008 年公布的《突发公共卫生事件应急条例》；2011 年《国家食品安全事故应急预案》，但是关于心理健康问题的应对仍处于发展阶段，这是因为不同时代背景下，公众对心理健康的关注点不同，心理需求也不同。其二应对措施，面对危机时，社会成员还是会被动地接受安排，主动支援的意愿并不强烈，极易处于消极、负面的情绪状态。因此，如何转化负面的社会情绪，增强主体间信任感，是面对危机处理的有效途径之一。

第一章　研究设计与方法

一、理论视角

（一）理论基础

社会治理研究历来注重社会的"硬件"，强调理性、制度和技术的重要性，而对于民众"情感""心态"等社会"软件"方面的研究则相对不足。[①] 如果想要全方位地完善现代社会治理体系，就需要加强对社会情绪传递问题的探索，以期回归到社会情感等社会"软件"的本质研究。事实上，社会情绪伴随主体完整的社会心理过程中主观体验和内心感受，也多体现于社会成员之间的关系、他们的价值观念和行为等，而这都可能影响群体所处环境或生活状况。个体与群体之间存在一定的关联性，个体行为反映了个体与环境或群体间的联系。社会是由相互作用的个体组成的，许多现存的社会现象都可以通过在人际互动来得到解释。学界在进行情感/情绪研究过程中，产生了不同的理论视角，其一是全新的理论研究成果，其二是基于原有理论进行的深入讨论。

1. 情感文化的角度

英国亚当·斯密曾指出，人倾向于在社会中培养一种感情，这种感情又与人交往，改善自己的行为。他把感情分为三类：第一类是人自身活动产生的原始感情，即自私的感情；第二类是不从社会出发的非社会感情，这是产生错误和罪恶的根源；第三类是社会感情，即人离开了原始状态，通过人际交往，发展出道德评价能力的感情。[②] 许多社会学家在研究过程中也提到了情感问题。涂

---

① 宋辰婷. 突发公共卫生事件中的情感治理：以新冠肺炎疫情为例［J］. 福建论坛（人文社会科学版），2020：46.

② 冯契，徐孝通，等. 外国哲学大辞典［M］. 上海：上海辞书出版社 .2008：140.

尔干指出，在土著居民的集会中，伴随他们的亢奋情绪的增加，产生了一种集体的兴奋能量，土著居民把这些感知视为一种外部的能量和力量，称为"MA-NA"。马克思对社会阶级冲突的分析揭示了人们感情的异化，并暗示了许多怨恨和愤怒的情绪存在其中；滕尼斯在《共同体与社会》中描述了基于初级群体的"共同体"情感；坎迪斯·克拉克分析了同情理论，从而定义了同情的概念；舍勒则研究了移情的作用和同情心；韦伯讨论了一种充满焦虑或渴望的"资本主义精神"，描述了克里斯马有魅力的感召力，并提出了什么是"合理性"的问题；齐美尔的研究也涉及情绪领域；弗洛伊德，精神分析学派的代表，呼吁人们主要关注有意识和无意识的情感。[①]

斯蒂文·戈登指出，社会学领域以及心理学领域的社会感情的区别主要集中在感情的突生性特征上。突生性意指于当人与人之间发生关系抑或是当个人的心理、行为同所处的社会文化结合时才能突显出特点，这些特点是无法被还原到个体的或生理的基础上去。因此，情感文化是戈登研究情感社会学的关键。戈登认为，在童年之后，诸如愤怒和恐惧等生物性情绪被转换为某种文化意义，这些文化意义围绕着个体与某社会客体（通常是其他人或群体）的关系而产生。[②] 情感文化指出，情感的表达是自我对外界的一种态度和感受，也成为某种类型的情绪反应，正如行为学派创始人华生提出的"情绪反应类型论"，人类天生就有三种基本情绪：恐惧、愤怒和爱，其他情绪是通过后天学习获得的。当然，有些时候，人们无法有效地管理自己的情感，以适合特定情境的需要，这就导致了异常的情感状态，[③] 这也是培格·斯奥兹讨论情感异常的地方，其中的情感成分包括生理变化、表达姿势、情感标签与情境线索，群体是受到情境线索的影响，情感在生理与表达上也会出现波动。

2. 互动仪式的观点

互动仪式是全方位的社会心理学，不仅涉及情感和情境行为，还涉及认知问题。[④] 涂尔干认为，在任何情况下，仪式都能将人们聚集在一起使他们共同行

---

① BENDELOW G, WILLIAMS S J. Emotions in Social Life: Critical Themes and Contemporary Issues [M]. London: Great Britain, 2000.

② 特纳，斯戴兹. 情感社会学 [M]. 孙俊才，文军，译. 上海：上海人民出版社，2007：25.

③ 特纳，斯戴兹. 情感社会学 [M]. 孙俊才，文军，译. 上海：上海人民出版社，2007：44.

④ 柯林斯. 互动仪式链 [M]. 林聚任，王鹏，宋丽君，译. 北京：商务印书馆，2012：74.

动，并激起人们的欢腾状态，也就是说，仪式是行为规则，规定了人们在那些神圣的对象面前应该如何表现自己，① 无论是语言还是行为表现都将传递出个人内心的体验与感受。通过文化研究视角，格尔茨认为仪式是建构信仰和社会秩序的一种方式。② 只有通过仪式，群体交往关系才能得到巩固和维持，仪式对人们来说也是必要的。③ 戈夫曼指出，仪式这一类活动，尽管是非正式和世俗的，它代表了一种个体必须守卫和设计其行动的符号象征意义的方式，同时直接呈现对他们具有特殊价值的对象。④ 仪式是激发主体情感，进而情感反映出集体对仪式的感受并且情感得以提升。这与涂尔干的观点相似。仪式产生符号，仪式中的体验就是将这些符号反复灌输到人们的头脑和记忆中。⑤ 正是由于这个原因，美国社会学家柯林斯认为，"社会"不是一个抽象的系统单位，而是一个通过仪式参与和仪式性符号能彼此感到团结的人们的集合，⑥ 换言之，仪式将参与者与集体联系了起来。柯林斯以涂尔干、戈夫曼的研究思想为基础，系统地阐述了仪式的构成要素和运转机制，提出了互动仪式链理论。

柯林斯的研究初衷是为了弥合微观社会学与宏观社会学之间的裂痕和冲突，⑦ 在柯林斯看来，社会学应研究从微观到宏观的所有社会现象。也就是说，把微观层面的现象作为研究的基础，试图在宏观结构的背景下进行探索。宏观的社会现象可以被看作是由微观情境（个人与个人的互动）的层次构成的。微观情境的相互联系形成了宏观结构。换句话说，宏观过程产生于互动网络关系的发展，即关系链，由此形成互动仪式链。微观层面不再是针对研究个体的对象，而是针对情境。随着这一视角的转变，传统社会学对情感相关问题的研究力度得到进一步加强。互动仪式链除了强调社会情境是研究的重点外，也认为文化符号是互动情感的重要组成部分。参与互动仪式的社会成员通过对特定事

① 涂尔干. 宗教生活的基本形式 [M]. 渠东, 汲喆, 译. 北京：商务印书馆, 1912/1965：56.

② 格尔茨. 文化的解释 [M]. 韩莉, 译. 南京：译林出版社, 1999：36.

③ 涂尔干. 宗教生活的基本形式 [M]. 渠东, 汲喆, 译. 北京：商务印书馆, 1912/1965：475.

④ 戈夫曼. 日常生活的自我呈现 [M]. 黄爱华, 冯钢, 译. 杭州：浙江人民出版社, 1989：57.

⑤ 柯林斯. 互动仪式链 [M]. 林聚任, 王鹏, 宋丽君, 译. 北京：商务印书馆, 2012：74.

⑥ 王鹏, 侯钧生. 情感社会学：研究的现状与趋势 [J]. 社会, 2005：83.

⑦ 董向慧. "后真相时代"网络舆情与舆论转化机制探析：互动仪式链理论视角下的研究 [J]. 理论与改革, 2019：52.

件的认知来影响他们的行为方式；同时，这些认知也会传递出相应的情感体验。此外，互动仪式链的组成部分主要是群体聚集，排斥局外人的屏障，共同关注焦点，共享的情感状态等要素：①群体聚集：两人或两人以上的群体聚集在同一个地方，他们可以通过亲身在场来交流，并相互影响对方。②排斥局外人的屏障，即为局外人设定了一定的界限，使参与者能够知道谁在参与，谁又会被排除在外。③共同的关注：当群体心理有共同展现和共同的关注点时，就会有相类似的情感冲动，进而使人们采用相等的符号（非语言的、肢体的）来表达共同的关注，这样外界就能够捕捉到他们想要传递的实时情绪，并进一步知道对方关注的焦点。④共享情感状态：群体分享彼此共同的情绪或情感体验。[①]

上述要素是互动仪式发生的过程，即以符号为载体形成有节奏的反馈循环过程，也是仪式发生的必要条件。共同关注和情感连带被视为是核心机制，这二者的结合可以形成代表群体的符号，给参与者提供情感能量。当仪式和情感交叉出现在互动过程中，文化资本和情感能量必定是互动的重要资源。换言之，互动的产生是因为个体运用他们所拥有的文化资本和情感能量来相互交流。这种交流涉及文化资本和情感能量输入多少。每个人都被吸引到交流的情境中，可以在文化资本、情感能量方面得到回报。情感能量主要是指人们在进入一个情境时的感受、情操和感情，是产生互动的真正驱动力。在面对面的集体仪式表达过程中，人们的情绪反应受到群体互动中群体成员情绪反应的影响。[②] 由此，互动仪式的角度可以成为深入分析社会情绪等问题的理论视角之一。随着现有互动仪式链的研究逐渐转向实践意义，互动仪式链在很多领域都可以发挥实际效用。尤其在后续的人际互动中的情感研究很可能成为传统互动理论研究的一个重要组成部分。

3. 符号互动论视角

符号互动理论的观点与互动仪式的观点非常相似，只是前者更强调在人际互动过程中确认自己身份的社会化过程。在此过程中，该理论认为，人与人之间的社会互动也伴随着许多有意义的符号。"什么是有意义的符号?"从本质上

---

① 柯林斯．互动仪式链 [M]．林聚任，王鹏，宋丽君，译．北京：商务印书馆，2012：79．
② 刘春晓，刘立志，王丹，等．集体仪式促进群体情绪感染的机制 [J]．心理科学进展，2022：7．

讲，不可能有无意义的符号，也不可能有无所指的能指。① 人的精神，人的社会，整个人类世界，都沉浸在一种很少有人能感觉到它的存在，却没有一刻能摆脱的东西之中，这种东西就是符号。② 这种意义可以通过语言、姿势、图像，甚至声音作为载体来呈现，最终完成人与人的互动。20 世纪初，符号互动论起源于美国社会学领域，是阐述社会互动的主要理论。其基本观点是："人们在与他人的互动过程中确立自己的身份，这种互动并非机械的刺激-反应过程，而是基于一定的意义阐释与理解之上，需要借助符号（特别是语言）来进行意义的阐释与理解；人和社会不是静止的实体，而是它们处于不停地互动与变化过程中，两者之间相互影响。"③

当然，符号互动论研究侧重对社会的分析，也更多地涉及社会心理学领域。符号互动论的概念是由赫伯特·布鲁默在 1937 年正式提出。在一篇论文中，布鲁默具体阐述了社会中的符号互动现象，并进一步论述了人类社会是人与人之间符号互动的结果。米德——符号互动论的创立者——更具体地呈现了该理论内容。他表明，社会心理学需要解决的问题是解释人类的意识发生过程。这就是为什么米德没有像心理学家那样只强调个体层面，而是强调社会是人类生存的条件。"自我"的概念是在人际交往中形成的。在人际互动中，主体采取影响行动的他人的态度就是客我。客我作为"自我"概念的一部分，"自我"还包括主我，即行动者的主体本身。然而，"自我"是主我与客我之间互动的结果。互动不是人们想象/构思出来的，而是一种有意义的姿态，是向外界展示和表达的。这种有意义的姿态就是符号。人们通过不同的行为、姿态进行互动，使双方了解这种行为和姿态的意义，并引起共同反应，从而达到互动的目的。

情感起源于人际交流过程，即人与人之间的社会互动，或人们对他人的行动和反应过程，包括人的心理交感和行为上的互动过程。米德作为符号互动论的代表人物，表明通过解读对方的姿态，人们能够进行角色选择或将自己置于他人的位置，从而预测他人活动的可能进程。④ 在特纳看来，尽管米德在他的研

---

① 德里达. 声音与现象：胡塞尔现象学中的符号问题导论 ［M］. 北京：商务印书馆，1999：20.

② 赵毅衡. 符号学：原理与推演 ［M］. 南京：南京大学出版社，2016：4.

③ 李金云. 符号互动论述评 ［J］. 徐州工程学院学报（社会科学版），2020：80.

④ 庞树奇，范明林. 普通社会学理论 ［M］. 上海：上海人民出版社，2011：144.

究中没有过多地强调情感，但他也没有忽视互动过程中的情感成分，他把意义带入情感的表达中，希望用这些有意义的姿态/符号反映作为传递情感的方式。这使得情感符号互动理论者把米德的研究作为灵感的基本来源。[①] 查尔斯·库利则不同于米德，库利直接将情感动力机制加入社会互动的概念中，强调在社会交往中形成自我观念。他提出的"镜像自我"概念是指，当人们互动的时候，解读情境中对方的姿态时，这些姿态成为人们可以从中反观自我的一面镜子。在库利看来，情感社会性的实质内容是人与人之间的互动，而社会自我（即镜像自我）支配着情感的反应和特点。在他看来，"镜像自我"包括三个主要阶段：1. 感觉，是人们在他人面前想象出来的自己的形象，是人们设想出来的他人的感觉；2. 定义是指人们所想象的他人对自己形象的评价，是人们想象出来他人的判断；3. 自我反应表示了以上想象中产生的某种自我感觉。换句话说，如果人们想认识自我，就会在相互交流中，感觉和体会对方的行为所代表的意义，并通过这种设想来定义自我。通过对对方的姿态和行为的解释与想象，自我观念就构成了。威廉·艾萨克·托马斯所指出的情境定义意味着人们对客观环境有自己的主观解释。因此，情境定义和情境分析的思想都呈现出符号互动论的基本原理。人们通过具有特定意义的符号进行交流和互动，也通过对方的话语、姿态进行分析和解读对方想要表达的内容，这也形成了情感之间某种意义的传递。个体对特定事件和情境中感受到的情绪，并通过一些符号或其他姿态来表达以及被他人理解。Laura Sels 等人指出情感表达是一种语言和非语言行为的变化，通常伴随着一种情感体验，这也表明符号互动论在社会互动理论中研究情感的重要意义。[②]

（二）互动—情感符号视角的运用

在情感社会互动研究中，研究者们对戏剧理论、符号互动理论、网络理论、互动进化理论、心理学、精神分析和地位、权力等都有自己的观点。对于这些内容的阐述，特纳在其《情感社会学》中做了详细的呈现和分析，这里不再赘述。从上述讨论可以看出，大多数研究情感—符号互动的学者也将米德的互动

---

① 特纳，斯戴兹. 情感社会学 [M]. 孙俊才，文军，译. 上海：上海人民出版社，2007：84.

② SELS L, TRAN A, GREENAWAY K H, et al. The Social Functions of Positive Emotions [J]. Current Opinion in Behavioral Sciences，2021，39：41.

符号论作为各自观点的理论基础，而不管是从何种思想或观点的角度出发。柯林斯试图通过社会结构方面来分析微观与宏观的统一问题，形成互动仪式链并以此来讨论情感问题。正如吉登斯指出研究日常生活中的社会互动，通过强调从微观社会学的角度考察和研究宏观社会学，有利于我们理解更大的社会系统和社会制度。① 由此可见，社会互动不仅是探索社会结构和社会问题的关键，也是研究社会情绪问题的重要部分。

进一步来讲，集体仪式下的群体情绪趋同是指个体有意识地对社会环境进行判断，并在从属他人（群体）的意图下通过模仿，使得情绪在群体中扩散的结果。② 无论是个体情绪向社会情绪的转化，还是群体间社会情绪的传递，都是具有特定意义的符号相互作用的过程。柯林斯强调，互动仪式理论的核心是高度的相互关注和高度的情感连带进行联结，这导致了一种与认知符号相互联系的成员身份感；同时，互动仪式过程给每个参与者带来了情感能量，使他们感到被赋予了力量、充满热情，并愿意做他们认为道德上允许的事情。"互动仪式"一词来源于戈夫曼，意指于一种表达意义性的程序化活动。③ 在实现互动仪式过程中，情境处于一个关键的十字路口。在不同的情境之下，会形成的团结性有多大；会建立起什么类型的象征符号，以及它们如何跟特定的人群相关联。④ 在对情感问题分析中，戈登提出，正是因为人际互动过程中与人所处社会文化结合为一体，才会产生情感的突生性。霍克希尔德则强调，情感是基于情境规范和文化观念的规约的表演。当然，之所以说是表演，是因为霍克希尔德的情感剧场理论是以戈夫曼戏剧理论分析为基础。

如前所述，虽然国外学者从互动仪式和符号学的角度对情感问题进行了探讨，但由于研究者在研究初期对情感概念内涵的误解，大多数学者会认为情感的产生是一种本能现象，是由于人体神经系统的冲动或受到某种刺激而发生。这就是为什么情感的研究经常成为心理学、生理学和哲学领域的研究对象。在社会学领域，对情感的研究一直被边缘化。同时，随着现代社会的发展，研究

---

① 秦文宏. 风险场域的建构：2003 年以来中国房地产领域的相关行动和事实［D］. 上海：上海大学，2013：27-33.

② 刘春晓，刘立志，王丹，等. 集体仪式促进群体情绪感染的机制［J］. 心理科学进展，2022：4.

③ 柯林斯. 互动仪式链［M］. 林聚任，王鹏，宋丽君，译. 北京：商务印书馆，2012：4-5.

④ 柯林斯. 互动仪式链［M］. 林聚任，王鹏，宋丽君，译. 北京：商务印书馆，2012：2.

者出于对理性化的追求和拓展，自然而然地忽视了非理性的研究。直到最近30年以来，情感问题才逐渐进入社会学家的研究视野。显然，社会学家逐渐意识到人类的行为不仅仅是由纯粹的工具理性所驱动，情感对人们社会生活的影响也是不可否认的。①

综上所述，上述理论视角都可作为情感研究的切入点，但只考虑情感因素对个体的影响，而不考虑社会结构、社会文化等因素对个体情感活动的影响，这些都将缺乏深刻的认知。研究者往往也会一语带过，原因是研究侧重点不同，由此导致对社会情绪的描述和解释都并非全面且具体的。鉴于此，本研究试图以符号互动、情感文化与互动仪式等理论作为研究依据，从互动—情感符号的角度出发，探讨社会互动中，存在哪些因素对群体情绪状态产生重要影响。社会互动是指个体与他人之间交往的动态过程，包括两个方面：一是个体与外界事物之间情感的相互交流；二是个体与自身社会关系间的情感沟通。前者是群体通过遵守社会规范和准则来实现对自身和周围情境的合意性。后者则主要体现在社会互动过程中，参与双方对彼此的判断、评价、接收等方面。

关于互动—情感符号视角的运用，本研究坚持以下两点：第一，坚持将情感置于社会互动中作为探讨的主流。柯林斯指出，互动链在时间上经由具体情境中的个人之间的不断接触而延伸，从而形成了互动的结构，但人们越来越多地参与社会际遇过程，并使这些际遇发生的自然空间扩展之后，社会结构就变得更为宏观了。② 不管是建立新的互动际遇，还是互动中群体的相互关注与情感连带进行结合，每一种情感都是由某种社会关系和文化观念与我们的身体感觉和姿势的不同结合而构成的。③ 人际互动中，愉悦的氛围就会使群体产生开心的情绪；反之则会致使群体产生消极的情绪。这也正是因为情绪随着社会性交往的成分不断增加。第二，在对上述理论观点进行解读的基础上，社会情绪的传递研究坚持具有情感符号象征意义的传递是社会互动过程中的一个关键因素。简言之，符号是互动中群体情感表达的载体。情绪表达的社会化主要指表情、肢体、口头言语。米德曾指出语言是一种有声的姿态，为心灵和自我的出现提

---

① 王鹏，侯钧生. 情感社会学：研究的现状与趋势 [J]. 社会，2005：71.
② 柯林斯. 互动仪式链 [M]. 林聚任，王鹏，宋丽君，译. 北京：商务印书馆，2012：2.
③ 王鹏，侯钧生. 情感社会学：研究的现状与趋势 [J]. 社会，2005：72.

供了机制。① 在他看来，语言是一种有声的姿态，它不仅是达尔文所说的"情绪的表达"，也被看成是某个有机体行为开始时的阶段，而其他机体对它产生的反应是行为结束时的阶段。情绪可以被看作是一种情感语言，语言又是社会行为中不可或缺的一部分。情绪的产生和效用取决于社会关系网络的建立和维护等因素。只要群体在互动中随时随地能够表达自己对现状的感受和态度，其目的是使他人能够从其所表现出来的情感反应中理解和联系当前行为的意义，从而促进互动的有效形成。然而，如上所述，语言仅仅是一种情绪表达方式。越来越多非语言符号成为群体表达情感的另一种方式，甚至可以与语言结合使用，以期让对方更深入地了解自己想要表达的情感。在此情况下，群体间的关系不再像个体之间的关系那般简单直接，情绪因素在群体互动中传递信息时扮演着非常重要的角色。因为要使群体之间、群体与社会之间产生有意识的交流活动，符号或姿态必须成为表意的符号或姿态。当群体之间进行社交活动时，能够使双方都知道语言、姿态的真实意思，同时，能够做出反应。

因此，从互动—情感符号的角度来看，社会情绪并不总是静止不变的，而是具有在不同环境中的持续性和不确定性。在社会情绪传递的过程中，一方面群体之间、群体与社会之间的情绪传递总是以不同的姿态和行为等作为符号，赋予情感意义，向外部世界表达主体自身的情感并让外界了解。比如，在非典等突发公共卫生事件的紧要关头，群体在面对突发危机时的焦虑、紧张情绪这种心理状态下，自我保护意识强化、个体防御能力增强。又如，群体用粗俗不堪的语言表达对现状的不满，使作为听众的那些群体感受到他们的愤懑和怨恨。这些行为是群体自我保护意识增强的结果，也是社会情绪传递的过程，即个体在特定情况下产生、传递和扩展类似的焦虑和嫉妒情绪，直到形成一种互动的结构，参与者越来越多，社会结构就会随着自然空间的扩大而更加宏观。当然，这导致了情绪传递空间的扩大，焦虑和嫉妒遍布每个角落，并最终转变为社会情绪。这不是一个直截了当的转变过程，在这一过程中，群体情感的表达、信息的接收及其对情绪的影响、风险的扩散等方面存在差异。而这些情绪都涉及符号作为载体在传递过程中的相互作用。这些不只是米德所说的给予意义的符号或手势，不管它们是言语表达、身体表现，还是群体的不同表情，从互动—

---

① 米德. 心灵、自我与社会 [M]. 赵月瑟，译. 上海：上海译文出版社，2018：9.

情感符号的角度解读社会情感，有助于人们更好地理解社会情绪产生来源、原因和规律，从而体现出情感的复杂多变，也有利于社会治理进程中，根据特定形势的需要采取相应的措施，使社会交往更加有效，更好地促进社会成员的心理健康发展。

另一方面，一些社会事件的发生或具有高度代表性的群体的出现引起了社会其他成员的注意，使他们和其他人受到关注。社会事件和代表性群体也可以被看作是有意义的新符号资本，它影响着群际互动中情感能量的传递和分享。这种情感能量不仅影响参与者在个体层面的互动，而且通过构建群内信息共享和组织协作等行为来实现自我价值。特定的社会事件可以理解为情绪化的情境，在此情境下，它使得人们产生更强烈的关注感和认同感。比如，医生群体作为抗疫的第一线，他们在群体眼中被赋予积极而有意义的符号，聚集了情感能量，形成了互动网络关系，在此际遇中，群体也能够十分有效地缓解紧张、急躁的情绪。正如柯林斯指出，每个人都生活在局部环境之中；我们对世界的所有看法，我们积累的所有素材，都来自这种情境。他强调，微观情境不是指单个的个人，而是指个人形成的社会网络和社会关系。当具有一定符号资本和情感能量的互动者离开一种际遇时，就会产生进一步互动的社会动机流。①

总而言之，在互动过程中使用具有情感意义的符号时，它们往往根植于某种文化观念中，可以被视为一个群体的信仰和价值观，也可以被视为身份认同和情境认同感的基础。社会情绪是社会互动过程中的重要环节，社会情绪的表达和传递模式对社会交往关系的建立具有重要的影响。社会情绪只能在际遇中与文化观念结合起来表达，这些特征通过符号（表情、语言、肢体语言）向外传递，并最终在个体与群体、群体与群体之间传递。无论通过哪种方式，社会中的每个人都能真实感受到，并彼此间传递形成社会情绪。杨宜音指出，社会情绪的传递和扩散成为社会生活的情绪背景。因此，从互动—情感符号视角来看，社会情绪的传递环境、过程、呈现和影响、动因等方面的探讨和分析，具有重要的现实意义。社会情绪的传递是群体互动的动态机制。情感符号不仅是主体所作出的姿态和行为，也是对客体或事件的某种意义的象征性标志。本研究透过深入访谈和观察法等方法，描绘社会成员在情绪传递中的群像，并讨论和分

---

① 柯林斯. 互动仪式链 [M]. 林聚任, 王鹏, 宋丽君, 译. 北京：商务印书馆, 2012: 1-2.

析社会情绪传递对群体、社会的影响。同时，希望这一视角能够立足现实，理论与方法、理论与实践、社会相结合，利用群际互动、群体和社会互动、情感符号等，充分阐释社会情绪的传递。

二、核心概念的界定

（一）社会情绪

情绪的社会建构理论者 Cornelius 强调，人们的情绪活动中的多种成分及其选择性反映个人在特定情况下遵循的社会强制行为反应方式中，包括如何按照特定的社会规则以适当的方式评估情况以采取行动并解释他或她的主观体验和生理反应。情绪的社会性是个体情绪在人际互动中不断演变的结果，而不是个体情绪的简单求和。如 Parkinson 所言，群体虽然由许多两人构成的小团体组成，但是群体情绪感染并不单纯是两个个体之间情绪感染的简单叠加，它会受到群体认同、共同行为和集体规则等多方面因素的影响。社会情绪的产生过程是一个连续的过程，在不同的情境条件下，情绪的发展倾向也不同。具体来讲，情绪的发出者是个体，个体情感能量在不断增加，经由互动，选择符号来传递情绪，然后随着情感范围的扩大，多数人产生共同感受或情感共鸣，这些感受、共鸣对社会、群体造成不同程度的影响力。虽然情绪传递是建立一个或多个生物行为系统的基础上，但情绪的功能性意义主要来自社会文化系统。情绪存在于所创造的社会角色之中，情绪是社会建构的产物，只有在社会水平上进行分析，才能完全充分了解其本质。[1]

社会情绪受社会历史条件、环境影响，特别是社会结构、价值观念、伦理道德等因素的影响。换句话说，对于不同文化职业背景、社会地位的人群来说，他们在社会环境中的情绪表现也不一样，情绪可以通过社会关系而传播开去，从而影响着个体的行为选择、决策和判断。[2] 这些观点都揭示了情绪的社会性，即情绪是由多种相互联系的要素组成的复杂网络系统，它们彼此之间既有内部联系又有外部联系，并且还处在不停地变动和发展过程中。换言之，在群体情

---

①　乔建中．情绪的社会建构理论［J］．心理科学进展，2003：541．
②　章志光．社会心理学［M］．北京：人民出版社，1999．

绪的传播过程中，每个个体的情绪都会影响最终形成的群体情绪的值。① 梁艳表明社会情绪是指与公众需要相联系的，具有特定公众体验、外显态度和行为表现的心理活动的整体过程。它是在个人情绪的传递、扩散的基础上生成的，在不同的社会发展阶段具有不同的特点，其产生的根源是社会矛盾。当单个人的情绪被社会化后，个体情绪由于外化而成为具有共同心理方向和特征的群体情绪，这就是社会情绪。②

表 1-1　个体情绪与社会情绪的异同

名称	个体情绪	社会情绪
关注对象	个人	群体
定义	个体情境的特征决定了人们在不同情绪状态下所表现出来的行为模式，而这种行为模式是通过一系列认知加工过程实现的，因此，个体对自己和他人情绪的理解往往受到其生物学基础和心理机制等多方面因素的影响	在人际关系研究中逐渐形成和发展起来的。在特定或一定的社会环境中，群体或大多数人之间的共同情绪/情感体验。社会情绪是社会网络中个体、群体间互动的结果，反映了个体和群体在特定社会文化背景下的情绪反应，随时间发展为社会情感
途径	个体表达，但不确定谁是接收者（生理环境）	经由互动，有传递者和接收者（社会环境）
研究偏向	心理学	社会学
目标	发泄、宣泄	分享、共享，以期获得认同

从表 1-1 可以看出，个体情绪与社会情绪既有相同之处，也存在差异。个体情绪具有信号功能和外显表现，包括表情和生理反应、激素分泌，而在特定环境中，情绪被唤醒是为了保护个体，并向外界传递个体想表达的情感意义。更多关于个体情绪的研究强调个体对特定情况的心理和生理反应，以发泄怨气或表达喜悦。社会情绪指个体在社会互动中共享的情感体验，即在社会生活中的各种情境下产生的感知以及群体成员通过交流、相互影响和相互作用而形成的较为复杂但相对稳定的情感体验。不同于个体情绪，社会情绪更多基于群体

① 赖安婷．群体情绪传播途径及其影响因素［D］．北京：首都师范大学，2013：18.
② 李端生．社会情绪概论［J］．社会科学论坛（学术研究卷），2008：61.

认同，如 Netzer 等以及 Hasan-Aslih 等学者所说，群体认同的产生使得个体转换评价视角，这种评价过程的变化反过来又会改变情绪状态产生基于认同的情绪，进而影响群体间的行为。在此基础上，本研究表明，个体情绪的表达与社会情绪有着密切联系，社会情绪对个体情绪具有调节作用。如特定环境下，个体受突发公共卫生事件刺激，在情绪感染和暗示的作用下形成的群体情绪体验。① 这种刺激或体验也会对社会成员产生引导性和动力性的影响。

　　在一定历史文化发展背景下，社会情绪更具稳定性和持久性，这与"情感"的含义几乎相同。大多数学者对情感和情绪没有一个明确的概念界定。情感和情绪意思在语境中是相同的，情感更多的是作为群体对情绪的反应，情绪的强弱变化总是受情感控制。情绪不仅指情意，还代表某种心情。心理学家和精神病理学家后来用它来说明一个人对待客观事物态度的主观体验。因为社会情感和社会情绪是社会感情的固有组成部分，所以它们强调的是主体内心的感受。就其性质而言，情绪有激动和平静或紧张和轻松的两极；情绪的强度有强有弱；情绪的表达往往伴随着一定的生理变化和外部表现。例如，当人们开心时，他们会通过笑和拍手等行为来表现；当人们难过时，则通过哽咽、痛苦等举止来表达。情绪与情感是有相似之处，也有不同点。情绪具有较强的情景性、短暂性，并带有明显的外部表现，如嬉笑、怒骂，伤心等。情感是指人类特有的高级而复杂的体验，具有较大的稳定性和深刻性，如道德感、荣誉感、信任感等，这些感受和体验都具稳定性，不会轻易改变。在现实生活中，情感常常伴随着情绪反应，情绪的变化又会受情感的控制。

　　现有社会心态的分析总是包括社会情绪的要素，它是融于其中但又向外凸显。因此，对社会情绪的研究需要进一步澄清社会情绪与社会心态的关系，即需要对社会心态的概念有一个清晰的认识，以便后续研究。第一，多数学者认为，界定社会心态的概念，主要有以下几点：1. 社会心态是群体一定时期内的心理表现；2. 社会心态主要受到社会环境、运行状况、重大变迁和社会转型等宏观因素的影响；3. 社会心态通过情绪、情感、认知、价值偏好以及行为取向作为表征。换言之，社会心态是在社会转型或变迁的宏观社会环境中，以群体

---

　　① 殷雁君，唐卫清，李蔚清. 基于社会网络的群体情绪模型［J］. 计算机应用研究，2015：80.

类别存在的一种社会心理态势。周晓虹指出，[①] 近年来，在中国社会转型的实践中，这一概念因其与宏观的变动过程的"天然"联系（在中文语境中，"态"或"态势"本身就有一种变动不居的涵义），因此，社会心态本身就具有变动性的特征。社会心态是一个群体情绪在外界的影响下的心理态势，群体情绪的表达往往过于复杂，群体心理也不再单一地向外界表达，而更多的是情感交织在一起。社会情绪是群体认知的重要组成部分，它对群体认知能力的发展起着重要作用。换言之，社会情绪强调的是集体情感，带有外显性特征。例如，在聚会中，群体共同庆祝一些事情，用喜悦和开心来表达当时的情感。相反，在葬礼上，群体会以悲伤和难过的情绪来缅怀逝者。与"社会心态"的概念相比，"社会情绪"更为表象化。但是，很难全面衡量社会心态和社会情绪。

第二，从研究内容上看，学者指出，社会心态是在一定时期内弥散到整个社会或社会群体类别中的宏观社会心态，是整个社会的情绪基调、社会共识和社会价值取向的总和。并将社会心态的构成内容划分为社会情绪、社会共识以及社会价值取向三个方面。杨宜音主要研究社会心态对社会行为形成的模糊性、潜在性和情绪性的影响。马广海根据杨宜音对社会心态概念的界定来探讨自己的观点。比如，根据目前对社会心态问题的研究，社会心态与社会心理学学科最为相似，因此可以从宏观层面的社会心理进行社会心态概念的界定：社会心态是与特定的社会运行状况或重大的社会变迁过程相关的，在一定时期内广泛地存在于各类社会群体中的情绪、情感、社会认知、行为意向和价值取向的总和，并认为社会心理主要构成两个方面：第一个方面是在相似的社会活动场所、物质资源和人际互动中，相对稳定的心理特质更容易受到社会风俗、习惯、道德和舆论的影响；第二个方面是说社会心理指一个相对动态的部分，它主要是由社会结构、社会转型和社会变迁的过程所引起的，群体成员对社会结构、社会转型和社会变迁的直接反映也是群体对其所生活的社会现实的直接认知和情

---

① 周晓虹. 转型时代的社会心态与中国体验：兼与《社会心态：转型社会的社会心理研究》一文商榷 [J]. 社会学研究，2014，29（4）：1-23，242.

绪反应状态。① 可见，马广海将社会心态归结为社会心理的动态构成部分，并将其与社会心理区分开来。

最后，情感话语的核心概念从 passions（激情）、affections（感情）和 senti-ments（情操）演变到囊括一切情感现象的 emotions（中文通常译为"情绪"）发生了转变。② 在本研究框架下，根据相关文献，社会心态研究中的社会情绪指在一定社会环境中，某一群体或某些群体或整个社会多数人所共享的情绪体验。③ 本研究表明社会情绪不仅存在于特定的社会情境（在场空间）或网络平台（缺场空间）中，群体或大多数人的情绪产生且处于共同的心理状态，在他们通过人际交往沟通作出反应的共享感受中，受社会文化、价值观念的影响，又反作用于群体行为、社会的共享体验，并且对营造社会氛围产生不同影响力度的感受。

（二）传递与传播

通常情况下，传播与传递的含义几乎相同。在本研究中，为了避免混淆，在用词上作出说明：社会情绪的表达过程通常使用"传递"，如社会情绪的传递、情感传递等。而传播指人类之间的信息交流活动，包括言语和非言语行为等，如信息传播、符号传播等。具体而言：

传递被认为是将一段新闻或消息变成信息并传递给接受者的动态过程。通常包括：1. 发送，接收者之间建立联系；2. 信息在虚拟网络和实际生活的传播；3. 接收者对信息进行加工处理；4. 将信息转变为可识别的形态（如文字、图像等），使其能够用于交流；5. 信息从接收者传到目标后，再次经由途径返

---

① "作为最宏观层面的整体的社会心理，它的构成其实包含着两个方面的内容：一是社会心理的相对稳定的构成部分，即由群体共同的活动特点或相似的物质生活条件以及相似的社会交往和文化特征所引起的一个社会较为稳定的心理特质，它表现在一个社会的风俗、习惯、传统、道德、宗教、舆论等方面，并对每一个社会个体施加着无形的影响，社会个体会自觉不自觉地遵循着这些社会心理特质去思考和行动；另一个方面是社会心理的动态构成部分，它是社会成员对于现实社会结构和社会运行状况的即时性的反应，它表现的是社会成员对于当前社会现实的直接的认知状况和情感、情绪反应状态。作为对社会现实的直接的心理反应状态，是人们最直接可感的社会心理成分。"马广海. 论社会心态：概念辨析及其操作化 [J]. 社会科学，2008（10）：71.

② 成伯清. 当代情感体制的社会学探析 [J]. 中国社会科学，2017：89-90.

③ 王俊秀. 社会情绪的结构和动力机制：社会心态的视角 [J]. 云南师范大学学报（哲学社会科学版），2013：57.

回到发送一端，重复这种过程直至信号完全消失；6. 传输结束时，接收者根据自己所需要的内容对该信息做出反应。此过程不仅是指物体之间的相互作用，也包括人与人之间的相互作用（比如人际情感的分享），是发送者对新闻或消息的感觉、选择、强调或减弱重要性和表述的动态过程。比如在人际交流时，当A把信息传给B，B又传给C时，B会根据自己的理解进行重新表述，选择他认为重要或需要对方了解的部分，然后压缩剩余部分，这样信息就被添加或歪曲了其他内容。

然而，信息传递的过程是不可避免的。无论是生活常识还是专业知识，很多情况下是通过人际传递和媒体传递间接获得的。社会成员自己感觉到的事情，其实已经被传递者的感受、认知与价值判断所包裹。正因为如此，人们的情绪是非常复杂的，在传递过程中不可避免地被传递者的价值观所影响。事件的构成并不是大众媒介垄断的，而是由我们身边有影响的人——朋友和家人等进一步传递的——以及其他所谓的干预变量，如情绪、时间因素，可见，事件会被修改，甚至被完全改变。传递在某种程度上不断地随传递者的数量而修正信息传播的内容，并影响这一过程中的参与者的接受态度。[①] 在某种意义上传递是没有特定媒介的。

传播是指人与人之间的信息交流过程，是人类社会的一种普遍现象。传播在社会中具有很大的作用，是沟通和维系人类社会各种关系的基本纽带。人们凭借语言或非语言符号，通过特定的媒介和渠道，直接或间接的传递和交流信息、意见、思想及感情的过程。[②] 相较于传递而言，传播在一定程度上都是需要特定的媒介或渠道来传送信息。根据传播的方式、内容、渠道、对象的不同，信息交流大致可分为两大类：一类是人与人之间面对面的直接交流，称为人际传播；另一类是借助于大众传播媒介的间接交流，称为大众传播。完整的传播过程必须具备以下要素：传播者、传播内容、传播媒介、传播对象、传播效果和检验传播效果的反馈。[③]

（三）群体焦虑

弗洛伊德指出"焦虑问题是各种重要问题的中心，如果我们猜出这个哑谜，

---

① 刘建明. 宣传舆论学大辞典［M］. 北京：经济日报出版社.1993：882.

② 时蓉华. 社会心理学词典［M］. 成都：四川人民出版社.1988：203.

③ 刘建明. 宣传舆论学大辞典［M］. 北京：经济日报出版社.1993：303.

我们就能洞察我们的整个心理生活。"[1] 焦虑，作为社会情绪的主要形式之一，也被社会情绪相关研究所涉及。现有文献大多基于不同的研究领域，包括社会学、心理学、政治学、新闻学等，对"焦虑"的概念或定义进行直接假设，而缺乏充分的论证。大多数学者以常规方式使用"焦虑"一词，探讨焦虑与其他现象之间的关系。

西方学术界对焦虑的深入思考与系统研究始于20世纪五六十年代，焦虑的话题在西方语境中得到了充分讨论。[2] 过去的研究可以简单分为两个方面：一是从心理学上看，研究者们多集中于探讨个体焦虑，Maxwell Gitelson 强调弗洛伊德是焦虑心理学研究的先驱，在弗洛伊德看来，焦虑指向个体，与个体相关的神经焦虑具有临床意义，强调自我与焦虑的关系，提出自我刺激焦虑的产生。然而，弗洛伊德是在存在主义哲学家克尔凯哥尔《恐惧的概念》——提出焦虑的理论——基础上系统地研究焦虑。二是从社会学的角度来看，焦虑是一种广泛存在于社会成员之中的群体心理现象，是特定时代背景下的一种社会心态。

在社会转型期，陈云松等人指出焦虑往往具有更明显的多群体呈现和扩散性，即形成社会焦虑。丁立平认为社会焦虑属于社会浮躁的心理因素之一，它还包括人为短缺、认知偏差、人性复苏和价值的波动和转移等。并且，大多数学者一致认为社会焦虑是由不确定性、生活中的不确定性、社会中的不确定性等产生的。正如张艳丽和司汉武所言，社会上许多个体因社会的不确定性（竞争、自由、匿名、陌生化、社会变迁、改革）而产生的对自我、对他人、对社会、对未来的担忧，是大多数社会成员共同的社会心理，这已经成为社会问题。

吉登斯也表示焦虑是一种典型的现代社会情感行为方式，对焦虑感的控制是人类行为的动机源泉。不同的行为动机都有可能产生焦虑，例如，在子女的教育上，父母通过表达对自己孩子的焦虑情绪，来表明他们养育子女的投入，无论是解决子女的安全问题，还是教育问题，或者他们的身体或精神健康问题。[3] 又如滕紫薇等在突发危机中，一线工作人员抑郁检出率49.1%，焦虑检出

---

① 弗洛伊德. 精神分析引论 [M]. 高觉敷，译. 北京：商务印书馆，1986：315.

② 于水，杨溶榕. 转型期中国社会焦虑中的政府责任研究：基于 CGSS2013 数据分析 [J]. 信阳师范学院学报（哲学社会科学版），2016：5.

③ 斯宾塞，沃尔比，亨特. 情感社会学 [M]. 张军，周志浩，译. 南京：江苏凤凰教育出版社，2015：150.

率 21.8%，疲劳检出率 76.0%，其中社区、乡镇工作人员抑郁、焦虑、疲劳检出率较医护人员、其他职业者高（P<0.01）。

由此而言，国内外学者都一致认为焦虑和恐惧已经成为我们时代的主导情绪。[①] 社会焦虑作为一种普遍的社会情绪更值得社会关注。北京大学教授何怀宏认为社会焦虑属于某些社会或时代，它是一种普遍的注意力分散和精神不稳定，焦虑弥漫在社会的不同层面，例如，尉建文表明中等收入群体的安全感缺失，在于无法守住未来的焦虑；社会底层的安全感缺失，在于看不到未来的焦虑。又如李晓嘉所述，经济是人类追求生存的基本保障，消费时代推动群体追求财富积累，但人们对财富的获取欲望和对现有财富的依赖，催生了情感的失衡，"财富焦虑"逐渐成为一种普遍的社会心态。

从社会心态的角度看，焦虑是一种社会情绪，社会情绪也是一种重要的社会信号，是社会运行的表征，是一种晴雨表，简言之，"人类的情绪是身体和社会的语言"，[②] 焦虑更多的存在于当前社会进程中的群体急躁的心理状况，这些状况又与社会事实密不可分。如梅曾说："如果我们能穿透政治、经济、商业、专业或家庭危机的表层，并深入发掘其心理原因，或者我们试图了解当代艺术、诗歌、哲学与宗教的话，我们几乎在每个角落都会遇到焦虑的问题。"[③] 群体因各种压力而焦虑，但这种压力不可能瞬间解决，需要长期的努力和奋斗才能缓解，这种持续的焦虑情绪蔓延到日常生活的方方面面，对群体和社会产生持久的影响，从而形成社会情绪。

三、分析路径与研究方法

（一）分析路径

在前文阐释相关理论观点的基础上，本研究从互动—情感符号的视角强调社会情绪传递问题，分析路径分为四个方面（如图 1-1 所示）：第一方面从社会情绪的传递环境出发，探讨社会情绪的现实情境（在场空间）和社会情绪在信

---

① 斯宾塞，沃尔比，亨特.情感社会学 [M].张军，周志浩，译.南京：江苏凤凰教育出版社，2015：150.

② 王俊秀.社会治理也是社会情感治理 [N].北京日报，2017-03-27（15）.

③ 梅.焦虑的意义 [M].朱侃如，译.桂林：广西师范大学出版社，2010：前言.

息化场域（缺场空间）的传递特征、路径等。第二方面分析和阐述了社会情绪的传递过程。第三方面作为本研究的主要内容，研究社会情绪在不同氛围下的呈现方式及其对群体和社会的影响，从而深入探究社会情绪传递过程中的差异性。第四方面，通过上述内容分析与解释社会情绪的传递动因。

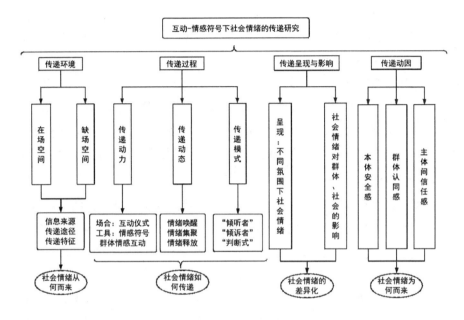

图1-1 分析路径图

（二）研究方法

本研究主要采用质性研究方法。该方法认为，任何事件都不能脱离其环境而被理解，理解涉及整体中各个部分之间的互动关系。① 特别是对于社会情绪来说，在研究和考察时，我们不仅要了解主体的情绪本身，还要了解情绪发生和变化时的社会文化背景以及主体与其他主体之间的互动。本研究通过对被调查者的性别、年龄；教育、工作背景；身份地位和心理等多个维度，并提供不同案例来形成交流中的社会情绪的"群像"，从而成为一个更好的"解释性研究"。本研究具体使用以下方法：

---

① 陈向明 . 质的研究方法与社会科学研究［M］. 北京：教育科学出版社，2000：7.

1. 文本研究法

本研究通过搜集整理互联网和新闻媒体，对显示度高、影响力广的突发公共卫生事件报道，特别是本研究的研究时段恰好是突发公共卫生事件的关键时刻，确保了一定数量的信息。此外，本研究还对突发公共卫生事件中的社会情绪相关文献进行梳理。收集官方政策文件，从多种网络渠道获得更全面的信息。文本研究主要包括两个方面：一方面是在官方网址上发布的视频和图片等。包括规范性制度文件但不限于：《关于印发全国社会心理服务体系建设试点 2021年重点工作任务及增设试点的通知》《法治社会建设实施纲要（2020-2025年）》等；另一方面是通过知网、谷歌学术等方式搜索与社会情绪相关的主题，并将检索结果进行梳理，全面了解国内外社会情绪研究现状，找出现有研究中需要进一步探索的研究方向，并根据现有的研究结果和方法，完善此类研究。

2. 深度访谈法

深度访谈法是本研究的主要研究方法。访谈对社会成员较为抽象的情绪表达进行了细致的描述，并展现了不确定性事件暴发前后社会情绪传递的变化。"访谈"是一种研究性交谈，是研究者通过口头交谈的方式从被研究者那里收集（或"建构"）第一手资料的研究方法。而且，访谈具有以下特点：第一，灵活性和对意义解释的空间。这种研究方法是受访者用自己的语言和概念谈论自己对问题的看法或表达自己的观点。第二，灵活性、即时性和意义解释功能。访谈者在与受访者交谈的过程中，通过询问受访者的看法，了解受访者对自己创造的实物的意义解释，并探寻这些实物与受访者生活中其他事件之间的关系。① 笔者采用半结构式访谈来搜集资料支撑研究。通过设立与主题相关的一些问题，制定访谈提纲，根据研究设计对受访者提出问题，鼓励受访者较为自由地表达自身感受、观点，但这并不局限于访谈提纲所列问题。通过这种面对面、线上语音等聊天式的交流，目的在于分析社会成员在不确定性事件中，社会情绪变化与传递的动因，进而更能深入了解社会成员互动中社会情绪的传递问题。

鉴于本研究是在疫情防控期间进行的，在样本的选择上，希望通过对 X、Z 小区人员（包括居民、物业保安、社区工作人员、志愿者等）的深度访谈，能够深入地对研究问题进行解答。受访者基本情况如下：①受访者主要来自同一

---

① 陈向明. 质的研究方法与社会科学研究［M］. 北京：教育科学出版社，2000：170.

地区的两个社区。②年龄层不同，范围在 20 岁到 75 岁之间。③教育背景和工作环境不同。包括个体工商户、学生、企事业单位的员工、农民工等。

访谈提纲主要包括以下几个方面：基本情况、人际交往、生活环境、情绪传递等。访谈持续了近半年时间，后期进行了 2-3 次回访。受访者人数和访谈内容均达到了"最大差异的信息饱和法"的要求，最后完成访谈闭环。学者指出，滚雪球抽样是一种试图接近随机性而不等于概率的抽样方法，而信息饱和原则是试图通过最丰富的信息重建一个生活世界。① 信息饱和法的一般操作步骤是：①根据研究主题，确定研究对象科目的选择，开始与第一人的访谈；②利用持续对比分析法，梳理从访谈第一人那里获得的信息的指向和充分程度；③根据梳理结果确定信息饱和程度，建立新的"理论抽样"标准，选择最可能（最大差异法）提供不同方向或更充分信息的第二人；④从第二个人开始重复上面的梳理。信息饱和度的高低取决于研究者的信息素养、经验和能力，调查对象的选择是否合适以及调查对象的选择方式等等。如果信息还没有饱和，将继续调查第三者、第四人等；⑤如果被访者没有任何新的信息，理论上调查就此结束；⑥为了安全起见，研究者可能会询问另外一个或多个对象，如果确信没有新的信息，终止调查，否则，调查仍在继续。原则包括：没有固定的"样本规模"，也不要求固定的"样本量"，可能一个人就足够了，可能 100 人仍不够；事先研究者根本无法根据经验来估计；不能用"样本量"的概念来指称或评价它，只能衡量它收到的信息是否饱和。② 具体访谈对象情况见下表：

表 1-2　访谈对象情况简述③

代码	年龄（岁）	性别	职业
S1	29	女	私企员工
C2	53	女	餐厅员工
Q3	28	女	自由职业

---

① 齐学红. 质的研究与生活世界的重建［J］. 南阳师范学院学报（社会科学版），2004：4-7.

② 潘绥铭，姚星亮，黄盈盈. 论定性调查的人数问题：是"代表性"还是"代表什么"的问题："最大差异的信息饱和法"及其方法论意义［J］. 社会科学研究，2010：108-115.

③ 本研究受访者都将采用代码呈现，目的在于保护受访者的身份信息。

代码	年龄（岁）	性别	职业
W4	57	女	医院清洁员
L5	72	女	无
C6	50	女	个体户
H7	60	女	退休人员
F8	37	女	个体户
B9	37	女	私企员工
L10	45	女	个体户
G11	47	女	出租车司机
L12	32	女	社区卫生中心工作人员
Z13	57	女	退休人员
C14	56	女	退休人员
W15	37	女	理发店老板
C16	30	女	国企员工
W17	28	女	社区员工
S18	24	女	学生
W19	53	男	防疫站防疫员
C20	52	男	公务员
L21	49	男	物业员工
Z22	61	男	退休人员
H23	53	男	个体户
K24	52	男	个体户
W25	55	男	保安
Y26	64	男	退休人员
H27	23	男	学生

代码	年龄（岁）	性别	职业
C28	52	男	公务员
B29	46	男	出租车司机
T30	37	男	社区卫生中心工作人员
Z31	28	男	个体户
C32	57	男	保安
X33	24	男	学生
Y34	63	男	退休人员
S35	31	男	个体户

3. 观察法

在调研过程的后期，笔者出于现实环境的需要与考虑，便于对研究现场的情况做到全面的把握与分析，也会采用观察法。观察法是指研究者根据一定的研究目的、研究对象等，利用自己的感官和辅助工具直接观察被研究对象，从而获得观察资料的研究方法。笔者可以观察到社会成员在不确定性事件的关键时期的社会情绪表现以及感知到当下社会氛围的营造，并以辅助工具记录下来，从而更生动地说明社会情绪的传递过程和特征，对研究起到支撑作用。

（三）篇章安排

全篇主要分为三个部分：

第一部分（绪论、第一章）：绪论主要介绍了研究背景、问题的提出和研究意义。进一步梳理了国内外有关社会情绪的研究概况。本章旨在实现如何更好地定义"社会情绪"。密尔指出：① 给一个事物下定义，就是要从它的所有属性中选取那些被理解为由它的名称所指代且宣示的特定属性，而我们足以能够确定选取哪些属性作为定义之用最为合适的时候，这些属性必须是我们耳熟能详的。因此，对社会情绪概念的明晰，需要建立在广泛的研究基础上进行论述。

---

① 戈茨. 概念界定：关于测量、个案和理论的讨论 [M]. 尹继武，译. 重庆：重庆大学出版社，2014：1-5.

第一章提出研究设计和方法。其一通过解释相关情感互动理论的观点来探讨研究视角，再是讨论如何运用互动-情感符号的研究视角。其二介绍本研究的研究方法、分析路径与章节安排。

第二部分（第二至五章）：这一部分是本研究的关键部分。它重点分析群体的情绪传递环境、传递过程、呈现方式以及社会情绪对群体和社会的影响，并进一步探讨社会情绪传递的动因。具体来讲：第二章以"'在场空间和缺场空间'：社会情绪传递环境的分化与交合"为主。具体谈论当前社会情绪传递的现实环境。在此现实情境的基础上，说明社会情绪的传递特征及方式。社会中不可避免地存在着不同程度的风险（包括自然风险、人为导致的风险等），同时，在当下信息发展迅速的时代，从在场空间转换为缺场空间的情况下，社会情绪的传递特点与方式又有何变化。特别是在缺场空间中，信息给群体之间的互动增加了很多复杂性。一方面，信息的过度解读可能会增强群体心理的压力，另一方面，信息渠道的畅通也会对社会情绪产生影响。进一步而言，媒体作为信息传播机制，如何更好地履行其社会责任，是稳定社会秩序的关键所在。公共媒介机构应该承担道义上的责任。一些自媒体为了追求盈利最大化，在焦点事件过后不久就逐渐把注意力转向其他有利可图的社会、娱乐噱头等。当然，也有一些新闻工作者试图通过回访、追踪风险带来的社会和经济后果。然而，搜集和整理这些调查材料需要很长时间，相关利益者便会认为受众不再过多地关注热点或焦点事件，除非发生其他重大事件，否则将不愿意在相关媒体平台提供重要位置，最后只能草草收场，这加速了社会对不确定性事件的遗忘过程。

第三章主要分析社会情绪传递过程，致力于描绘群体实现的社会情绪传递图景。社会情绪传递的动力始终在运行，社会成员会根据特定情况选择哪种途径或模式来传递他们的情绪。社会情绪的传递过程是由群体通过情绪唤醒→情绪积聚→情绪释放的链条式机制所实现。群体在互动过程中的共享认知体验直接影响着微观情境的集体意识。本就带有一定的社交属性的互动在信息的传播下增强了群体互动的频率。当不确定性事件引发特殊情境，群体更可能选择虚拟的平台（缺场空间）进行交流。通过摘下所谓的"人格面具"，将群体角色转变为能够自由和真实地表达其观点、态度和情绪的网民。因为在人们看来，虚拟网络平台可以让他们随意分享自己的情绪和感受，而不必为此承担"代价"或"损失"，所以网络交往的情感流动比现实生活中更贴近内心。但是，虚假信息的传播会造成人们对于不确定性事件的恐慌，从而使得社会心理失衡，产生一系列社会问题。同时，虚假信息的相关的社会风险也可能造成一种异常的社会氛围。在当前形势下，虚假信息已成为社会成员重建心理防御系统的迫切需要，以期缓解焦虑、压力等，带来积极的心理暗示。第四章着重阐述社会情绪的呈现和影响。基于第二、三章的研究内容，本章主要分析人们在传递情绪过程中对群体和社会的影响，再是讨论突发公共卫生事件关键时期如何表达和交流类似的社会情绪，如社会焦虑。第五章社会情绪的传递动因。社会情绪当中潜藏的风险以及社会对社会情绪带来不同程度的风险，社会情绪的传递动因究竟是什么？即社会情绪为何而来。在疫情防控期间，一些社会成员不良表现可能在一定程度上抹黑政府形象，导致政府信誉的下降；相关部门互相推诿责任，淡化了不确定性事件的风险性，而失责人员把一切失误归咎于自然灾难，这又会造成社会成员负面情绪极大不稳定因素。鉴于此，本章主要从本体不安全感、主体认同感和群际信任感三个方面分析和阐释了社会情绪的传递动因。

第三部分（第六章）：总结与展望。本章主要是对前面章节内容的总结，具体阐述社会成员在传递情绪过程中受到各种因素影响的差异，提出了缓解负面社会情绪对稳定社会秩序的重要性和社会互动中研究社会情绪传递的未来发展方向。

第二章　"在场空间和缺场空间"：社会情绪传递环境的分化与交合

有的人对舆论不屑一顾；有的人则对之恐惧万分，因为对他们来说，舆论总是冷酷残暴的。

——伯特兰·罗素，《幸福之路》，1930

一、传递环境：社会空间的分化与交合

社会情绪的传递总是在群体、群体与社会之间情感互动的框架内进行。这些关系、实践活动和日常生活等都需要在特定的空间里实现。空间作为一切事物的存在方式，不仅是人类实践的场域，也是人类生命寄寓的场所，具有多方面的社会意蕴。[①] 因此，空间既是社会交往的媒介和载体，又是社会文化形塑的重要基础和表征，是社会心理结构发展的过程。就社会交往的结构而言，任何交往过程中都必须有两个重要的维度——时间和空间。[②] 时间长短或是空间转换都会导致社会交往结构的变化。从社会学的角度来看，研究者并没有太多关注空间理论，但是在他们的研究中也会提到空间和社会之间的联系。比如在《大都市的精神生活》一书中，齐美尔探讨了都市高密度的刺激和高频率的互动是如何造成都市居民特有的心理和精神状态的，[③] 可见，齐美尔坚持认为空间的社会属性优于自然属性，[④] 甚至认为空间可以归结为人的心理效应，空间本身是没

[①]　胡潇. 空间的社会逻辑：关于马克思恩格斯空间理论的思考 [J]. 中国社会科学，2013：113.

[②]　翟学伟. 中国人的关系原理：时空秩序、生活欲念及其流变 [M]. 北京：北京大学出版社，2011：297.

[③]　高峰. 空间的社会意义：一种社会学的理论探索 [J]. 江海学刊，2007：44.

[④]　齐美尔. 社会学：关于社会化形式的研究 [M]. 林荣远，译. 北京：华夏出版社，2002：460.

有价值的，正是人们之间的相互作用使空间成为现实。①

空间的社会意蕴最好体现的是"同存性（simultaneity）"，莱布尼茨认为："空间是共同存在的秩序，就像时间是延续的秩序。"② 社会使人际互动得以延续和发展，互动的所有参与者需要在空间中共存，以便进行互动并实现情感交流。正如吉登斯所言："共同在场的社会特征以身体的空间性为基础，同时面向他人及经验中的自我。"③ 然而，技术的发展打破了共同在场，特别是亲身在场的局限性，超越了地域性限制，空间结构逐渐分化。

信息化时代，网络技术的出现与发展，不仅改变了人们交往的场所，跨越了现实与虚拟的界限，也扩大了交流的范围，"面对面"在场开始向缺场的"面对面"转变。当然，空间转化（spatial transformation）必须放在更广阔的社会转化的背景下来理解：空间不是反映（reflect）社会，空间是表达（express）社会，④ 且空间附着记忆，记忆衍生情感，⑤ 情感反过来又会影响记忆。因此，人类在长期的社会实践中形成了一套完整而独特的情绪体验模式，这种模式是与人们所处的环境相联系的。比如，不确定性事件发生后，不仅唤起了人们对"非典、禽流感"的情感记忆，还带来了更多的不确定性。

（一）在场空间（presence）

社会生活的方方面面都以自己独特的方式再生产空间，形成自己的空间格局，具体而实际地改变着人、社会、自然之间的空间关系，产生出互有特性的社会化空间。⑥ 社会情绪正是此社会空间中进行传递，其中包含了情绪性信息的各种内容，然后由他者对这些内容进行评估和过滤来确定哪些信息可以使用，哪些信息可以丢弃。社会成员需要在某种空间或特定场景下进行面对面交流与活动，即在场空间，主要是指在社会生活网络化没有展开之前，社会空间以各

---

① 营立成. 迈向什么样的空间社会学：空间作为社会学对象的四种路径与反思［J］. 中国社会科学评价，2019：53.

② 格利高里，厄里. 社会关系与空间结构［M］. 谢礼圣，吕增奎，等，译. 北京：北京师范大学出版社，2011：21.

③ 吉登斯. 社会的构成［M］. 李猛，译. 上海：生活·读书·新知三联书店，1998：65.

④ 卡斯特，21 世纪的都市社会学［J］. 刘益诚，译. 国外城市规划，2006：95.

⑤ 何雪松. 城市文脉、市场化遭遇与情感治理［J］. 探索与争鸣，2017：38.

⑥ 胡潇. 空间的社会逻辑：关于马克思恩格斯空间理论的思考［J］. 中国社会科学，2013：114-115.

种在场事物的存在或展开状态而呈现出来，人口流动、群体活动、物质生产、宗教文化、政治斗争等，各种社会活动都是在特定场所中发生和运行的，[①] 比如，企业年会的举办，全体企业成员在宴会厅（特定场所）亲身参与，面对面交流；学校运动会的开办，学生位于操场（特定场所）参与相关活动等等。

对身体而言，它所谓的"这里"指的不是某种确定的坐标体系，而是积极活动的身体面向任务的情境定位。[②] 参与互动的社会成员身体都处于特定的情境之下，"这里"就会成为"在场空间"。社会情绪在在场空间中（面对面）实现互动和传递，需要通过多种方式或措施来实现，最直观的方式是社会成员的面部表情和姿态行为。如吉登斯所言，在人身上，脸面不仅仅是言语的生理器官，还是体验，情感和意图复杂交错的主要身体区域。[③] 一个微笑、一句言语、一个手势等都可以表达群体在这个时刻的内心感受，这也是群体参与在场空间的特征之一，能够面对和回应情绪传递者的信息内容。

（二）缺场空间（absence）

从社会学的角度来看，网络空间是一个社会空间。[④] 中国互联网络信息中心（CNNIC）在京发布的第47次《中国互联网络发展状况统计报告》显示：截至2020年12月，我国网民规模为9.89亿，互联网普及率为70.4%，较2020年3月提升5.9个百分点。其中，农村网民规模为3.09亿，较2020年3月增长5471万；农村地区互联网普及率为55.9%，较2020年3月提升9.7个百分点。[⑤] 可见，无论是城镇地区还是乡村地区，我国远超于一半人数为网民，网络空间虽然是虚拟社会的存在，但是是内容很真实的现实社会空间，它不断扩大虚拟市场需求，促进现实市场经济。

现代电子通信手段，尤其是电话，使中介性接触能够在共同在场的情况下保持一定程度的亲密性，[⑥] 由此构建一个亲密空间，使社会成员利用这些设备抒发情感。先进的电子通信设备（如互联网）以及快速、电脑化的传输系统使得

① 刘少杰.网络化时代的社会空间分化与冲突 [J].社会学评论，2013：67.
② 吉登斯.社会的构成 [M].李猛，译.上海：生活·读书·新知三联书店，1998：65.
③ 吉登斯.社会的构成 [M].李猛，译.上海：生活·读书·新知三联书店，1998：67.
④ 刘少杰.网络化时代的社会空间分化与冲突 [J].社会学评论，2013：68.
⑤ 中国互联网络信息中心.中国互联网络发展状况统计报告 [DB/OL].[2021-02-04] http://www.cnnic.net.cn.
⑥ 吉登斯.社会的构成 [M].李猛，译.上海：生活·读书·新知三联书店，1998：68.

空间积聚与分散可以同时进行。① 网络社会的形成与发展促进了社会空间的分化,"缺场"空间是一个面部表情、特定场所、具体环境都未全面呈现的空间,它是一个以信息流动、符号展示、语言交流与意义追求为内涵的虚拟空间,②③此空间更多是通过信息的传播、丰富的语言内容、多种多样的符号呈现为主,开展情感、会话等一系列行为。简言之,缺场空间是指一切在场的人或物体都不会亲身在场,这种空间形态可以被群体通过虚拟环境中的工具符号来实现对虚拟空间的操控。

此外,从互动—情感符号的角度来看,群体性互动必须在一定的空间和情境中进行,网络空间作为一种网民身体不在场的极具开放性和流动性的虚拟化空间,群体性互动的效果除了受到网络群体结构和互动机制的影响外,还与网民的文明素养和社会环境密切相关。④ 在日常生活中,人们通过互联网等平台获得信息,在田野调查中,向被调查者了解"平时,您最常用互联网进行哪些活动"时,多数人回答说,他们通过互联网阅读讯息;看剧、电影以及线上聊天交友。尤其突发公共卫生事件期间,在防控政策到位的情况下,社会成员选择居家办公、学习,比如,教师可以使用手机、平板电脑等设备开展教学活动,学生也可以使用微博、微信等社交平台开展学习。

(三) 分化与交合

列斐伏尔指出,社会空间将以某种特殊性而显现,⑤ 任何信息都将通过媒介物在特定的社会空间中传递给外界。随着互联网技术的发展,社会空间趋向于"在场"和"缺场"的分化,由此形成在场空间与缺场空间。缺场空间与在场空间的交合与分化,不仅导致社会空间的层次分化,而且引发了社会矛盾乃至社会冲突的扩大,⑥ 社会情绪在此现实环境中被唤醒和被传递。如上所述,一方面,在场空间仍然保留着传统的"面对面互动"的人际交往模式,"在场"环

---

① 卡斯特,刘益诚.21世纪的都市社会学 [J].国外城市规划,2006:95.
② 刘少杰.网络化时代的社会空间分化与冲突 [J].社会学评论,2013:67.
③ 朱逸."缺场"空间中的符号建构 [J].学习与实践,2015:105.
④ 姜方炳.空间分化、风险共振与"网络暴力"的生成:以转型中国的网络化为分析背景 [J].浙江社会科学,2015:53.
⑤ 列斐伏尔,晓默.《空间的生产》节译 [J].建筑师,2005:58.
⑥ 刘少杰.网络化时代的社会空间分化与冲突 [J].社会学评论,2013:66.

境中的人际互动需要符号的帮助，但这些符号有其自身的局限性，必须取决于一定的时空条件，否则符号的意义表述将会丢失或削减，从而影响互动。① 在一定意义上，在场空间中的人际互动是一种符号与符号的互动，符号的使用是不可能脱离他们的社会场域、社会关系以及生存环境而孤立地存在的。社会成员在特定场所或情境中亲身在场，通过可以表意的符号（表情、姿态、动作）实现情绪的唤醒与反应。换句话说，一个姿态引起另一个体的一种姿态，它可能唤起或引起同样的情绪态度和同样的想法。② 另一方面，社交网络中的人际交往与传统的面对面交往不同，它是一种隐匿了身体存在、借助符号进行沟通的缺场交往。③ 在缺场交往中，人们可以利用符号来建构自己的身份，并且不断扩大人际交流的边界与范围，社会成员发现，原有的社会空间的位置、地点、情境的流动性随之增强。这主要是由于网络技术的发展和网络平台的延伸，使得群体生活越来越便捷化和智能化。缺场空间中，群体的角色和地点将不会受到限制，真实的、特定的场所界限也将逐渐模糊。

　　网络化缺场空间不是现实中区别于社会生活的一种非社会空间，而是一种形式上缺场，但内容与实际生活紧密相连的社会空间，④ 进一步缺场空间和在场空间的并存能够推动一些社会关系的发展。"社会关系同时具有个体化（individuation）与社区共同化（communalism）的特征，这两个过程同时采用了空间模式和在线通讯（on-line communication）模式。虚拟社区（virtual communities）与实质存在社区（physical communities）因密切互动而发展这两者的聚合过程受到快速增长的个体化工作、社会关系以及居住习性的挑战"。⑤ 因此，网络化缺场空间的参与及其与在场空间的交合使社区工作向前推进，工作效率更高，但也面临诸多挑战：部分老年群体接受度不高导致进度缓慢；部分群体认为缺场空间的发展会引发邻里关系变得更加冷漠等。由此而言，只有从社会成员的日常生活角度出发，通过参与网络活动和网络空间的形成来认识社会空间，才能

---

① 朱逸."缺场"空间中的符号建构 [J].学习与实践，2015：104-105.

② 米德.心灵、自我与社会 [M].赵月瑟，译.上海：上海译文出版社，2018：64.

③ 卢春天，张志坚，张琦琪.缺场交往中青年的形象自我管理 [J].中国青年研究，2016：89.

④ 刘少杰.网络化的缺场空间与社会学研究方法的调整 [J].中国社会科学评价，2015：59.

⑤ 卡斯特，刘益诚.21世纪的都市社会学 [J].国外城市规划，2006：95.

真正发现其广泛而重要的现实意义。①

二、现实舆论场下社会情绪的传递

(一) 现实舆论的来源

现实舆论的主要来源是社会事件的发生及其引发的客观风险对社会的影响，这些风险是一个动态变化的过程，主要体现在日常生活中引发非传统安全问题，导致社会动荡和混乱。② 如果没有有效可用的预警系统，就会对群体和社会造成不可估量的损失。在应对突发性危机时，政府、行业组织、媒体等公共机构往往面临许多挑战和压力。如果没有相应的预警系统，很容易造成信息披露不合理和信息不对称，加剧社会矛盾激化甚至演变为群体性冲突。尤其是群体在面对其专业领域以外的事件时，未知因素会给他们带来更大的恐惧，造成极大的焦虑和紧张感，可能导致负面情绪。

在现实生活中，人们可以通过多种途径获取大量的有关风险的信息，却由于群体缺乏理性判断的时间与相关的专业知识，很难辨别所寻求的信息是否是真实的，这意味着现代风险更多来自群体无法直观感受和不确定的后果。③ 根据自身经验，有人坚持相信一切，有人质疑一切，坚信或怀疑都会导致一定程度的认知不确定性，成为社会焦虑的主要来源之一。

为了减轻恐惧和焦虑，增强社会成员对周围环境的确定性，他们急切地想要了解周围环境的情况，从而释放对自身和他人、生活和社会安全的这种不确定性引发的负面情绪。因此，在现实世界中形成了"焦虑群体"，期望通过各种方式与他人进行交流，获取和积累有用的经验与知识来稳定情绪。"宣泄"无疑是情绪传递的一种方式，特别是当群体有不良情绪时，他们会选择"宣泄"来释放自己的情绪压力或发泄恐惧、愤怒等负面情绪，从而消除或缓解紧张气氛。互动—情感符号下，宣泄是人们通过言语行为来表达自身的情绪，同时，这一过程中，参与者形成一个共同的关注焦点：突发公共卫生事件，彼此感受对方

① 刘少杰. 网络化时代的社会空间分化与冲突 [J]. 社会学评论, 2013: 69.
② 文宏. 危机情境中的人群"圈层阻隔"现象及形成逻辑：基于重大传染病事件的考察 [J]. 政治学研究, 2021: 137.
③ 孙江, 李婷. 风险建构视域下突发公共卫生事件网络舆情治理研究 [J]. 中国行政管理, 2019: 119.

的焦虑和担忧，形成互动仪式。具体而言，面对面的互动与沟通促使群体共同聚集在同一场所，能够亲身在场参与信息交流，即群体聚集。对于不确定性事件相关的舆情信息，公众会产生类似的情感的冲动，诸如担忧、害怕、紧张等情绪，从而促使人们在面对面的沟通时采用类似符号表达共同关注，使参与者可以准确地接收到传递者内心体验到的感受。

在互动仪式中，群体面对面交流，也加快了舆论传播速度。社会舆情来源于社会事实，突发公共卫生事件很容易成为舆情的"温床"。喻国明通常将舆情称为反映当前社会事件的"社会皮肤"或"晴雨表"，正是因为它类似于一种感知器，通过了解舆情来了解当前最新事件，并对社会产生最深刻的影响。每当公众对社会发生的某些现象和事件表达自己的情绪和态度时，都是其主观经验判断后的反应。群体通过社会舆情了解信息，然后编码信息，赋予思想、情感传递给共同在场的他者，包括政治领域、经济领域或文化领域的舆情，可以通过分析舆情来衡量群体的内心感受。

《科学发展观百科词典》中明确提出：舆情是人际互动中不可缺少的一部分，即不同历史阶段的社会群体对一定社会现实和现象的主观反映，是群体性意识、思想、意见和要求等综合表现，是蕴藏在人们思想深处的共同心理倾向，对社会、群众、个人产生重大影响，是社会控制的重要手段。无论是来自一个群体的复杂情绪，还是加以包装的舆论信息，都会增加更多的不确定性。在这样一个充满风险的环境中，每个人的内心都必然存在着真实而深层的焦虑，[①] 除了突发公共卫生事件的客观风险外，人们在日常生活中还会忽略影响他们情绪的风险。如果这些风险因素能够得到有效应对，人们焦虑和恐慌的情绪状态会有所改善，从而降低社会对经济发展造成的不良影响，甚至避免对社会秩序造成破坏。

"风险危机的话，可能对我们来说还是食物方面。人们一天基本上每天必做的事是吃东西，无论是吃蔬菜、水果或者主食。任何食品如果不安全的话，那肯定就会有很大问题，（不安全性因素）影响到你的健康，其他的（除食品以外的事物）我觉得还可以，真的是排到食品之后，比如说个人卫生原因导致的这种细菌性感冒，它（感冒）其实是有一定的传播途径的，但是可控的。（回到食

---

① 吉登斯. 现代性的后果［M］. 田禾，译. 南京：译林出版社，2000：129.

品的话题）一旦食品安全出了问题，那后果不能想象。"（S1，29 岁）

有些群体由于食品不安全在心理上缺乏安全感，也会因为其他替代品而选择忽视这种不安全背后的危险。危险或危机是人们与外部环境之间的相互作用所产生的一种状态，它可以通过人们内心表达出来，也可以在人际互动中表现出来。在任何时间和任何地点都有明显的或潜在的风险和危机。危险也被认为是一种风险，它可以被界定为系统地处理现代化自身造成的危险和不安全感的方式。① 然而，作为群体高度关注的风险事件，突发公共卫生事件仍然是一个未知数，在社会变化中，社会成员的行为将因这些际遇而开始演变，导致人们做出不同的判断，选择不同的可能性并造成不确定性。无论是客观风险认知，还是社会成员的主观意识，在现实生活中总是会产生风险，社会情绪就是风险后的结果。比如，不确定性事件信息已经成为群体口口相传的舆论资本，情绪也被传递给信息接收者，从而形成信息分享的过程。信息与情绪之间存在着一定的关联性，即是指群体在情绪作用下的信息传播过程，在此过程中，信息是群体沟通情境的必需条件，情绪是沟通后意义的象征，它不仅代表着传递者的思想和精神，也是促进群体互动的桥梁。

（二）在场空间：社会情绪的传递途径

在现实环境中，社会情绪是通过群体面对面的沟通与交流传递的，即传统的社会空间，人们通过自己的肢体动作、群体交往和各种组织形式，在不同的场所进行社交，虽然信息内容也很复杂，但其最鲜明的特征之一是在场性。② 面对面沟通交流、传播舆情，用主观感受分享信息，引起接收者的共鸣和认可。按照传统的社会空间，群体情绪传递的范围可以分为两类：一是自我传递，即个体自身内心活动的实现，以及通过外界刺激（突发公共卫生事件）而引起的自话自说、沉思默想。受访者在被问到"您会将负面的情绪传递给他人吗？"时，发现部分受访者会选择"静一静"，不愿意主动去分享：

"我不乐意去分享一些坏的心情。因为我觉得可能别人不理解（我的消极情绪）。我也担心（事情或情绪）给别人（情感层面）添麻烦、添堵。我不会选择跟别人去分享这种（消极、悲观的）情绪，还是会自己（静一静）消化（情

---

① 贝克. 风险社会 [M]. 何博闻，译. 南京：译林出版社，2004：19.

② 刘少杰. 网络化的缺场空间与社会学研究方法的调整 [J]. 中国社会科学评价，2015：58.

绪）。"（S1，29 岁）

"（人际交往中）也不是说避而不见，但也不会主动和人家沟通（一些事情或心情）。因为有些事情跟别人说或去解释，（自己）感觉也很烦躁。有时候自己的理解感受在和对方聊天的时候，除非彼此（情感上）达到一定的默契，要不然（双方）一旦发生矛盾，（自己的心情）更烦躁。"（S35，31 岁）

自我传递影响公众对自我的认知，甚至影响我们对世界的认识。自我传递主要是个体内心活动，每个思想是一个符号，① 不同的符号有其独特的表达方式，这就使得个体倾向于采取不同的行为反应模式解决问题。当一个人单独思考时，旨在交流的符号被内化为个体思想。换言之，情绪的自我传递表现出更多的信息。当个体接收到信息时，其会在认知、思想判断之后以情绪的形式表达出来。沉默、发呆等，可视为是自我传播后情绪的主观表现。因此，无论社会成员的情绪状态如何，如果他们选择自我传递的途径，那么就会发生自我调节情绪。

"我已经（自我）调节习惯了，让我回想当时的情况（突发的事件），可能那个时候我已经（自我）调节好了（焦虑的情绪），对我来说，我就感觉没什么大悲大喜，反正（心情）就很平静。"（S1，29 岁）

"（遇到不好的事情时）如果出现不好的情绪，就想着暂时不沟通（和家人、朋友等），慢慢自己去消化。"（C20，52 岁）

二是人际传递，主要是两人及两人以上在信息处理过程中的互动。这也是传递者对信息进行编码，接受者对信息译码、认知和解读的过程。最为常见的是面对面交换情绪符号。通过传递，群体会选择向外界，特别是周围值得信赖的个体倾诉和发泄。如一些受访者选择向工作场合的同事吐露心声。

"一般干完活，不顺心的话就楼上楼下（来回走）和（同事）聊我今天怎么不顺的。（和同事）说完就赶紧下楼（回到岗位）继续干活。有时候忙，下班的时候（我）才和别人聊一下。我们岁数都差不多，也不会顾及太多，有啥不顺心的就互相说。"（W4，57 岁）

从他们的角度来看，身处相同的工作空间同事可以与自己产生共鸣，他们会很感受和理解他们的负面情绪，愿意向同事倾诉。另一些受访者则选择自己心中信任度高的家人和朋友并通过聊天来传递负面情绪。

---

① 瓦尔·皮尔士［M］. 郝长墀，译. 北京：中华书局，2003：116.

"（我）在缓解消极情绪时，其实（途径）多方面的、多维度的。对于自己来说，我可能会转移注意力。比如，（我）做一些喜欢做的事情；去看个想看的电影；在家里面听歌之类的。但是（我）有消极情绪的时候，我更需要一个倾诉和宣泄的口。（宣泄路径）就是我刚刚说的倾诉，我会看（影响心情的）事情是什么，选择跟家人聊一下，也可能会约朋友出去吃个饭或是喝个小酒，跟他们倾诉一下。有的时候，其实（我）在出现负面情绪的时候，更需要（有）一个人去倾听（我的心里话）。当你把负面情绪给（倾听的人）表达出来，之后（你的）心里面就会好一点。我不会指望或者是要求通过倾诉得到对方（倾听者）的一些解决方案。对我来说，倾诉就是把这个事情（不好的心情）分享给别人，这本来就是缓解（我心情）的一个方式。"（Q3，28 岁）

"如果（我）情绪不好的话，我肯定会选择倾诉的。像闺蜜，（我）和她在一个办公室，就两个人说一说（自己的情绪）。我要是（是我）能忍的（事情）我就忍忍，不过（我的性格）让我忍不了。（我）发火的话，发掉就好了。等（矛盾）结束后，闺蜜劝我以后不要和领导吵架，不要冲撞领导，（我）就想着下次再不这样了。"（L12，32 岁）

"我一般都会跟朋友喧一喧（倾诉），我不会自己消化（不好的情绪）。给朋友一喧，就觉得心里就舒服了。"（C14，56 岁）

在人与人之间的互动中，基本的信任是通过目光凝视、身体姿势及手势以及正经谈话等习惯性方式来维持的，[1] 这使得传递者和接收者能够清楚地接收到信息，从而维护彼此之间的信任关系。不论是语言符号和非语言符号，在交往中的作用不可忽视。在群体互动中，群体的行为模式、价值观念和文化都会对其产生影响，因此，传递者与接收者都通过符号进行沟通。例如，在每一场际遇中，诉说者在传递情绪，聆听者在"点头"肯定或是拥抱示意安慰。一方面传递者通过特定符号向接收者表达自己的感受和经历；另一方面，接收者也可以用这些符号向传递者表达认同与理解。符号原本就是载体的感知与这个感知携带的意义之间的关系，[2] 即指被人赋予意义的形象或标志。[3] 不论是话语还是

① 吉登斯. 现代性的后果 [M]. 田禾，译. 南京：译林出版社，2000：87.
② 赵毅衡. 符号学：原理与推演 [M]. 南京：南京大学出版社，2016：25.
③ 戈夫曼. 日常生活的自我呈现 [M]. 黄爱华，冯钢，译. 杭州：浙江人民出版社，1989：4.

表情、姿势都可以成为载体的感知，承载了传递者和接收者的情感，也表达了双方想要表达的信息内容。

如图2-1所示，面对面互动时，群体将接收到的舆情信息通过语言或非语言符号向在场的其他群体进行传递，彼此之间表达共同感受。如前文所述，互动仪式发生的过程就是把符号作为沟通载体形成节奏性的反馈循环过程。按照情绪传递的符号来讲，不论舆情信息导致群体的情绪是好是坏，传递都需要通过以下途径：其一言语在互动中的表达。语言被作为最熟悉且常用的交流符号。当群体开始互动时，他们会使用"啊、咦、唉、哦"等一些基本单字来表达实时的心理状态处于肯定或质疑他者的意见。其二是非言语的表达。戈夫曼指出，尽管人类因其具有语言能力而成为有效的沟通者，但人际互动除了运用语言符号以外，更多时候是通过非语言符号来实现，频繁地使用将会提高群体彼此沟通的效率。互动中群体用"拥抱""点头""摇头""双手抱拳"等符号实现情感表达的目的。非言语行为是具有较强功能的传播媒介，它可以在特定情境中帮助群体达成沟通，其表达内容主要包括面部表情、声调、眼色等，可以促进情绪传递的效用，甚至从某种程度而言，它能够在一些场合快速地、有效地向信息接收者传达信息。

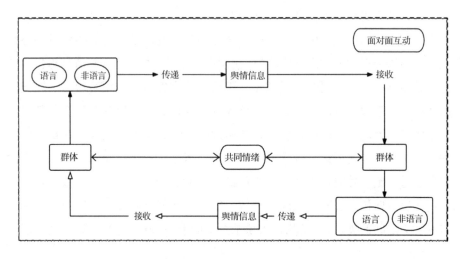

图 2-1　现实场域下社会情绪的传递过程示意图

在现实舆论场域中，群体往往会选择两种路径混合使用。正如涂尔干所言："要是有了好消息会怎么样？那就立刻化为狂欢。要是相反，他就会像疯子一样到处狂奔，一个劲儿地任意胡为，他哭号、尖叫、在土堆里打滚、四下乱撞、咬自己、猛烈地挥舞胳膊，诸如此类。"① 可见，情绪既可以通过"狂欢"传递，也可以以"狂奔、哭号尖叫"来反映内心感受，从而让接收者对信息作出判断。访谈过程中，当受访者被问及对不确定性事件的真实感受时，大多数人会一边"点头"一边肯定地说："当然会担心。"其中，"点头"加深了群体的认同。也有人会一边"点头"一边说："我和身边的人其实还好，没有那么担心这个事情。"其中"点头"表示他们肯定这件事情会给群体情绪产生影响，却认为此事对自己而言，并不会产生较大影响。上述表达方式反映出群体对于不确定性事件，他们的心理状况究竟如何，从而看出群体不同的情绪状态。

总之，社会情绪可以根据其范围或表达符号在现实场域中传递，每一条传递途径产生的影响都不尽相同。在现实环境中，伊扎德的情绪动机分化理论强调面部表情的重要性，他们坚持情绪产生与面部肌肉模式运动的内导反馈，面部表情行为是情绪体验的激活器，通过情绪外面表情可以强化情绪；相反，压抑外显表情会削弱情绪。② 此外，在传统社会空间，具有传递者身份的群体，利用身体进入可以面对面的场所中，传递形式和内容都具有直接具体性，③ 接收者也可以通过传递者的语言和面部表情来直观地判断传递者的情绪状态。

（三）社会情绪传递的基本特征

传统现实空间的在场性使群体能够面对面地互动，近距离地获取信息，并了解传递者和接收者的真正内心感受。随着时代的发展和社会的变化，人们越来越关注自身在当前环境中的存在和行为表达，强调人们与环境互动的情景效果。人们面对此类传染病潜在的危险因素时，由于他们对此疾病的发病机制认识不全面，这会加快身边人传染速度或明显的传播趋势，并会引发一系列社会冲突和问题，影响社会的稳定性，群体会产生普遍的焦虑和恐慌。④ 具体来说，社会情绪在生活实际情况中传递的基本特征如下：

---

① 涂尔干. 宗教生活的基本形式 [M]. 渠东，汲喆，译. 北京：商务印书馆，2011：272.
② 赖安婷. 群体情绪传播途径及其影响因素 [D]. 北京：首都师范大学，2013：19.
③ 刘少杰. 网络化的缺场空间与社会学研究方法的调整 [J]. 中国社会科学评价，2015：58.
④ 文宏. 危机情境中的人群"圈层阻隔"现象及形成逻辑：基于重大传染病事件的考察 [J]. 政治学研究，2021：140.

第一，在地理上，离风险源头远的群体情绪会相对平静和淡定。这是由人们对不确定性事件认知的特点决定的。风险暴发的重点区域相较于其他地区的公众对事件的认知存在较大差异，生活在其他区域的人们的情绪会相对平静，在其看来，风险离得比较远，不必过于担心。

"在我们这些偏远的城市它（突发疫情）还是属于低风险区。大家在这个（稳定的）气氛中，（大家）是没有感觉到（心理）压力或者（情绪）焦虑。大家都差不多是这样（稳定）的情绪。只是我（自己）会多注意个人的卫生习惯，（突发事件）没有感觉到（给我生活）有特别大的影响。"（S1，29岁）

"一开始我没有觉得（很严重），（我自己）好像也没有那么紧张，过了一段时间，我（的情绪）也没有像其他人所说的那么紧张，那么可怕。"（L12，32岁）

从上述访谈资料可以看出，在危机形势中，人际互动圈层结构不是以传统的经济和社会地位为基础，而是以自身的安全需求为出发点，以风险的强度和潜在的风险的可能性作为判定标准。① 在不确定性事件发生时，社会成员根据自身安全需求划分安全与不安全区域，再是根据风险强度与概率做出情绪判断：是否恐慌和焦虑等，然后据此采取相应的行动。对于不同的人群，心理特征是不同的：其一对于普通民众来说，最关心的是不确定性事件的范围是否会影响到自己；其二对于高危人群或者是有重大疾病史的群体，他们更加关注身体健康的问题及其家庭成员的健康问题，此次事件对身体有哪些伤害；其三政府部门的工作人员更关注公共卫生事件对当前经济社会发展的影响程度。

"当这种风险和危机到来的时候，人（心里）还是比较恐慌的。只不过觉得（不安全的事情）离我很远，也没什么可害怕的。如果我或身边人经历过（突发事情），我（情感上）还是会挺害怕。"（Q3，28岁）

第二，随着时间的推移，群体接收更多的信息，情绪会来回变化。一些人会从恐慌到平静，这是因为得到信息越多确定性越强，他们能够及时调整恐慌的情绪。另一些人的情绪会从平静到恐慌，并伴有强烈的不安全感，这是因为他们焦虑、担忧的情绪难以消化或调节时，会选择向外界传递这些情绪，这也成为其对事件表达关切的主要方式之一。此外，由于群体中个别人的认识水平

---

① 文宏. 危机情境中的人群"圈层阻隔"现象及形成逻辑：基于重大传染病事件的考察[J]. 政治学研究，2021：139.

较低，他们的行为容易受到周围环境和他人的影响，从而导致社会情绪变得复杂。群体希望通过释放这些强烈的情绪能够引起相关部门的高度关注且公布准确的信息和一系列反馈举措等。当然，这些焦虑和担忧往往集中在相对较短的时间内并发生在事件开始或结束的一段时期，也可能会持续一段时间，直到群体完全恢复常态。因此，在突发事件面前，群体反应总会表现出明显的"非理性"和"无效"倾向。

"我就觉得像这些（突发公共卫生事件）风险，它是突然形成的。你也不知道会不会降临在你的头上。对于（人）心理产生了一个变化：（突发事件）刚开始，从（我自己）小的时候来说，非典的时候（我）其实就特别害怕，但是到现在（2020 年），当你看到这种新闻的话，你内心就会比较平静了。你知道这个社会上的一些风险是无常的，你自己是不能预知的。"（Q3，28 岁）

对于超出人们日常活动、专业知识、精力和注意力范围等，他们大多利用所掌握的媒体信息来了解事态的发展，在此过程中，媒体是否应该承担相应的责任与义务，媒体人工作时有着怎样的心理状态和行为显得尤为重要，如报纸、广播、电视和互联网在宣传相关报道时是否能够保持公开透明、来源可信。[①] 也就是说，群体媒体获得的资讯或信息，如果媒体提供的信息只有部分内容，也不能保证其真实性，就会引发人们的恐慌情绪。

随着事件不确定性发展，群体通过新闻、认知判断，互动筛选有效信息和无用信息，了解风险发生规律，进一步明确如何有效防控，群体情绪也会有所缓解、趋于平静。作为一线防疫工作者，受访者 W19 表示，在不断总结经验的基础上，对事件来源、监测和防护有了更多了解，他们的精神压力有所减轻。

"其实像我（自己），由于工作经历、（生活）阅历的增加，我对这件事情（流感、疫情等）已经有所了解。我知道怎么去预防（流感、疫情）。一开始（对流感、疫情等未知的）接触的（人）肯定害怕。（疫情防控）期间，基本上（对未知的事情和风险）都清楚了，（专家们）研究出规律，（根据风险规律）决定检测怎么做、怎么预防等。"（W19，53 岁）

中国社科院社会学研究所社会心理学研究中心对疫情防控期间的社会心态进行了持续调查，调查显示，公众情绪出现一定波动，乐观情绪的平均分从 2.7

---

① 孙江，李婷. 风险建构视域下突发公共卫生事件网络舆情治理研究［J］. 中国行政管理，2019：119.

（按照 1-5 点计分）上升到 3.0，平静情绪的平均分从 2.4 增加到 2.7。消极情绪方面，"恐慌"程度明显下降，平均分从 4.2 下降到 2.8，其他消极情绪也有所缓解。

第三，社会情绪传递缓慢，范围仅限于面对面的互动。在传递过程中，社会情绪不可避免地会受到各种因素的制约，包括群体间语言的使用、态度强弱、社会化程度、角色、传播途径的选择、个性等，这些都会影响传递的效果。例如，在父母与子女、好友面对面的互动中，当双方取得一定程度上的理解并获得认同时，彼此就可以进行更深层次的交流，而且在人际沟通中，无论是亲密关系还是陌生关系，社会情绪的传递都能对加深双方的相互了解和信任的程度起到促进作用。

"周围的人（朋友）跟你说或者你爸妈跟你说哪个地方出现了什么事情，有的时候我偶尔会看一下（朋友或爸妈发来的新闻信息）。其实（我的）同龄人不太会把（他们的焦虑）情绪表达给我。但是对于长辈来讲的话，他们会把这种情绪（他们的焦虑）表达给（我），然后希望（我）也重视起来。"（Q3，28岁）

"（我）特别容易受周围人（积极或消极）情绪的影响。比如我闺蜜如果说这个人不好，那我就觉得这个人不好，（闺蜜）说这个人好（我）就觉着这个人也挺好。就是我（情绪）特别容易被影响。人家（除了闺蜜以外）给我说完以后，人家（对这个人或事情）要是说好，我就跟着说好；人家要说不好（我）就会跟着说不好。"（L12，32 岁）

总之，现实场景下，由于距离近和信息传播范围有限，当群体面对面互动时，大多数群体选择直接表达自己的情绪。情感的表达与互动是密不可分的，这是实现沟通和互动的手段之一。当人际传递扩大并影响个体、个体与群体之间的交往时，就会产生不同的社会关系。Jeannerod M 强调共情恰好源于这些关系中，当个体与他人面对面交流时，共情是情绪共享或共鸣的前提条件，换言之，像 Hoffman 所言，共情是主体产生与他人身处环境相比与自己更加一致的心理状态。例如，当婴儿的悲伤情绪引发哭闹时，会影响到其他身处相同环境下的孩子哭声不断。这主要是因为从社会心理视角来看，个体面对（或想象）一个或两个以上的情绪情景时，起初产生与他人情绪的共享反应，再在认知自我与他人产生区别的基础上，对其总体状况进行认知评估，从而产生相应的情绪反应（包括外显行为或内隐行为），并且主体会将这种情绪反应与行为导向客体的心理过程。① 如前所述，人际交流时产生的情绪感染会加速情绪传递的速度。然而，社会情绪的传递受多种因素的制约，当主体通过理解他人的情绪状态或情境而作出与他人一致的情绪反应时，也会出现困境或疲劳，即指个体自身情绪无法感受、理解外界其他的情绪状态、情境而产生与外界一致的情绪反应，并引起心理恐慌，导致行为认知失衡。

三、信息舆论场中群体的情感互动

（一）风险中信息传播来源

随着科技飞速的发展，网民数量的增加不仅体现了群体间互动模式的转变，也体现了社会发展的多元化，反映社会时事的舆情发展也呈现出多样化、复杂化的动态。公众即使不外出，也可以随时了解世界另一端正在发生的事情，无疑是电子媒体加强了这种取代现象，它们可以在如此遥远的地方迅速地控制在场的事件。② "几年前，人们谈及网络空间，通常都将之称为虚拟空间。现在，近一半中国人成为网民，并且网民的网络活动又非常活跃，特别是网络行为在经济生活、政治生活和文化生活中的作用和地位与日俱增，这使越来越多的人承认：网络不是虚拟空间，而是形式虚拟但内容非常真实的现实社会空间。"③ 自 2013 年起，我国已连续 8 年成为全球最大的网络零售市场。截至 2020 年，我国网上零售额达 11.76 万亿元，较 2019 年增长 10.9%。其中，实物商品网上零售额 9.76 万亿元，占社会消费品零售总额的 24.9%；截至 2020 年 12 月，我国网络购物用户规模达 7.82 亿，较 2020 年 3 月增长 7215 万，占网民整体的 79.1%。④ 随着互联网技术的不断进步和普及，电子商务在促进经济发展、便利人民生活方面发挥了重要作用，但也出现了如虚假广告泛滥、恶意价格欺骗等新问题，这对社会情绪造成一定程度的冲击。

---

① 刘聪慧，王永梅，俞国良，等.共情的相关理论评述及动态模型探新 [J].心理科学进展，2009：965.
② 吉登斯.现代性的后果 [M].田禾，译.南京：译林出版社，2000：124.
③ 刘少杰.网络化的缺场空间与社会学研究方法的调整 [J].中国社会科学评价，2015：58.
④ CNNIC 发布第 47 次《中国互联网络发展状况统计报告》 [EB/OL].中国教育和科研计算机网，2021-02-03.

北京某大数据研究院统计数据显示，于 2020 年 1 月至 5 月期间，总计监测到相关网课、网游和网络打赏等舆情信息 2072233 条。其中，有关网课舆情信息 1043735 条，占比 50.37%；网游舆情信息 791746 条，占比 38.21%；网络打赏舆情信息 236752 条，占比 11.42%。进一步从群体情绪来看，关于网游的负面信息占比最高，为 53.49%；其次是网络打赏的相关舆情信息，占比 40.69%；网课的负面舆情占 33.75%。[①] 由此可见，因网课、网络游戏与网络直播打赏等产生负面情感的舆情信息数量大幅度增长。

舆论传播和演变更加多样化和多态化，邢梦婷等人指出，舆情信息呈现出大量的、即时的、全息的、低价值的、虚实莫辨的大数据特征。由于信息传播的渠道越来越多，网民利用微信群作为散布和编造不实信息的渠道，这在群内引起恐慌。受语言和非语言符号的感染，公众产生同理心或是共情，他们在强有力情绪驱动下突然暴发，并且选择过多关注特定的舆情事件。特别是在不确定性事件期间，由于传播媒体成本低、效果好，容易提高人们对突发公共卫生事件的关注度，在网络上引发争论，将事件的性质从网络围观转变成为网络群体性事件，使社会矛盾凸显，威胁社会稳定。[②] 简言之，网络舆情已经成为一种不容忽视的社会现象，预示着公共危机的出现。一方面，加剧了公众的焦虑情绪，对社会稳定造成不利影响；另一方面，也引发了舆论的广泛关注，但是网民对网络舆情的分析和判断存在一定的困难。通常而言，舆情信息的真伪需要通过官方和专业的渠道来判断和筛选，但论坛、微博、微信、博客，以及抖音、QQ 等社交平台用户数量众多，极易成为舆情"发酵器"，人们也似乎更愿意从这些海量的信息中选择符合"自身口味"的内容，这种心理判断更多来源于非客观的抉择，进而转化为一种自然类别的情绪现象。[③] 最后，这些舆情事件的披露还未经过准确的查证，就已被网络上出现的声音所掩盖，也让很多人在处理此类舆情时，陷入两难境地。一些群体没有及时采取措施阻断或制止"谣言式传播"，使谣言越传越广，另一些群体认为媒体工作者和新闻工作者责任感的缺

① 疫情期间网课变网游问题突出，法制日报：严审身份限制打赏 [EB/OL]. 澎湃新闻，2020-06-17.

② 文宏. 网络群体性事件中舆情导向与政府回应的逻辑互动：基于"雪乡"事件大数据的情感分析 [J]. 政治学研究，2019：77.

③ 肖珺，杨家懿. 情感与真相："后真相"传播观念的文化转移 [J]. 新闻与写作，2021：13.

乏导致了恶性的网络舆情危机，最终危机也将不可避免地演变成群体性冲突事件。

调研中，大多数受访者表示几乎每天会利用"微博、微信、QQ"等平台进行互动，较少的受访者是一周几次利用微博、微信平台，极少数人不会选择"微博、微信"的平台进行聊天。许多事件可能在一些网民或组织的操控下，偏离实际，通过网络传播给更多关注此事的群体，同时社会情绪受到影响。当受访者被问到"如何判断接收到的信息真假"时，各持己见。

"你要相信（正规渠道的）新闻，（这种渠道）确保新闻报道出来的事实是有准确性的，不能说掺杂了什么（虚假信息）。（尤其）是国家发布的新闻，我是不会有怀疑。但是如果从其他渠道，比如（从来没听过名字）报纸或者是微博（平台）上传播出来的新闻，我（对信息的真假）可能会迟疑。"（S1，29岁）

"每天就关注那个（电视新闻频道的）新闻，像朋友说的新闻，我属于半信不信，没有完全信（朋友口说的新闻）。我也跟朋友说'不要相信，都是骗人的'。"（C14，56岁）

"那个（谣言、流言）我不会盲目跟从的，也不会跟风。除非是很权威的那些平台或者机构说（预防措施）确实对病有控制什么的，我会去（预防）。但是不是说，（我相信）任何人说的信息，我就会去跟风买。"（B9，37岁）

由此可见，信息传播来源是群体衡量信息虚实的标准之一。极具权威性的平台发布的信息往往要比无名渠道更可信，也是大部分受访者愿意接收的信息渠道，在他们看来，这些权威性较强的官方平台的公信力会比来路不明的信息更强。那么，如何判断哪些平台具权威性，需要了解信息的真实性，具体而言，取决于信息本身是否符合社会准则与法律规范；是否满足社会需求；是否有助于提高人们生活质量和促进经济增长等。

（二）缺场空间：信息舆论中群体情绪的传播

当今世界，每一次重大灾害事故都会给人类带来巨大的经济损失和沉痛教训。生活总是与危险相伴，这些危险不仅远离个人的能力，而且远离更大群体甚至国家的控制；更有甚者，它们可能对千百万人乃至整个人类造成高强度且对生命产生的威胁。① 如前所述，当今社会智能化水平的提高，网络逐渐发展成为舆论的主战场，也真正形成了"只要公众上了网，民意也就上了网"的舆论生态环境。互联网的普及，极大地拓展了公众在互联网上的情感表达空间，充分释放了公众内心的声音。然而，这种言人人殊的沟通环境大大增加了危险的可能性。网络意识形态是网络舆论生态环境的重要组成部分。网络空间嵌入和扩散到人们的日常生活空间中，进一步加剧了不同意识形态交织共存的复杂性，使网络意识形态出现一些新的时代特征，从而孕育出新时代网络意识形态面临的各种风险和挑战。②

网络舆情，即公众以网民的角色在虚拟社会中互动与交流。也就是说，网络舆情主要通过互联网表达和传播，它是网民对各种涉及自身利益或密切相关的公共事务所持的多种情绪、态度和意见的综合体，具有自由性与可控性、互动性与即时性、丰富性与多元性、隐匿性与外显性、情绪化与非理化、个体化与群体极性化等特点。③ 网络舆情像是一把双刃剑，它既能够给群体的行为产生积极的影响，也可能对群体行为造成不可估量的负面影响。群体情绪在传递过程中常常受到舆情多样性、复杂性特征的影响，从而影响群体行为。

"现在（我用）手机看新闻很方便，像微信、头条，可能（社会层面）的（实时）新闻这个上面也会发出来。"（C2，53 岁）

微信、微博已经成为群体互动的主要平台，这些平台中群体聚集的形式也发生了变化。前文已述，群体聚集主要是参与者能够通过其身体在场而相互影响，而网络平台中的群体通过文字、图像、照片等其他形式进行互动，不需要亲身在场，从而形成缺场空间，它一个以语言交流、信息传递和符号展示等形式进行信息流动的空间。④ 在访谈过程中，青年人表示，他们会在"微博、微信"等网络平台上，以不同的频率表达自己的观点或感受。可见，这并不妨碍互联网平台成为人们日常生活中必不可少的工具。网民在缺场空间中获得行动自由，缺场空间的范围越大，网民的自由度越高。⑤

---

① 吉登斯. 现代性的后果 [M]. 田禾, 译. 南京：译林出版社, 2000：115.
② 卢岚. 新时代网络意识形态的风险防范与实践逻辑 [J]. 湖湘论坛, 2021：56.
③ 刘毅. 略论网络舆情的概念、特点、表达与传播 [J]. 理论界, 2007：11-12.
④ 刘少杰. 网络化的缺场空间与社会学研究方法的调整 [J]. 中国社会科学评价, 2015：58.
⑤ 刘少杰. 网络化时代的社会空间分化与冲突 [J]. 社会学评论, 2013：71.

缺场空间中，每个人既可以成为网民，在网络上表达自己的言论、观点和感想；每个人也可以"披着小马甲"在网上发声。但值得深思的是，公众在互联网上很难通过观点的碰撞，来实现网络自净功能，类似的声音彼此强化，最终导致极端情绪，而网络传播或许已成为阴谋论复苏的温床。① 比如，网友会对一些不知真假的新闻事件主观臆断地添加虚假内容，并将这条信息发至微信群中，广而告之。此外，公众通过头条、微博、微信等互联网平台关注事件，一旦亲眼证实或是接收到他人发布的不当言论，都极易引发紧张的情感。

在移动互联技术的助力下，传统的信息传递模式正在逐渐被打破，信息承载的情感释放出强大社会力量。② 这种情绪可以是正面的和负面的，积极的和消极的。如上所述，互联网的匿名性或隐匿性、即时性的特征使群体能够相互交流，而不必小心谨慎，也不必在乎其他参与者的感受和观点，只要选择任何一个角色或身份在网络前台发言，就会实现情绪的宣泄。不同的情绪会带来不同的后果，其他参与者或接收者很难窥探网络上传递者的真实本性。

总之，缺场空间下的人际互动实质上是对现实人际关系的进一步反射与延伸。人际互动的传播过程从某种程度来看，其实是一种符号化的建构过程。③ 互联网技术的快速发展加快了符号化的建构过程。身为网民的群体参与互动的平台，不仅种类繁多，而且会话的效率也会随之得以提高，群体可以在同一时间与不同空间的其他群体进行交流。谣言的传播正是通过这一层层现实关系网络而实现的。谣言是一种普遍的社会舆论现象。互联网时代，网络的多种特点（如隐匿性、即时性、虚拟性、便捷性等）更是为谣言的滋生提供了现实土壤，给社会秩序带来了巨大的挑战。④ 造成谣言的基本路径就是传递者与接收者不断地在彼此之间、与外界分享包裹了多种情绪"外壳"的信息。这些不实传言更会造成群体情绪压力，使社会情绪趋于焦虑、急躁。这是因为网络中存在着太多无法预测和控制的潜在危险，网络舆论往往呈现出极度分化的状态，各种意见、主张和看法碰撞产生冲突，导致群体行为失范。比如网民通过自己创建的

① 肖珺，杨家懿．情感与真相："后真相"传播观念的文化转移 [J]．新闻与写作，2021：15.
② 田维钢．微博评论中的网民情绪传播机制及策略 [J]．当代传播，2019：66.
③ 田维钢．微博评论中的网民情绪传播机制及策略 [J]．当代传播，2019：68.
④ 郭小安．网络谣言的政治诱因：理论整合与中国经验 [J]．武汉大学学报（人文科学版），2013：120.

微博账号向外界公布自己的感受，甚至利用这些账号对外散播谣言等，都可能引起人们内心深处的恐慌。

（三）信息传播中群体情绪的传递特征

社会舆论和其他传播媒体在发挥正面意义上的社会控制功能，也完全可能发挥反面意义上的功能，甚至反社会功能。[①] 一方面，人们可以足不出户及时了解最新的社会时事新闻，获取信息变得越来越便捷化。例如，公众可以在家很容易地获得与不确定性事件有关的新闻和信息。另一方面，信息本身是虚虚实实，需要公众不断地寻找和过滤真实的信息。虚假信息的存在使得公众对于社会现象的判断变得模糊起来，从而产生一系列负面情绪。特别是抗疫期间，由于虚假信息的扩散，在现实社会中成功营造了一种焦虑和恐慌的情绪氛围，在此氛围的支配下，社会情绪变得更加极端，经由传递，导致一系列不当行为。社会学家阿利·拉塞尔·霍克希尔德指出，情绪（emotion/feeling/mood）更多地被定义为一种内心故事（the deep story），即在事实和判断之外的心理态度，它与真相不同，却对人们心中的真相理解具有重大影响。[②]

其一在互联网时代，群体情绪的传递不分空间、不分距离和不分角色。这种情境之下的传递不单是传统媒介中的信息传递，也是基于人类社会互动的信息传递。沈正赋指出[③]网络与手机的广泛使用，让信息瞬间传播到每个地方。这与现实场域的群体情绪传递明显不同，只要每个人拥有智能手机，都可以获得有关信息。换句话说，信息传播不再局限于面对面的互动，范围和边界也在不断扩大，因此，社会情绪不再囿于现实环境。

新媒体改变了人们互动的环境和氛围，让人们享受到快速、海量的信息，[④]同时，也带来了更多的不确定性。在访谈过程中发现，不确定性事件来袭时，群体主要通过微信群、朋友圈等平台实现交流，如果大家在共同关注的问题上产生矛盾和摩擦，原本面对面的争论就会演变成文字之间的"掐架"，并表达怨

---

① 庞树奇，范明林. 普通社会学理论 [M]. 上海：上海大学出版社，2011：370.

② SMITS, K. Strangers in Their Own Land: Anger and Mourning on the American Right [J]. Political Science，2017，69（1）：88.

③ 沈正赋. 突发公共事件的危机管理、舆情应对和共情传播：基于新冠肺炎疫情的检视与思考 [J]. 对外传播，2020：44.

④ 成伯清. 新媒体之新空间：从大众到公众 [J]. 探索与争鸣，2016：47.

气，这些怨气又会传递给他人。社会矛盾和冲突往往源于：焦虑感。大量的焦虑感会给主体带来沉重的压力，会影响到周围每个人的心理健康状况，特别是出现危机或困难时，也就很容易引起群体恐慌或悲伤。

吉登斯曾指出"非地域化的一个特性是我们进入了全球性的文化与信息环境之中，这意味着熟悉性和地域性不再像以前那样始终联系在一起了。"① 在信息量巨大的环境中，公众通过扮演不同的角色在网络上匿名发布观点和想法。然而，接收者们并不确定这些包含了各种情绪的信息的传递者究竟是"熟人还是陌生人"，甚至于这些匿名的人为特定的利益聚集成团体，如一些不合法的客户端、网络平台深知舆情信息的特性，趁势以谣言、流言吸引公众"眼球"，以提高阅读量，从中获取利益。除了违法平台散布谣言外，也有群体将不确定性事件发生的环境空间作为"表演的舞台"，以满足自身的"表演欲"，信口开河。

在形式具虚拟且内容真实的现实社会空间中，少数网民在分析和处理问题时，暴戾情绪主导了自身立场，常常利用微博、论坛、社交网络等自媒体工具肆意宣泄个人的情感。② 网络情境下最为常见的称呼："键盘侠、网络水军"等成为引导社会情绪的罪魁祸首之一。当人们越来越想要在网络上表达自己的感受时，一旦他们接收到与自身思想相悖的信息，他们就会被怒气所裹挟，一些行为也极易严重偏离正常轨道。这些宣泄出来的情绪——以文字、短视频等形式——对其他社会成员产生较大的影响。基于大数据算法的社交媒体的出现无可置疑地表明，信息的接收方式正在从传统模式逐渐向多中心、多地带的传播方式转变。由此，许多虚拟平台不仅成为公众传递情绪主要渠道，还将通过数据算法在海量信息中不断推送出"感兴趣"的话题。一旦话题被群体接收到，不同的文字、图片等被选择为传递情绪的符号，如隐藏在文本中的有趣信息或图片中具有意义的姿势都会漫不经意地把他人再次吸引到这个话题上来，并进行互动。

其二信息数量庞杂，难以区分真伪。微博、微信等社交网络；头条、新浪等门户网站以及百度、谷歌等搜索引擎，都是公众了解舆情的常用渠道。信息的不确定性和不可预测性导致信息爆炸。比如，社会成员积极参与、协同抗疫，

---

① 吉登斯. 现代性的后果 [M]. 田禾，译. 南京：译林出版社，2000：124.
② 聂智，曾长秋. 负面心态治理：虚拟社会管理新视阈 [J]. 学术论坛，2012：174.

在网上采购食品、生活用品，避免外出购物，一旦出现"某地网购产品不安全，甚至对生命安全造成严重威胁"等说法时，"我又该如何保障自身生活？"就成为群体首要考虑的问题，并据此作出判断：是否要放弃网购。这也导致越来越多的人急切地通过各种渠道辨别信息。然而，负面的社会情绪被庞大的信息数量放大，以至于难以筛选。因此，基于对现实问题的折射和互联网络的扩展，虚拟社会的负面心态比现实社会更加突出，集中表现为"怨气"更甚、"俗气"更重、"火气"更大。① 公众通过不同渠道接收各种信息，容易产生共情心理，如果信息的真实性存在问题，群体会陷入共情困境，不实信息将会成为公众恐慌的来源。在集合体里，所有人的感情沿着同一个方向发展，这些个体有意识的个性消失了，集体心理得以形成，也许是短暂的，但却具有鲜明的特征。②

其三，舆情信息过度"包装"，会导致群体情绪易被感染。公众获得信息的渠道逐渐多元化，信息只需登录至客户端，在较短时间内就能掌握最新、最热门的舆情讯息。如前所述，微博、微信作为网络上新出现的"自由互动空间"在大数据时代主导着人与人之间的互动，并在用户社交网络关系的基础上运作。在交流的过程中，用户相互选择、聚合，形成一个个直接或间接联系的用户集群，这些集群可以看作是虚拟世界中的社会网络。③ 虚拟世界的边界本就是难以界定的，大量的数据、信息等相互作用形成一张大"网"，而公众则位于这些网络中间各个节点，接收来自四面八方的信息。同时，虚拟世界的社交网络相较于现实社会中社会人际互动圈更加复杂多样，微博引发的网络舆论事件与群体性事件此起彼伏的态势在社会舆论上形成共振，这无疑加剧了社会张力，导致底层社会与上层社会对立的气氛陡增，④ 进一步与群体情绪形成共振，最终形成紧张的社会氛围。

四、小结：社会情绪从何而来？

现有研究中，学界对"情感传播"没有明确的界定，在理论结合实践的过

① 聂智，曾长秋. 负面心态治理：虚拟社会管理新视阈 [J]. 学术论坛，2012：173.
② 王礼申. 去个体化效应：群体偏差行为的心理学解释 [J]. 科协论坛（下半月），2009：72.
③ 杜杨沁，霍有光，锁志海. 政务微博微观社会网络结构实证分析——基于结构洞理论视角 [J]. 情报杂志，2013：25.
④ 罗坤瑾. 微博公共事件与社会情绪共振研究文献综述 [J]. 学术论坛，2013：81.

程中，对"情绪传递"的研究也没有做出具体详细的解释。多数学者在探讨"情感传播"时，仅指对于情感的传播，除了依靠案例分析以外，还采用情感社会学的相关理论来概括总结。① 通过对这些研究的梳理，可以发现，情绪感染、情绪表达、情绪宣泄等都可被视为是特定情境社会成员情绪的传递。本研究认为，情绪传递比情绪感染、情绪表达和情绪宣泄更具有动态性，重点是将社会情绪融入到社会情境和社会互动中，使社会成员实现情感交流的主观性心理状态，表现为外显或内隐的行为和姿态。社会情绪主要生成于社会情境之中。正如乔纳森·特纳指出的那样，人类的情感长期以来一直根植于复杂的社会关系之中，成为社会活动的动因，成为建构社会关系与社会结构的动力之一。② 焦虑、担忧的社会情绪持续存在于群体日常生活中，原本融洽的社会氛围难免受到影响。

当社会情境发生改变时，社会情绪也相应地发生着变化。比如，疫情防控工作的推进，在媒体宣传报道的积极引导下，初期因过度接收舆情信息而引发的焦虑、怀疑等情绪逐渐向积极的情感方向转变。③ 换言之，群体从事件初期产生的担心，到后来随着事件得到控制而放松心情，这些情绪都呈现出他们对外界信息的认知发生变化，也更容易对信息加以解释并采取行动，而不同的反应行为构成了不同性质的互动。④ 社会情绪的传递表现为群体不断更新、接受与事件相关的舆情信息、选择不同的传递方式（面对面或网络互动），再在闭环过程中与他人分享。

群体一旦进入人际沟通的场域，无论是互联网平台还是传统的面对面互动，都能让成员了解这些行为的内容和表达情感的意义。在此过程中，情绪传递的实现是把情绪和信息进行整合，二者缺一不可，信息分享和情绪传递是密不可分的。信息是群体情感互动的载体。比如，在网络场域下，人们之间的情绪传递过程中，信息的重要性体现在社会越发展，信息的作用也就越大。当人们与

---

① 王竞莹. 互动仪式理论下大众情感动态传播研究 [D]. 石家庄：河北经贸大学，2020：3.

② 彭华新，周琨. 作为知识与情感的"口罩"话语：基于对疫情期间@人民日报的文本考察 [J]. 新闻春秋，2021：80.

③ 风险多变与信心重塑：人民网舆情数据中心发布：2020年互联网舆情形势分析与展望 [EB/OL]. 人民网，2020-09-21.

④ 戈夫曼. 日常生活的自我呈现 [M]. 黄爱华，冯钢，译. 杭州：浙江人民出版社，1989：4.

外界沟通时，如果没有信息作为载体，那么情感意义的交流过程，甚至参与社会生产和社会活动的过程，都不可能促进社会的发展。信息的重要性反映在人们之间交流思想、感情、经验、知识、消息等，并促进相互了解和沟通。如上文所说，有许多信息来源，包括传统现实空间（面对面）与网络化的缺场空间在内的平台都可以使群体分享信息。情绪总是围绕着信息传递的，人们可以根据信息的情感意义对信息进行分类，判断信息是正向积极的还是负面消极的。

互动—情感符号视角下，社会情绪是由社会情境中的社会现象所引发，并在人际互动过程中运用具有一定情感意义的符号来传递。一方面，网络化的缺场空间的出现导致了社会空间的分化，而社会情绪的传递环境也被划分为在场空间和缺场空间。[①] 人际沟通往往处于特定的情景之下，这种情景可以是真实存在的也可以是虚拟想象的。托马斯认为："如果人们把某种情景定义为真实的话，那么这一情景就具有真实的效果。"情景是群体的主观经验，但它介于客观存在环境和群体的行为反应之间，也就是说，情景不仅描绘了群体对信息编码和译码的过程，也描述了群体情绪的传递过程。值得注意的是：缺场空间是基于现实空间。缺场空间的出现既受制于现实空间的存在，又受制于人们对现实空间的态度。社会成员过于关注和讨论与日常生活密切相关的现实问题，而这些问题不是凭空产生的，而是以社会事实为基础的，即言之，这是社会成员在缺场空间中的"入场"。大量网络舆情证明，网络化形成的缺场空间是现实性极强的社会空间，[②] 网民凸显出群体在社会现实生活中有着积极的参与态度。此外，由于信息的分享，它可能随着群体情绪的产生而变化，或信息内容可能保持不变，但表达形式会发生变化（如实事求是、就事论事）；或是由于情绪的影响，信息内容发生了变化（如三人成虎、以讹传讹）。

"你去微博上搜（想看的信息）的时候，这些信息没有一定的准确性，反而会加深（我）的一些焦虑或担心。我基本上就是微信上跟朋友（聊天）。（我和朋友）面对面地聊天是为了（从朋友那里）寻求更准确的信息。再一个肯定是通过（官方）新闻，以此新闻为准。"（S1，29 岁）

受访者 S1 在对信息进行判断和筛选时，认为自己倾向于接受在场空间（面对面互动）的信息，而不是缺场空间的信息，由于后者并不能识别信息传

---

① 刘少杰. 网络化的缺场空间与社会学研究方法的调整 [J]. 中国社会科学评价，2015：58.
② 刘少杰. 网络化的缺场空间与社会学研究方法的调整 [J]. 中国社会科学评价，2015：59.

递者的真实身份从而不能建立信任感,但在面对面互动中,使其更加容易切身感受到情感,而且信息来源于熟人或权威平台。人与人之间也已经不是被动的信息接收者,而是能够积极寻找和发现信息。最后,群体互动涉及接收来自四面八方的信息,无论是口耳相传还是网络互动都影响社会情绪的产生和传递。

如前所说,互动仪式理论的核心机制是共同关注,即高度的互为主体性,跟高度的情感连带——通过身体的协调一致、相互激起/唤起参加者的神经系统——结合在一起,从而形成了与认知符号相关联的成员身份感,同时也为每个参加者带来了情感能量。因此,身临其境使群体更容易感知他人的信号和直观地看到他人的身体表现;从而进入相同的情感节奏,捕捉他人的姿态和情感;最后能够发出信号,确认共同的关注焦点,达到主体间性状态。① 在网络互动中,当群体通过视频或音频远程交流时,情绪的传递比通过文字交流更加容易识别。与面对面互动相比,网络沟通方式在情感节奏的捕捉和接收来自传递者的情绪信号方面都会比亲身在场慢。"如果我们承认,某种程度的主观间性与共享情感可以通过电话与遥控视频而产生(尽管其效果可能会随相互交流的缺乏而减弱),然而与面对面地互动、具体际遇相比,(网络互动)仍然会显得逊色。"② 尽管各种互动方式产生的效果各不相同,但是群体选择传统的在场方式或者网络缺场空间的参与,均能达到情绪传递的目的。社会成员利用互联网平台进行交流,技术及其衍生符号弥补了主体物理身份缺场带来的信息遗漏,尤其是在不确定性事件期间,人们会以"白衣天使,你们辛苦了!""逆行者最美"等一系列文字结合图片的形式表达其强烈的感情,这似乎比面对面互动更能引发"一呼百应"的临场感。③ 传统现实空间下及网络化虚拟空间中人与人的情感与信息都或多或少地被裹上了"外壳",极易产生不确定的社会氛围,而不确定的氛围通常能明显地表现出焦虑的社会情绪。

符号是社会情绪传递过程中必不可少的一部分,它既是群体互动(包括信息的分享)的机制,也是群体情绪传递的中介。这些符号主要包括语言和非语言。此外,语言作为人类沟通的重要工具,是通过一系列共同意义的符号被正式使用

---

① 柯林斯.互动仪式链 [M].林聚任,王鹏,宋丽君,译.北京:商务印书馆,2012:100.
② 柯林斯.互动仪式链 [M].林聚任,王鹏,宋丽君,译.北京:商务印书馆,2012:98.
③ 赵红艳,吴珩.微政治时代社会情绪传播与引导 [J].青年记者,2020:4.

而形成，贯穿于群体互动的全过程。非语言符号作为社会互动的又一途径，往往并不是情感话语的直接表达，而是人们借助其肢体语言、面部表情等来进行情感表达。表情，姿态和眼神是群体互动过程中非常重要的因素，如眉开眼笑和愁眉苦脸，这些都体现着社会成员沟通过程中的真情实感。语言与非语言符号均可构成赋予人与人之间交往的某些情感意义的符号，并以不同方式呈现。

另外，当群体成员的名字（绰号）被别人所称或相互交谈时，符号具有多种形式，例如有声符号，因而成为一种指向或对该对象所做的有声姿势，即构成符号。这些有声姿势都是真实的符号，并不只是"标志"。① 符号可作为社会交流之媒介。人与人之间不仅通过符号来确认彼此身份角色而且还能传递信息，是传递社会情绪的一种重要手段。比如，在一场精彩的球赛中，球迷之间分享"高兴、欢快"的情绪。有些人会有意识地关注他们喜欢的球队的全部信息，包括球员、队服、徽标等，发现周围的人和自己关注点相同。"喜欢"的符号不仅反映在这些实物上，也体现在"球迷"本身。也就是说，体育赛事上，这些符号可作为社会互动的媒介，在促进球迷之间的交流方面发挥着重要作用。因为某个激动人心的时刻而碰巧聚集在一起的人，赛事以后彼此没有任何联系，但可以共享集体符号，如佩戴相同的队徽、张贴相同的图片、举着相同的旗帜等，这些符号极具团结意义，而且具有一定的情境特殊性，只是为了在下一场体育赛事中相遇，共享情绪。

再如，成员之间分享"悲伤、难受"的情绪。2021年5月22日"杂交水稻之父"、中国工程院院士、"共和国勋章"获得者袁隆平院士逝世，享年91岁。同日，中国共产党优秀党员、中国科学院院士、国家最高科学技术奖获得者、第二军医大学原副校长吴孟超院士逝世。群体从不同渠道获悉此悲痛信息时，不约而同地采取一些方式参与送别、追悼仪式。大部分青少年们通过互联网表达哀思。其中70.4%的受访青少年在社交媒体上表达，50.3%的受访青少年观看送别、追悼等仪式，44.9%的受访青少年在网上献花送别。② 显然，不管以何种途径选择具有特定意义的符号都是社会成员向外界传递情绪。如上所述，追思会中，由于这些对社会和国家都有重大影响力的人，社会成员聚在一起，彼

---

① 柯林斯. 互动仪式链 [M]. 林聚任，王鹏，宋丽君，译. 北京：商务印书馆，2012：122.
② 超九成受访青少年将袁隆平吴孟超等科学家作为人生偶像 [EB/OL]. 人民网，2021-06-03.

此之间并不熟悉却会共享集体符号，如不约而同地送花、网络参与送别仪式等，这些符号具有的团结意义同样也带有一定的情境特殊性，并随着较强关注焦点的聚众互动频率增高，最终形成悲伤的社会氛围。

第三章　社会情绪的传递过程

一、社会情绪的传递动力

（一）场合：社会仪式

不同的仪式具有不一样的目的和意义。在社会交往中，人们经常通过各种仪式来传递信息、表达情绪、建立人际关系，这些行为和表达可以用来传递情绪。柯林斯在《互动仪式链》一书中把仪式分为正式仪式和自然仪式。单从字面而言，仪式偏正式，通过演唱、传统歌舞、祭祀节日等一套程式化的行动来进行的正式典礼。[①] 正式仪式有着程序化和完整化的规章制度，所有发生的行为和举动都将严格按照仪式要求来实行。然而，成功的社会仪式往往是参与者真正体验到共同的情感，清楚彼此的行为目的，从而加强了相互参与的感受。这也是为什么柯林斯强调"共同关注与情感连带"是互动仪式链的核心要素。此外，参与者不会刻意地去关注某个焦点，一种自然而然地产生于日常生活中的互动或许是群体的某一次邂逅；或许是一次有目的的会话。这种互动仪式就是戈夫曼所言的日常社交的小型互动仪式，即一种自然的仪式。换句话说，自然仪式是在没有正式定型化程序的情况下建立的相互关注与情感连带。它不需要任何组织的约束，程序化、定型化的正式仪式不同，它往往是随机的、自发的和无意的。

---

① 柯林斯．互动仪式链 [M]．林聚任，王鹏，宋丽君，译．北京：商务印书馆，2012：81．

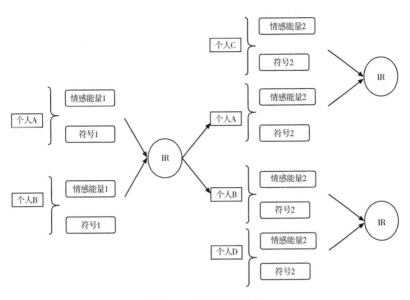

图 3-1　互动仪式链①

如图 3-1 所示，成员 A 与成员 B 彼此相遇的过程中都拥有某种水平的情感能量和符号储备。随着成员 A 和成员 B 的互动，暂且不论互动仪式是否成功，在这段时间内，成员 A 与成员 B 通过互动各自转换了情感能量与符号储备。其中情感能量或多或少会发生变化，可能在其开始之初就被重新储蓄了，而符号也被赋予更加显著、明显的特征意义。还有一种情况就是由于情感能量在失败的互动仪式中而导致意义消失不见，此外也可能获得新的符号储备。在成员 A、成员 B 离开际遇后，下一段时间内，成员 A 和成员 B 或许会与成员 C、成员 D 发生互动，或许成员 A 和成员 B 再次相遇，相遇的双方又会转换各自的符号储备和情感能量。

互动仪式更多来自际遇。每一次相遇时，参与者们都会将各自储备的情感能量与符号进行转换，社会情绪的传递就产生于这每一次的转换当中。群体可以利用不同的符号和不同强度的情感能量向际遇中的他者进行交流，以期实现对方能够理解表达所包含意义的最大程度。进一步来讲，每场际遇都会形成各式各样的社会氛围，可能轻松欢快；也可能剑拔弩张。究其缘由：一是由于参

---

① 柯林斯. 互动仪式链［M］. 林聚任，王鹏，宋丽君，译. 北京：商务印书馆，2012：217.

与者的身份和个性差异，他们对事物及其周围环境的不同的感受，导致他们对相同问题的不同心理反应；二是由于相互关注的焦点不同，有人关注事件的本质，而有人关注事件对自身生活的影响以及对社会的影响。

不同的际遇会产生不同的仪式情境。不同程度的仪式无法抵挡情绪穿梭于人际交往的过程，社会情绪就像蒲公英的种子，随风飘扬、四处散落，最后随时间的推移而生长。在此过程中，社会情绪的传递者和接收者都有着自己的主观感受和体验。如上所述，情绪的交际功能可以在反复互动中点燃群体的神经与肌肉，从而实现情绪传递的效果。特别是突发公共卫生事件发生后，社会氛围难免会充满不安，导致人们心神不宁。情感往往是萦绕在人们脑海里的碎片，形成模糊而深刻的记忆。

"2003年'非典'的时候，一开始我们不知道是啥原因造成的（流感）。我们要去流调，每一次流调工作我都去，（我在流调过程中）发现这个非典不像常见的流感，那个时候（我）三个半月没回家。再等我回去时，小区的人（邻居）见了我，都避免（身体）接触（我），他们的想法可能是怕我也被传染上流感，所以（大家）都避着我。"（W19，53岁）

受访者W19时刻驻扎在最前线，他回忆起"非典"时候的流调，仍会有很多感慨，有对不确定风险的害怕和紧张，也有被他人不理解的难过。面对这些突发灾害，由于接受教育、生活经历的不同，对灾害本身认知也会产生差异，情感管理能力参差不齐。随着不确定性事件的蔓延，人们对事件的认知也变得更加复杂化。

（二）工具：情绪符号的运用

在互动的过程中，由于互动手段的多样化，社会情绪的传递变得十分复杂。在此过程中，主体对情绪符号的使用也会随着社会情绪的变化而转变。群体用具有情绪意义的符号来表达他们对他人的情绪反应。前文已示，当群体从一种情感状态进入另一种情感状态时，情绪的传递会贯穿于整个互动仪式过程，仪式通过人们对某件事的发生、结束来引起群体情绪的变化。[①]符号往往在互动仪式中单向从一方传递给另一方，其中包含了社会成员的身份意义和情感能量。

---

① 特纳.仪式过程：结构与反结构［M］.黄剑波，柳博赟，译.北京：中国人民大学出版社，2006：171.

参与者在互动仪式中的身份认同、情感体验以及行为表现等都会被赋予新的内涵。参与者的情感能量储备越来越多，符号互动性越来越强，情绪符号的意义也越来越大。久而久之，原有储备的符号和情感能量随着际遇而重新被保存、创造，并且赋予更加鲜明的特点。换言之，旧的情感符号是参与者在以前的互动仪式链中产生的，新的符号则经常在互动仪式中重新被参与们重新利用。

"实际上这些存在未知风险的地方，人们还是不敢去。所以说未知本身对人的心理肯定（会）有影响。简单地说，人的心里还是害怕。"（W19，53岁）

"简单点（来说），比如，你特别爱吃这个菜或水果，结果这个菜或水果因为某些原因被下架，（你）心里肯定会猜测下架的原因是什么，（你）就不会吃了。等过一段时间，大家已经知道（菜和水果等）已经没关系了（是安全的食品），但是你再去购买（下架的）的时候，你可能还是心里会有一点担忧，（心里想）到底能不能吃呀。哪怕（自己）有怀疑，你只要经历过一次（下架事件），你每次吃的时候，就会想这个（蔬菜或水果）有没有问题，内心就会有怀疑，可能渐渐地你也会吃得少了。因为你一旦（心里）怀疑一个东西，你肯定不会轻易接触。"（S1，29岁）

由此可见，突发公共卫生事件给政治、经济和文化等领域带来巨大冲击，不安感是引发群体性事件的主要因素之一。群体情绪波动极易导致相关心理问题。除了发生过不确定性事件的场所以外，受突发事件不确定性事件影响的食品也会使群体犹疑不决。

紧张和担忧从一个人传递到另一个人，越来越多的新符号被创造出来，使得群体更加惶恐和焦躁。这些情绪似乎形成了"肌肉记忆"，一旦接触，必会唤醒。还有其他因素会继续加剧这些负面情绪，如社交网络上的信息泄露激增，这可能会加剧群体之间的矛盾，阻碍群体之间更深入的沟通和合作。虽然人们对不确定性事件的严重程度进行了基本判断，但并没有完全消除对事件的担忧。在事件中，人们的情感状态不同于以往（正常的生活状态），而且心态上发生了很大的变化。

"（面对未知事情）要说人不惊慌、不害怕是假的。谁如果说（自己）就是不害怕，就不紧张，那都不可能。"（W19，53岁）

"现在疫情（防控）好多了，就觉得心情挺不错的。"（Z13，57岁）

当人们遇到危险时，他们的首要反应是寻求保护和建立安全范围，相关防控政策和措施的落实将成为群体焦虑情绪逐渐减缓的标志。在人与人的交往中，具有积极意义的符号代表了信任和安全感，例如，在人们内心深处，政府、专家和医护人员是安全的象征，他们往往被视为"守护者"，引导着情绪失控的群体找回安全感。反之，具有消极意义的符号则代表了忧虑和不安，如带有"水分"的舆情信息的散布和利用网络"键盘侠"的语言符号只会给群体情绪增加更大压力，导致群体恐慌和不安。

（三）群体情感的互动

在一定程度上，"情"在探讨社会问题时显得越发重要。《荀子·正论》："性之好恶喜怒哀乐谓之情。"尽管"情"的出发点是人的主观本身，但由于情感的社会性，因此对"情"的探讨必须将其置于社会事实、社会背景以及社会互动中来考察，如社会情境、社会情感、社会情绪、人情关系等方面都是以这些作为前提来论述。社会情绪中"情"建立在主体、符号和互动的基础上。主体作为情的输入者与输出者；符号（包括正式与非正式或是结构与非结构的符号）作为"情"的传递工具；互动则反映主体将"情"由内向外的表达过程。

人类情绪的传递与社会发展密不可分。早在古老漫长的太古时期，群体的"哭声和笑声"都来自本能，这些声音反映了他们在互动中的一种心理状态，在没有文字和语言等符号时，这些声音符号可以具体解释主体的情感需求。直至今日，随着语言和文字的出现，越来越多的群体使用这些符号与外界交流自己的情绪。社会情绪的传递是一个复杂的过程，主要通过语言、文字、行为等符号的方式来进行的，这些符号具有一定的社会意义，也具有一定的社会规范性。互动—情感符号下，社会情绪的传递动力来源于互动仪式（包括正式仪式和自然仪式）的过程，仪式是通过多种要素的组合建构起来的，它们形成了不同的强度，并产生了团结、符号体系和个体情感能量等结果。[①] 如前文所述，社会成员原先储蓄的情感能量以及符号通过每一次的际遇而不断被改变和重新赋予意义。多种复杂的情绪，不管是开心、喜悦还是悲伤、悲怆，又或是冷漠、无所谓，都会在互动中发生情感能量和符号的转换，最后实现传递的动态过程。

突发公共卫生事件增加了群体际遇的次数，同时加速了情感能量和符号的转换甚至是新符号的再创造。情感是公共事件中参与者的最大激励因素，也是

---

① 柯林斯. 互动仪式链 [M]. 林聚任，王鹏，宋丽君，译. 北京：商务印书馆，2012：78.

参与者愿意积极参与互动场域的原因。① 在复杂多变的社会环境中，政府、企业等各类主体面对风险时的行为选择，不只简单地依靠经验决断，更是由社会舆论、文化传统和利益格局等外部环境因素决定的，这种影响力的强弱，很大程度上取决于主体对事件本身、特征的把握和运用能力。然而，在处理和应对突发公共卫生事件方面往往存在很多不确定性，这也可能导致群体越来越感到不安，无法对事件进行管理和控制，并最终造成不当行为。究其原因，这一切结果都源于社会互动中社会情绪的传递，特别是偏负面的情绪状态：一方面，情感只在个体内部传递（自我传递），这种传递方式只会影响自己，而不影响他人；另一方面，在整个互动仪式中，当情绪传递时，都会在一定程度上受到外界环境和他人的影响。

二、社会情绪的传递动态

（一）情绪唤醒：风险情境对群体情绪的刺激

情感的社会知识在社会化的过程中依赖于情感词汇和情感观念，受外部宏观因素影响。情感是社会交流的重要组成部分，社会互动中群体彼此的理解和认同是以情感作为基础的。当人们积累和内化了一定的社会知识之后，当期望与特定的社会情境不一致时，就会唤起情感。② 情感的唤醒往往需要信号（signal），"信号"一词起源于古典拉丁语的"signum"，意为信号、符号。一旦出现某种包含意义或所指的信号或符号，群体情绪就会被唤醒。如前文所述，群体情绪的传递在突发公共卫生事件的现实情境中更加凸显。由于不确定性事件的突发性特征，部分群体会为了追求某种新鲜感、好奇感，通过面对面沟通或者网络社交平台，将包裹着自身情感能量和符号的不辨真假的事实进行传递，这些向外传递出去的事实会对那些不明真相却围观的群体带来情绪压力，使他们处于特定的情感状态（害怕或无视）。当社会成员对事件唤醒情感时，社会成员的情感能量得以被激活并向社会情感转化，引发群体行为和共鸣。社会成员在这种情感的驱使下，会选择各种媒介或途径来抒发情绪与共鸣，由此形成一

---

① 彭华新，周琨. 作为知识与情感的"口罩"话语：基于对疫情期间@人民日报的文本考察 [J]. 新闻春秋，2021：81.

② 王鹏，侯钧生. 情感社会学：研究的现状与趋势 [J]. 社会，2005：73.

种社会情感。这一情感的激发既需要个体本身、他人以及社会等其他主体共同参与，也与媒介作用密不可分。

　　唤醒的路径主要有两条：第一条是主动唤醒，即指不受外界因素所影响，由内心而生成的情感能量和符号，人们主动地唤醒内心真实的情绪状态，来表达对社会事件的情感体验。换句话说，主动唤醒是群体在没有外在因素的干扰下，自身对发生的事件或舆情信息等产生的内心感受。群体主动唤醒会更多体现于生理反应。如哺乳动物和人类共同拥有恐惧和愤怒的基本情感，[①] 他们产生惧怕会下意识逃离。不同于动物的是，人类情感的生理基础在扁桃腺，是大脑早期进化的一部分。它持续性弱，情绪原本来源于生物性能，尤其在人类进化中被不断地加强。如婴儿啼哭可能是产生恐惧，也可能是饥饿或疼痛。

　　"（我日常生活中）时不时就会有这种（焦虑的）情绪，特别是在夜晚的时候。（我）晚上会想得比较多，就很容易焦虑。"（Q3，28 岁）

　　"我就特别焦虑。每隔一段时间，我就开始心急、心躁。不知不觉的心里就又破烦（焦虑）又心急。"（H7，60 岁）

　　从上述访谈材料来看，受访者难以用具体的言语来表达"莫名"的情感，并很难找到"为何如此"的源头，他们就会以"莫名的"一词来修饰这种情绪。在与这些受访者交流的过程中，当被问及"为什么会有这样的情绪"时，受访者表示"自己说不上来"，与受访者深入交流时，会发现这些"莫名"的情绪是各种压力堆积后暴发的结果。

　　情绪自始至终伴随群体成长而发生变化，如婴儿时期，未能用语言表达情绪，只能发出"咿咿呀呀"的声音，到孩童以及成人时期，就会清楚地用话语向外界传递情绪。主动唤醒的情绪会使群体做出相关的主动性行为，人们听闻好消息会拍掌大笑，听闻坏消息时会捶胸顿足；人们碰到困难会愁眉苦脸，等等。主动唤醒原因有很多，包括生理、工作和生活等压力都可视为是主动唤醒情绪的信号，除了生理上基本情绪（包括愤怒、恐惧、喜悦、悲伤/沮丧）的产生，其他情绪多是在这些情绪的基础上发生的转换，这也体现出情绪具有复杂性。工作、生活、学习等压力的增减，也会导致情绪被唤醒，压力增大，人们的情绪起起伏伏，在一段时期内保持着不平衡、不稳定的状态；压力减小，他

---

① 柯林斯．互动仪式链 [M]．林聚任，王鹏，宋丽君，译．北京：商务印书馆，2012：157.

们的情绪也会恢复平静。

"（情绪波动）其实原因有多方面的。如果是在上班过程中，（消极的情绪）可能多是因为工作，（具体说）可能白天（我）有一些工作并没有做到位，还有一些（工作）我是要复盘的。我会对于这些方面（不到位的工作和复盘的工作）会想得比较多一点，情感比较敏感，这容易引起（我的）焦虑情绪。再就是，一些偏客观点的因素，比如说，如果新到一个行业或者是新到一个工作岗位，你还没有特别适应，（你）就会比较容易紧张，（对遇到的人和事）想得特别多，焦虑（情绪）就来了。还有一部分是其他的社会原因（造成消极的情绪）。（这部分原因）我自己倒是不存在。像我周围的朋友，（感情方面）他们没有对象的（人）就会比较焦虑，过年回家的时候遇到催婚更烦躁了。像我（自己）的话，如果有焦虑的话，（焦虑源头）也是想着怎么多挣钱，怎么替家里面分担一些压力。"（Q3，28 岁）

由此可见，受访者 Q3 会因为工作的压力或是新环境的不适应感而产生焦躁的情绪，其表示自己是想要改变现状的，却由于对未来的迷茫而无从下手，不得不安于现状。他们希望通过与家人或朋友的沟通，能够及时摆脱目前的困境，但受种种因素的影响，自己仍未找到确定的答案。还有受访者表示在工作与家庭双重压力下，情绪会更容易产生波动，并被无限放大。

"（2020 年，我感觉）自己也不顺心。又碰上小孩的学习。我们做父母的这么努力赚钱啥的，还不是为了小孩（好好成长和好好学习）。你说他（孩子）努力（学习）也行，现在也不知道（孩子）咋了，（孩子）不好好学习，还开始学抽烟，我都快被气疯了。"（G11，47 岁）

由此可见，承担父母角色的群体在养育子女方面压力较大。父母希望子女健康、快乐，如果子女的行为与预期有所不同，那么压力就会自然而然地产生，情绪也会出现很大的波动。更甚者，他们对孩子要求会更高，亲子关系发生冲突和矛盾。更进一步说，受社会文化环境和家庭经济状况的影响，家长对子女的期待度是不断变化的，亲子互动中也可能存在着某种疏离感，并对孩子心理发展产生直接和间接的影响。

第二条路径是被动唤醒，它是群体成员在互动交流过程中，受另一方或外在氛围影响而由"外"变"内"所产生的情绪，这种情绪同样普遍存在于社会互动过程中。比如，大型的泼水节仪式，作为展现少数民族水文化、音乐舞蹈文化、饮食文化、服饰文化和民间崇尚等传统文化的综合舞台，有着独特的节日仪式。在庆祝泼水节的场合中，参与者们聚精会神地互相泼水（其中包括文泼与武泼），不同的泼水方式代表了不同的祝福。简言之，少数民族希望彼此都平安幸福。私人空间也被周围的声音、动作所渲染，愉悦、欢快的情绪逐渐升温，最后，参与者们被周遭兴高采烈的情绪唤醒，即会出现涂尔干所说的"集体兴奋"。这种"集体兴奋"现象的发生会拉近群体成员之间的关系，庆祝泼水节的仪式中，参与群体会对水有一种狂热情绪，并将这种狂热带向深入。相反来说，在一些非节日仪式的场合中，群体被水泼了，会首先产生疑问："为什么泼我（们）？"，生气、愤怒情绪由此产生，在他们看来，私人空间不仅被侵犯了，自己也被对方的行为惹恼了，更甚者，彼此之间会出现摩擦和冲突。显然，"泼水"行为在不同的情境中，群体所产生的情绪也有差别，节日庆典时"泼水"本应包含着祝福、保佑平安之意，但在其他环境下则成为挑衅之源，被视为是失礼之举。这是由于际遇的关注焦点有所差异，群体因关注的焦点所表达出不同的情绪。

综上所述，被动唤醒和主动唤醒区别是主动唤醒更强调群体自身产生情绪的主动性，而被动唤醒更多围绕于人与人日常交往，由于受到其他群体情绪的影响或是信息的分享，于是，自身情绪也会发生转化和波动。被动唤醒的情绪主要是不同情境下此伏彼起的情感状态。比如，受访者 L12 表示，其与上级、同事等主体相处时，对方的行为、情绪成为其（无奈、埋怨）情绪被动唤醒的信号。

"（日常生活中）不愉快、不顺心的（事情）太多了。尤其在单位工作，工作量大是一个方面，再就是领导们的管理（方式），就让你（很不舒服）……他（领导）从一件小事上就盯着你，如果办公室里面有东西坏了，他就说这个东西是有人搞破坏了……一般来说，如果这个人（领导）再做一点稍微让我感觉那个啥（人文关怀强）的事情，我就觉得这个人可好了，相反，要么就觉着这个人可烦人了。其实领导吧，有时候（我）就觉得这个人怎么这样，有时候又觉得其实人家也是为了工作。"（L12，32 岁）

在特定的场域中，社会成员有着自己的情感利益诉求，受访者 L12 希望上级能够出于实际给予人情关怀，而不是"吹毛求疵"。然而，受访者 L12 亦表示，如果自己是上级，这些"吹毛求疵"的话语和行为又是合理的，因为在工作这样特殊的场合中，每个人分工不同、角色不同，所以工作责任和义务也不一样。再如，受访者 B9 任职于旅游公司，当其提到由于不确定性事件取消发团消息时，若客户能够理解，双方的互动性往往更加有效，双方的情绪表达也趋于稳定性；若客户不能理解，则极容易产生烦躁、急躁的情绪，使双方之间的情绪表达趋于冲突性。

"（碰到事多的客户）很烦躁，我们跟他们（客户）是一样的角色，只不过是站在不同的角度。（我们）尽量去说服客人，然后再拿出一些政策性跟客观性的东西，尽量去售后服务，替他（客户）去解决（困难），从公司去替他争取最大的利益，然后去把这个事情（客户遇到的困难）解决了。突发公共卫生事件是不可抗拒的，受事件的影响，你需要到时候跟客户说清楚事件缘由。这个东西即使他去告到法庭，即使他去投诉或什么（采取其他途径）的，他也需要想清楚自己是不是合理的，有些时候，客户基本也能理解，但是我们也会碰到那样的（特别难缠的）客户。"（B9，37 岁）

此外，舆情信息传播对于被动唤醒情绪的社会成员会更强于主动唤醒的社会成员。这是由于被动唤醒的群体更多的是在社交网络中，群体彼此之间情绪的传递使他们聚焦于共同主题，讨论也愈演愈烈。同时，参与主体在不同传播主体——网络平台的导向下加速情绪的唤醒，唤醒后的情绪在舆情信息充分暴发前亦是一种信号。人们受到突发公共卫生事件的影响，"人同此心，心同此理"，大部分人会先主动唤醒紧张、担忧的情绪。他们会通过各种渠道获得相关的信息。尤其，微博、微信、QQ、抖音等社交媒体的即时性，更是破除了传统信息分享过程中的中介物质，使情绪可以在网络平台中得以释放，群体间共情加快了情绪传递。在人际交往过程中，会收到来自四面八方的舆情信息并最终陷入更极度紧张不安与担忧之中，从而影响着人们对事件的客观判断。这种情况下会产生安全感缺失。更进一步说，为什么人们有时会觉得不安全甚至害怕呢？因为任何一种行为都有可能造成不安全环境下的危险和风险。因此，他们迫切希望通过多种渠道抽丝剥茧地寻找真实有效的信息，也唯有如此才可能稳定自身情绪和满足自身对安全感的需求。

"新闻肯定是要看，它是一个准确的信息渠道。你通过新闻得到一些信息，这已经给你一个准确性（的信息），你在心理层面也会主动寻求安全感。再一个就是面对面互动，包括朋友聊天，（我自己）就是会问周围的人，（有没有谁）

知不知道（这个事情），再去加深自己的判断。因为（自己）和大家坐到一起聊，不可能自己消化（消极的情绪）。你担忧的情绪会在跟别人出去聊天的时候（放大），比如说聊到吃的时候，（朋友）说从新闻或者从其他渠道知道（哪些食品）是不健康，或者说存在安全问题，那么，（自己）不知道（这个问题食品）现在是怎样的（是还有风险存在还是安全的），大家都（选择）不吃。（我选择）面对面地和朋友聊天，说到底，希望自己可以从（朋友）那儿得到一些信息，因为你了解到的信息是单方面的，没有任何验证。如果从别人那（对信息）也得到了相同说法，就能（在心里）确定这个信息可能是准确的。（自己）也可以知道其他人是不是都知道这回事，不过，聊天的时候也怕三人成虎。大家都知道（这件事情），可能（说明）这件事情存在准确性较高。如果只有自己知道，那就不知道这个事情到底是真还是假。在不知道真假的情况下，你肯定会更急躁，就会向周围很多人去求证，急切地问他们知不知道这件事情。"（S1，29 岁）

"（我）一般不会发像网络上流传的或者朋友圈这种的话（不知道真假的信息），作为社区卫生工作的一员，肯定是要传播正能量的东西。"（T30，37 岁）

显然，舆情信息来源渠道若具有可信性，就能起到抚慰群体情绪的效果，反之会使群体陷入更大的恐惧之中。可以认为，"谣言又制造了新的谣言"，不仅在国内现实环境中加深社会成员的恐慌情绪，在国际环境中还会使其他人对中国产生厌恶、排斥的心理。阿伦森曾问道："世上为什么会有人编造、相信和传播这类谣言？难道这些人是受虐狂吗？他们是妄想狂吗？"进一步，他说道："一种让人能够信服的解释是：人们陷入了极度的恐惧之中，而且找不到这种恐惧的充足理由，他们就编造了这些理由。这样，他们便不会被感到是愚蠢的。"① 因此，社会相关部门有必要注重社会发展过程中的舆论引导，多途径增强公众的舆论认知和主观上的信息表达意识，从根源上降低乃至消除危害群体利益负面舆情事件的产生和蔓延。前文已述，信息技术飞速发展，微信、微博、QQ 等社交软件活跃，群体互动模式持续变化，同时网络媒体虚拟性与开放性使大众能够随时随地表达观点，这给舆论引导带来困难，受网络媒介影响，舆论真实性、合法性与正确性都面临严峻挑战。

---

① 阿伦森. 社会性动物［M］. 邢占军，译. 上海：华东师范大学出版社，2007：132.

一次突发事件必然会引发焦虑、紧张和忧虑的社会氛围，有些成员急于缓和这一情绪但又无计可施，只会编造某些原因或相信想要相信的消息，无论其内容可靠与否都会选择向外传播。突发公共卫生事件本身能够吸引群体成员的高度关注，由于这一事件对于社会成员生活和经济方面都有很大影响，所以在互动过程中相关舆情信息传播就成了群体情绪传递的"先遣队"。但包裹着群体情绪的信息常常让别人或信以为真或难以分辨，同时，每个公众以此事件为共同关注，相互讨论，产生情感连带，由此出现了许多含有同情、怀疑和怨气等情绪"声音"，当然，这些情绪引发的影响也将会在未来持续升温，不断刺激且推动群体高频率的分享信息或是做出一系列转发的行为。

互动—情感符号下，对于突发公共卫生事件发生时群体成员所表现出来的情绪状态来看，正是群际互动中，口耳相传的讯息与亲眼所见的场景成了唤醒群体情感记忆和情感共鸣的符号。比如，受访者 L12 作为一名社区医护人员表示，突发事件的肇始，让一切处于未知状态，大多数公众的情绪保持平静和平稳状态。但是，他们的情绪也会随着不确定性事件带来的影响而趋向消极，从而影响到社区防控工作的开展。

总之，现实生活中因受到各方面因素的影响，多数人经常会出现不满和焦虑等情绪，在互动过程中群体又会将这些情感记忆或共鸣以某种途径传递给外界。那些原本被隐匿的、复杂的情绪受突发公共卫生事件及其相关舆情信息的刺激被唤醒。因此，在一段时间内群体情绪都会处于动荡之中，社会成员的紧张情绪被唤醒。直到防控工作取得良好成效时，社会成员在情感层面上感到安全和可靠，情感能力得到提高，情绪也更加容易向积极方面发展。

"你看到这样的东西（具有正能量的事情），你自己会增加一些正能量，也会对一些事情（存在风险的事情）产生更安心、更安全以及更放心（的心理）。不像以前，怎么说，如果你看不到正能量（的事物），你看的（信息）都是负能量的，自己一天到晚都在担心这个、担心那个。但凡有人明确告诉你说（事情是假的或真的），你就会有个主心骨，心里那种担忧或焦虑就会降低一点。正能量是好的，是能降低（我本人）一些负面情绪。"（S1，29 岁）

由此看来，应对措施成为一种具有正能量的情感象征，它可以提升安全感和信任感，那些包含担忧和躁虑的情绪也随之改变。在这场"没有硝烟的战争"中，每位参与抗击疫情的医务人员、警察和社区志愿者等都以实际行动表现出奉献精神，彰显了"逆行者"风范。这种精神极大地鼓舞了人们，纾解了群体的焦虑，使之成为稳定情绪的"主心骨"，达到了缓解负面情绪的目的。

（二）情绪积聚：群体情感符号及情感能量的贮藏

现实中也存在平淡无奇的情感；它们是渗透在社会生活中的持久的、潜在的氛围或情感状态，[①] 社会情绪就是这种情感外显的结果，当群体彼此之间互动时产生共同关注的焦点且情感连带，会形成持久的社会氛围。如上所述，群体情绪的唤醒以信号为基础，然而，情绪唤醒后并不会立刻被释放，它会经过在时间、情境中沉淀，最后群体选择释放与否。沉淀的过程就是社会成员贮藏情感符号和情感能量的过程，当其贮藏到一定程度后，通过人际交往将情绪信息传递于对方。群体在情绪沉积的这段时期会慎重地从多种情绪类别里挑选恰当的情绪且选择合适时机向外界传递。情绪积聚的过程是对符号的唤醒以及情感能量的累积。如有共同关注焦点的人群，作为主动的参与者而不是被动的旁观者时，会逐渐发展出集体兴奋，[②] "集体兴奋"的前提就是由"喜悦、欢快"等情绪等积聚而成，除了"集体兴奋"之外，其他相似情绪也是逐渐形成且被释放的。

"工作中有几天，（我自己）不顺心了，见到病人、（病人）家属都没个好（语气）。（我）不开心主要是因为太累了，人前脚做完（打扫），后脚他们（病患家属）就说'阿姨，饭倒地上了，你快些来收拾''阿姨，水又倒（地上）了，阿姨你来收拾一下'。所以有时候（忙得）就没有好心情。"（W4，57岁）

如果个体的心理状态发生变化，或者他们的社交方式、沟通方法和思维模式与周围环境发生冲突时，就会造成群体成员之间的紧张，使情绪难以进入有效的激活阶段，从而导致焦虑。受访者W4在工作场合中，主动唤醒的情绪是烦闷，在与其他成员交流后，"不顺心"的状态不但没有得以缓解，而是变得更加糟糕，这种情绪不断被累积，最终造成没有"好心情"的结果。个体情绪的积聚受到周围情境的影响，在这种环境中，情感能量跨越了不同的情境，运用

① ［美］兰德尔·柯林斯.互动仪式链［M］.林聚任，王鹏，宋丽君，译.北京：商务印书馆，2012：156.

② ［美］兰德尔·柯林斯.互动仪式链［M］.林聚任，王鹏，宋丽君，译.北京：商务印书馆，2012：127.

充满了情感性情境的符号来传递，① 这些情境很大程度上被认识和理解。本研究通过对人们日常生活中的情绪表达进行分析，发现当人们处于一定的环境之下时，他们就容易产生某些具象化的、有意义的、带有特殊目的的情绪体验。

不同情境下生成的情感性情境符号也会存在一定差异。当个体情绪在信息分享过程中互相影响，促使彼此情绪产生新的情绪并以此为营造社会氛围的组成部分，社会互动后的情绪就不再限于个体情绪，而是作用于群体。无论社会情绪处于主动唤醒还是被动唤醒，在现实情境及人际交往等因素作用下，群体对外部世界的感受会发生改变，其行为模式、思维方式及价值观念亦会发生改变。与此同时，他们身处复杂多样的网络信息与际遇之中，在互联网广泛覆盖面、去中心化与即时化等特征的推动下，个体发现对于某个网络事件或者公共问题的关注既是"我"的兴趣爱好、心理积淀与风俗习惯的结果，也是无数"我们"对个体生存状态做出价值判断的结果，在此基础上寻求社会全面变革。② 特别是在许多不确定性风险框架下，群体情绪会随着自己对信息的判断、风险的感知等发生不同程度的变化。个体情绪在不断累积和共享的过程中，逐渐形成一种社会情绪。在情绪传递机制的推动下，群体通过传递情绪性信息的行为，从而达到缓解不良情绪、增加正能量的目的。简言之，群体情绪是随着情绪性信息的传播而不断地沉淀和堆积，它是情绪释放的重要组成部分。

（三）情绪释放：社会情绪的外显表达

随着时间推移、特殊事件的结束，社会情绪经历了唤醒、积聚直至释放的过程。情绪释放就是人们面对一些特殊情境时，对出现的各种现象经过理解和思考之后，以某种方式表现出来，获得相应的反馈和满足而引起的心理状态变化。"释放"表示社会情绪传递的完成，也标志着下一次际遇中社会情绪传递的开始。在情绪释放的过程中情感体验和认知活动之间的关系比较复杂，既要考虑心理因素在认知中的作用，又要重视情绪状态在行为中的作用。释放结果可能会导致群体情绪状态得以消解，也可能会持续存在。群体情绪所释放的"果实"在日常生活中随处可见，就其社交功能而言，人与人之间相互沟通的最主

---

① 柯林斯. 互动仪式链 [M]. 林聚任, 王鹏, 宋丽君, 译. 北京: 商务印书馆, 2012: 158.
② 张彦, 魏颖. 网络表达: 美好生活现代化叙事的一种方式 [J]. 山西师大学报 (社会科学版), 2021: 64.

要方式是语言。人际的沟通需要情感上的支持和配合，才能顺利完成任务。当然，人们还可以依据兴趣爱好选择一些情绪词汇来进行交流，但其最终目的还是为了更好地沟通和信息共享，而会话作为一种主要的情绪释放形式，在情绪释放的过程中发挥了重要作用。

"（我听到的、看到的信息）肯定要说的嘛。关系好的朋友碰着了（面对面），就想着把这些消息赶紧告诉他们，害怕有些人一天不咋看新闻，就（跟他们）说一声，让他们也知道这个信息。"（Y26，64岁）

在许多情境中，参与会话的人可以传播许多包含着情绪性的信息。当然，会话的途径有很多，群体可以选择面对面的方式，诸如正式的会议场合、朋友间的下午茶等休闲时间；也可以选择网络平台，诸如QQ、微信、邮件等。这些都可以使用会话来进行。同样，会话的对象可以是亲朋好友、上下级或同事或在某些场合下等待建立社会关系的陌生人。社会情绪的传递离不开际遇，会话常常发生在其中。正如柯林斯所指出的，符号匹配过程主要是作为一种会话市场而出现的：谁与谁交谈，交谈多长时间以及交谈热情有多高。交谈取决于参与者共同关注的和他们所必须谈论的东西。[①] 因此，会话时间的长短和热情程度的高低无疑表明了群体在此情境下的情绪释放程度（如表3-1所示）。

表3-1　会话中情绪传递的呈现形式

会话时间	热情程度	情绪释放
长	高	高
短	低	低
长	低	低
短	高	高

在际遇中，主要存在以下情况：第一，会话时间越长，参与者们热情程度越高，则情绪释放随之增高。这种情况下的会话参与者们对于会话的主题都是高度关注，并且容易产生情感连带。第二，会话时间越短，参与者们热情程度越低，则情绪释放相对降低。此情况与第一种情况完全相反，参与者们不但对会话主题完全不感兴趣，而且在某种程度上显示互动仪式是失败的。第三，会

---

① 柯林斯. 互动仪式链［M］. 林聚任，王鹏，宋丽君，译. 北京：商务印书馆，2012：215.

话时间越长，参与者们热情程度逐渐降低，则情绪释放也随之降低。这种情况更多出现于参与者身份差异较大的情境中。因为参与者们身份、地位等符号存在差异，他们很难找到共同关注的焦点，参与者们不得不为了实现某种目的而进行强制会话。譬如商业性质的仪式中，一部分群体为实现获得人脉、资源的目的，则需要向拥有资源的一方进行交流。尽管对其所谈话题不感兴趣或是超出知识储备，但是仍会采取一些会话技巧将互动时间延长。第四，会话时间越短，热情程度越高，情绪释放相对增高。此种情况更多体现于突发公共卫生事件的情境之中。会话开始时，社会成员会快速发现共同关注的焦点，并且符号负荷的情感能量近乎一致，就会在较短时间内较快实现情绪的释放。

自突发公共卫生事件发生以来，群体情绪先被唤醒，再使情绪积聚，不断沉积的情绪极易受到相关舆情信息和社会氛围引导和挑动，从而影响到社会情绪的产生和传递。在不同的情境下，符号即语言、文字、声音、语调、手势和姿态等都成了互动时表达情绪的重要内容。社会情绪是在特定的社会结构中产生的。日常生活或是特殊情境之中，群体情绪会呈现出其他状态。在社会情感表达过程中，群体共同关注的焦点会逐渐改变，一方面，情绪可能进入平稳、平静的状态。在情绪传递的过程中，群体共同关注的能量已经损耗了很长时间，随着新焦点或新主题的出现，群体停留在原有会话主题上的时间越来越短，现有情绪也渐渐平稳。由于群体已经对特定事件和特定情境接受并且做出反应，当这种反馈结束时，群体共同关注的焦点被其他事件所转移，旧的会话也已被其他话题所终止，群体开始进入下一个互动过程，并创建了新的会话。另一方面，情绪有可能进入更加不稳定的状态。虽然旧的会话已经结束，但如果群体情绪被唤醒并使情绪暴发的信号在新的互动中被重复，旧的会话中产生的情绪将不会被覆盖，而是会再次得到宣泄和加剧。

三、社会情绪的传递模式

传递者自身的社会属性、情绪的表达方式和接收者理解情绪的能力，与传递者的认同程度都有可能影响情绪的传递。[①] 日常生活中传递社会情绪大多是以不同的形式进行，传递者的情绪通过其他人的认同来传递，接收者的情绪通过

---

① 赖安婷.群体情绪传播途径及其影响因素［D］.北京：首都师范大学，2013：58.

个体认同来传递。如前所述，社会情绪的传递是在每一次际遇中，无论参与者数量、会话主题等，都会在互动中抒发情感。特别是社会情绪生成过程中个体之间通过信息分享、彼此接收并传递对方的情感能量和符号，互动结束后形成一个新的符号和情感能量库，从而在一定程度上形成群体内部共同的情感。社会情绪以不同方式进行传递，最终对生活产生影响。那么社会情绪的传递如何实现的关键是群体在传递模式上的选择问题，也就是说，不同的传递模式将导致社会情绪在传递过程中出现差异。

语言、姿势和表情是社会情绪传递的外在表现，也是人际互动中情绪传递的常用符号。这三个要素构成了社会情绪的传递系统。一是语言，哲学家维特根斯坦认为，参加社会生活就是参与语言游戏。语言又包括许多构成要素，如声调、语气等，都可以看作是某种基本情绪的表达。在访谈过程中，当受访者被问到"（2020年）心情如何？"时，受访者S1会"沉默"几秒，犹豫地说：

"（按比例分）一半一半吧。就是（一年里）有开心的时候，也有悲伤的时候。然后也不是说这一年我会特别开心，或者怎么样，也没有说这一年特别沮丧或怎么样。就感觉今年（2020年）跟往年差不多。（我心情）就很平静，也有可能是因为自己已经会平衡这种（消极与积极的）情绪了。"（S1，29岁）

由此可见，受访者S1的沉默表示她在回忆中重新感受这一年发生的事情或遇到的人对她心情的影响，犹豫的语气说明她忘记了具体发生的事情、地点和人，却记得包含情感的信息，并且能够将情绪简单地划分为"悲伤"与"开心"，这种情绪性信息的变化表明受访者的心理状态是处于动态发展的。

二是姿势，姿势是群体表达情感最直观、最具视觉色彩的方式。语言有时可以使用委婉的用词来传递情绪，但姿势是不同的，姿势是人们表达重要的情感信息时的符号。人们在与他人交流时，会通过各种姿势来表达自己的感受。这些姿势不仅包括站立、行走等，还包括弯腰、仰卧、扩胸等。这些姿势一旦被主体做出，就会被贴上具情绪化的标签。生气、愤怒、焦急的情绪通常可以通过"破口大骂、咬牙切齿、抓耳挠腮、拂袖而去、吹胡子瞪眼"等动作在人与人之间传递。当喜悦、高兴传递时，人们会"手舞足蹈、欢呼雀跃、载歌载舞"等。

不确定性事件加深了人们对社会情绪（焦虑、怨恨、埋怨等）的刻画，导致社会氛围紧张。群体间的互动、群体和社区之间的互动、群体和社会之间的互动也会受到这种氛围的影响，群体也会通过不同的姿势表达情感。例如身体前倾，双臂交叠放在膝盖处，表达自身的紧张情绪。当社会环境的安全性不断被提高，人们的身体开始自然地向后靠，找寻最舒服的姿势。

三是表情，传递情绪时，表情更多的是面部姿势，如开心时"喜笑颜开、喜眉笑眼"；悲伤时"泪眼愁眉、泪如雨下"。表情作为传递情绪的方式之一，在互动过程中，是先于语言、姿势呈现的。受访者 L12 是一名医护人员，担任撰写防疫手册或注意事项、应对工作流程等。通过观察，当她回忆起当时的情景时，她的表情从"轻松"到"紧张"，这些情绪的转变与她的心理状态密切相关。情绪是人类与生俱来的一种反应机制，情绪传播是一种自发的人类生理行为，其历史比文字传播更为久远。[①] 语言、姿势和表情都是群体互动的必要条件，也可以看作是人类社会的一种符号形式，在不同的场景中扮演着不同角色，以不同的方式表达情感。在社会互动中，群体心态将会随之改变，于是群体相互识别对方、预期对方的反应，并且需要相互了解对方的独特的情景定义，否则很难理解他人行为中的符号意义。[②] 根据不同的情境，语言、姿势和表情亦可作为情感能量负荷的符号，它们会有所差别。群体想要运用这些符号的意义也会因此发生变化。由于群体情绪在不同的时间节点被唤醒、积聚和释放，以下模式成为群体在表达情绪时做出的选择，其中语言、姿势和表情将被整合并为这些模式服务。

（一）"倾听者"模式

倾听涉及人与人之间、人与环境之间、人际关系等不同层面的互动。所谓"倾听者"，是指那些参与互动的群体，他们选择以倾听的方式来传递或接收情绪。他们可以通过语音、面部表情等调整态度和行为。在"倾听者"模式中，倾听者先要唤醒对方的情绪，但通常说话者的情绪已经被唤醒，只需要倾听者发出信号，说话者就会把情绪传递出去。这种模式能让互动的双方都感受到一种特定的氛围，在此氛围中，当倾听者做出的姿势、表情比使用语言文字多时，倾听者只是倾听而不会强烈地表达自身感受。

---

① 李颖. 突发公共卫生事件中的情绪传播与舆论引导 [J]. 山西师大学报（社会科学版），2021：40.

② 戈夫曼. 日常生活的自我呈现 [M]. 黄爱华，冯钢，译. 杭州：浙江人民出版社，1989：6.

"他（倾诉的人）可能是需要去发泄一下，他把那坏情绪发泄出来，他可能（心情）就好了。如果你都不知道他开不开心，你怎么可能去帮助他。如果我已经看出这个人不开心了，我可能就会坐过去，问（这个人）咋了，今天（他的）情绪不高。我就会让他主动说出来。他那个情况是面对面地说自己不开心了，那你就需要引导他一下，你只需要给他一个（想要发泄的）口，他发泄出来就好了。在面对面的聊天中，我更愿意做一个倾听者，听对方说什么，但我不会（对对方的遭遇）去发表（任何）评论。"（S1，29岁）

倾听者模式在群体传递情绪之间起到"垃圾桶"的作用。从上述访谈中可以了解到：受访者S1在际遇中是倾听者的身份来接收情绪信息，并且要多于传递自身情绪。受访者S1先以关心的语气了解对方的感受（"咋了，今天情绪不高"），再通过观察对方的表情或语言（说自己不开心了），制造共同关注的焦点作为"引子"（"那你就是引导他一下，你可能只需要给他一个口"），最后对方情绪找到发泄口得到释放，但是受访者S1并不会将自己的感受外露出去（"我就会听他说什么，但我不会去发表评论"）。由此可见，在相互交流中，倾听者往往扮演着积极的角色，他们会尽量避免直接干涉对方的决定。

还有一些群体会选择语言文字超过表情和姿势的使用次数，他们会倾听对方发出的情绪信息，并给出相应的意见。倾听者不仅需要了解当前所处的语境，而且必须了解对方的情绪状态，在倾听的过程中需要做出反馈。受访者B9认为有效的倾听或互动是需要在"垃圾桶"的作用上提供一些建议，从而推进互动。

"'垃圾桶'只是接收跟倾听。真正的有效倾听是听完了以后提出一些合理的、有效的建议，去让这个事情怎么良性发展（得到更好的解决方案），对我是这样的。……除非我们俩（接收者和倾听者）共同经历的一件事情，如果不是同一件事情的话，他跟我倾诉的话，那我就会站在这个事情的角度去替他分析并开导他。但（对方的情绪）不会同化我，我会（理智地）分析这个事情的对与错，但是不会被他那种（消极的）情绪带走。"（B9，37岁）

"如果他是我的亲朋好友的话，我会自己去沟通，尽可能地去帮他，虽然有可能（我）提的意见用不上，但是希望我跟他积极沟通的行为让他觉得他自己有被安慰。这在一定程度上去缓解或者能够排解他的负向情绪。当然如果我能提出一些好的建议，他也采纳了，他觉得很有用，那我确实帮到了他，那我觉得这是特别好的事情。如果我的建议确实帮不了，但是我会以一个倾听者的身份，哪怕是陪着他（静静地坐着）也可以。我会比较倾向于这样。其实（我自己）也会判断（是否作为倾听者还是沟通者），有一些可能我很在乎的人，我会在他出现负面情绪的时候，希望用自己积极的心态去感染到他，期待他能把这个（负面）情绪逐渐转化成一个正向（情绪），（我）就激励他或者是感染他，比如，带他去一些他比较感兴趣的地方玩，然后逗他开心。也会跟他沟通，但是我首先会让他把（负向的）情绪转化成正向（的情绪）。"（Q3，28 岁）

　　早期著名心理学家麦独孤认为情绪感染指"通过激活交感神经反应而产生的对情绪的直接反应"。它的形成过程是个体察觉到他人的情绪特征，引起自身神经系统的反应，再对其他人的情绪体验进行模仿，最终通过自己特有的方式表现出来。① 情绪感染指相互接触的双方，一方情绪状态被另一方感知并产生类似的情绪。② 受访者 Q3 正是通过"倾听者"模式进行情绪感染，来影响对方的负面情绪。具体来讲，受访者 Q3 会先对对象进行划分，当对象是家人或朋友时，其会选择主动倾听（"希望因为我跟他积极沟通的行为，让他觉得他自己有受到安慰。"），并且在接收到对方情绪基础上提供建议。受访者 B9 则指出自己会站在对方的角度给予意见或建议（"会站在这个事情的角度去替他分析开导他"），但是自己的情绪并不会被同化，也就是说，互动过程中，对方的情绪对自身情绪的影响程度较小。

　　由此可见，访谈过程中，受访者 S1 与 Q3、B9 都以倾听的方式进行互动，然而不同之处在于：受访者 S1 只倾听对方的诉说的内容；感受对方的情绪，并不会把自身感受传递出去。受访者 Q3 与受访者 B9 是在倾听后给对方提出缓解情绪的建议或是行为，这个行为也延长了互动时长，保证了互动的效果。总之，倾听者会采用含有情绪意义的符号——姿势或表情——传递情绪，当听他者诉说时，"点头/摇头"的姿势表现出"肯定/否定"的态度并说明是否接收到对方想要传递的真实情绪。诉说的主体在看到倾听者的姿势时，会更容易产生强的情感能量来宣泄情绪。

---

　　① 谢志宪. 突发公共卫生类舆情中公众情绪的传播机制研究 [D]. 保定：河北大学，2020：37.

　　② 刘飞. 基于情绪感染理论的群体心理安全感/心理不安全感传播机制 [D]. 北京：中国地质大学（北京），2016：6.

（二）"倾诉者"模式

"倾诉者"模式，是指参与互动的群体更多地选择以言语的形式进行情感交流，选择这种模式的主体更加主动性，也更愿意用语言、文字、姿势、表情等方式来传递内心感受，从而促进互动发展。此模式中，群体在交流中更容易达到沟通和理解，从而促进交流的进一步深入。互动中，倾诉者是倾听者的对象，有倾听者就会有倾诉者，二者相辅相成。

"如果我气急了，我就和我的妈妈、兄弟说（倾诉），我的兄弟一听，他就把我说（批评）一顿，那我更生气了。我本来想着给他们说（倾诉不满的情绪），他们安慰一下我，我（情绪）就好了。结果他一说（批评或唠叨）我，我就更生气。所以一般都是（我）自己（调节负面情绪）：'有啥可生气的，我不生气。'"（Z13，57岁）

"倾诉者"模式更像是"烟花"，一旦达到燃放的临界点，就会绽放。如上所述，受访者Z13在表达她的情绪时有两次暴发：第一次情绪到达临界点（"气急了"），并选择向家人吐露心声（"我就和我的妈妈、兄弟说"）。倾诉者会把情绪表达得更加强烈，而倾听者却很难感受到这种情绪的变化。情绪的第二次宣泄点是［"他就把我说（批评）一顿，我更生气了"］。因此，倾诉者模式会受到对方的影响，在倾诉者看来，如果对方不能准确地理解他/她想要表达的情绪信息，倾诉者很可能就会加深旧有的情绪状态。倾诉者与倾听者之间的沟通成为一个双向互动过程，即倾诉者不断强化自己的情感需求并进行表达，同时倾听者也会积极回应倾诉者的情感，从而在倾听者和倾诉者之间建立起相互信任的关系，促进情感交流。

"倾诉，（我的理解是）就同一件事情发表自己的观点。如果两个人观点中我们都没有错，没有问题，我们已经很客观地去替客户解决问题。（不满的情绪）和同事互相倾诉，就觉得（吐槽）这客户挺那啥的（麻烦）。（和同事）倾诉完（我心情）会好一些。最起码你不认为你自己做的是错的，也没有牺牲掉客户的利益。这本身（与客户之间的矛盾）就不是我的错，受客观因素的影响，我已经尽自己最大的努力去替你（客户）解决了，你（客户）还这样那样（客户的抱怨情绪），提出一些不合理的要求，而且也替你解决不了（无理的要求）。总的说，如果我向身边的很多人咨询过、沟通过，（大家）认为（这件事情）是对的话，那事情结果就是这样。"（B9，37岁）

倾诉的过程是主体的情绪释放（倾诉完会好一些），受访者 B9 认为"倾诉"是互动双方分享相同经验和情感体验的基础上实现。同时，倾诉的过程也是求证的过程（如果我求证过身边的很多人，我们沟通过，都是对的话，这个事情就这样了，那没有办法。），证明问题如何解决。人们在亲朋好友面前倾诉，对方分享相同的经历，然后提供解决意见。可见，"倾诉者"模式是建立在主体关注同一事件、情感沉淀，并在互动后进行情感重塑的社会交往过程之上。"倾诉者"模式中情绪是一种特殊的社会心理资源，通过分享和沟通情感资源，改善倾诉者与倾听者之间的关系，调节负面情绪，增强正面情绪。

（三）"判断式"模式

"判断式"模式是"倾听者"模式和"倾诉者"模式的结合体，主要是由情绪发出者选择情绪内容和情绪接收对象。它更具灵活性，是日常生活中较为常见的方式。符号的情感能量负荷决定着哪些观点最容易跳入脑海，哪些想法在个体思维中最具有吸引力，[①] 再将这些观点和想法传递出去。"判断"是一个过程，尤其需要经过一段时间的情绪沉淀，然后在恰当的时机释放情绪。社会成员根据情感的来源和相应的互动场合来选择是否传递以及以何种方式传递。

"如果这个情绪（负面情绪）它来自食品类的，或者跟家人有关的（事情），肯定是要跟家人去沟通、去排解（自己和家人消极的情绪），但如果这个情绪（负面情绪）其实是来自我本身，比如，工作中被领导怎么样（批评）或今天做的事情不顺利，或者说我的人际关系使我产生一种消极情绪，可能是跟家人或朋友没有关系，（完全）是我自己产生的（消极情绪），我会自己消化（情绪）。我不太想跟别人分享这种情绪。（管理情绪的路径）我会选择做自己喜欢做的事情，会暂时抛开（不去想这些）坏心情。"（S1，29 岁）

由此可见，社会成员极易受到类似食品安全等和日常生活息息相关事件的影响，受访者 S1 先是根据情绪来源在自我观念中做出判断，选择是否要向外界传递这种情绪。紧接着她会选择释放情绪，通过与家人互动来疏导这些事件的负面情绪。另外，如果情绪是源于自身压力或与他人无关的事件，就会选择自我传递的途径，目的是自我消化。受访者 Q3 则是根据情绪来源选择不同的对象开展互动，从而分享情绪。

---

① 柯林斯．互动仪式链［M］．林聚任，王鹏，宋丽君，译．北京：商务印书馆，2012：252.

"如果是（因为）工作方面（产生）消极情绪的话，我可能就会和我身边的人，尤其（在我心里是）能给我鼓舞的人，不一定是家人或者朋友。比如，我觉得工作遇到问题了，然后我老公他就很善于解决工作当中的这些问题，我就会跟他倾诉（我的困惑）。每个人倾诉完的反应不一样，有些人就听着（你的叙述），但他不会对你说什么（他自己的想法），最多就安慰安慰你。但是有些人是能给出你建设性的意见，就真的是有用的建议。当我（负面）情绪出现时，需要以解决问题为目标导向的话，我更倾向于跟我老公这样的人倾诉。因为对方能给到具体的解决办法。如果这个事情（困难）其实不需要我去解决，（自己）就只是出现（消极的）情绪，只需要把自己（情绪）调节好，而不需要去做什么（倾诉）。有些时候，我会找一些朋友，他们很愿意去倾听你（吐槽），（他们）会扮演很好的倾听者的角色，他们只要倾听就可以了，他们也没有必要且不擅长给我一些建议和意见。但他们可以帮你分担这个（不好的）情绪。如果当下我不需要解决方法，只是想把我的（消极的）情绪给分享出去的话，那我没有必要找我老公，因为我跟他讲的话，他肯定就要帮我找解决办法，那个时候（我和他）面对面互动，（自己）会变得更加难受。不过，像（女方）家庭里面的一些问题的话，我也可能会倾向于去和我老公聊天。因为他是我们家新的成员（新婚时期），然后他看问题的角度也会相对的客观一点。他属于在充满爱的家庭氛围中长大，有很积极向上的（原生）家庭观念，如果你跟他去讨论（问题）的时候，那么他会从一个大局的角度帮你思考。另外，如果碰到感情的问题或友情的问题，我可能会去跟感情经历比较丰富的一些朋友或者是成家了、有孩子的一些朋友沟通，跟他们去交流。他们可能经历感情方面的问题比你多，他们也能给到一些建议，或者都能理解你为什么会出现这种情绪。"（Q3，28 岁）

由此可见，互动过程中，当情绪来自工作情境时，受访者 Q3 会与她信任的其他人（如丈夫）互动，他可以向她提供建议和帮助。当情境发生变化时，受访者会根据新的环境调整自己的行为。另外，受访者 Q3 只单纯地想要传递情绪而不需要对方的建议或意见时，她会选择不同的互动对象来倾诉或倾听。如情感方面，受访者 Q3 会选择具有丰富情感经验的朋友来传递情绪。

综上所述，"倾听者"模式、"倾诉者"模式与"判断式"模式都是以社会互动为基础，以语言、表情与姿势为要素。这些模式往往会因为情境的转换而变换，参与者不会长时间地保持一种身份，也就是说，这段际遇中他/她是倾听者，在下一段际遇中，他/她又会成为倾诉者，并随着互动场合的变化而改变社会情绪的传递模式。这种互动过程的不稳定性使得社会情绪在不同的互动情景中会产生不同效果，从而导致社会情绪在传递过程中出现了不稳定性。其原因在于社会情绪的传递模式具有多元化的特点，即互动关系可能受到个体所处环境的影响，因为社会情绪的传递过程本身包含着大量的信息，也包含着大量复杂的心理活动，所以传递模式的选择也将发生改变。

四、小结：社会情绪如何传递？

任何事物都有生命周期，出生期（哺乳期）、成长期、成熟期、持续发展期/衰落期。社会情绪作为一种特殊的心理现象，也不例外。它从唤醒（出生期）到积聚（成长期、成熟期）再到衰落期（释放）。人类的一切活动都围绕着这一阶段展开，在不同的时间点上所表达的社会情绪也是不同的。当人们在一起的时候，就像动物警惕地看着周围一样，至少会有一种关于彼此在做什么的反馈意识，[1] 而周边环境或是对方的行为都可成为唤醒情绪的符号。社会情绪的唤醒是建立在个体情绪唤醒的基础上的。每个人绝大部分的时间都在和他人互动，被他人影响，也影响他人，因为他人的情绪而高兴、快乐、伤心或愤怒。[2]

群体成员共同的情绪体验、感受和态度可以在个体、群体内部和群体之间以及国家、社会之间引发。[3] 社会情绪的唤醒发生在每一次互动和分享信息与感受的过程中。起初，社会焦虑和担忧情绪只能够在小范围内分享，想要扩大分享圈子，只能以极为隐蔽的状态在网络社群的日常生活中分享，如微信群、朋友圈、QQ 群等。随着大数据时代信息流的不断分化，群体在思维意识中接收信息、解读信息、筛选信息，进入社会情绪传递的第二阶段，即情绪积聚。在收集信息的过程中，情绪会被沉淀和选择。这一阶段，群体会选择情绪的外显形式（如喜怒哀乐），并根据他们的内在心理和意识来表达。表达是分享信息和感

---

① 柯林斯. 互动仪式链 [M]. 林聚任, 王鹏, 宋丽君, 译. 北京: 商务印书馆, 2012: 263.
② 阿伦森. 社会性动物 [M]. 刑占军, 译. 上海: 华东师范大学出版社, 2007: 5.
③ 王俊秀. 中国社会心态 10 年 [M]. 北京: 社会科学文献出版社, 2020: 49.

受的过程。随着情感能量的不断累积和聚集，群体会重新改变符号，选择情绪的外显形式，并在新的际遇中选择合适的时间节点来传递情绪。情绪释放是情绪传递过程的最后一个阶段，也是下一场仪式的开始。情绪是通过互动中人与人之间的语言、表情、姿势等显性行为来表达的，有多种表达模式，包括"倾听者"式、"倾诉者"式和"判断"式，社会成员在这些模式间来回切换。

　　社会情绪传递在互动仪式中实现的，它不仅会影响群体的内在心理，还会对外部环境产生影响，对社会氛围的营造起到建设性的作用。不管是网络平台上的社交还是面对面的交流，总会产生际遇。如今，在新时代，经济的发展、信息的碰撞、社会的变迁，互动的日益频繁以及人与人之间的情感表达也逐渐多样化和复杂化，人们的思维方式、生活方式、工作方式都在悄然发生改变，这些都对社会情绪的传递提出了更高的要求。因此，探讨互动—情感符号下的社会情绪传递研究，不但促进现实环境下的社会交往，还有助于社会交往关系的形成和维系。

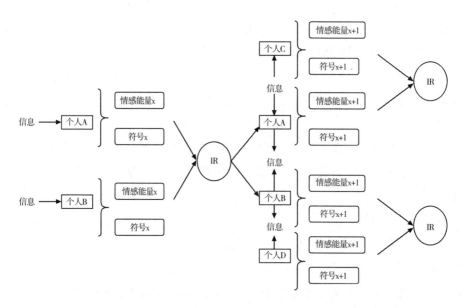

图 3-2　信息情境下的互动仪式链

　　从图 3-2 可知，成员 A 与成员 B 在未相遇之前，从各种渠道获得不同的信息，关注点存在差异，直至彼此相遇后（互动发生时间为 X），双方都拥有情感能量和符号储备。成员 A 和成员 B 开始互动，期间成员 A 和成员 B 在信息中找到相同关注点，并互动以转换彼此原有的情感能量和符号储备。情感能量必然会因此而发生变化，或者开始之际它就被重新储蓄了，与此同时，符号也被赋予更明显的意义。在互动仪式中，群体通过筛选信息并将其存储在大脑中，将其内容和情感意义传递给他们正在互动的对象。这种赋予情感意义的信息储存和分享不会是随机产生，而是受到群体与互动对象之间互动因素的影响。成功的互动仪式中意义更加显著，而在失败的互动仪式中意义会逐渐消失，可能获得新的符号储备。当成员 A、成员 B 离开双方互动场域后，可能在下一段时间内（X+1 的时间段），成员 A、成员 B 会与新成员 C、成员 D 互动，在此期间，成员 A、成员 B 还将重新筛选原始信息，与成员 C 和成员 D 分享，并在分享过程中找到共同关注的话题。另一种可能是成员 A 和成员 B 重新相遇，在此期间，成员 A、成员 B 将会在原有信息基础上寻找新的话题，相遇的双方又会转换各自的符号储备和情感能量。随着时间的流逝，互动的参与者、会话话题、信息都会出现差异化，此时此刻群体彼此之间或许是轻松的氛围，但彼时彼刻又会发生改变。

然而，生活是围绕这样一种对立而构建的：一边是相对成功的、具有社会吸引力的仪式情境，具有高度的情感、动机和符号容量；另一边则是有较少的仪式情境，所以人们必须擦亮眼睛去发现究竟是什么因素导致了强弱仪式之间的不同。① 在社会情绪传递的过程中，不管是群体情绪的主动唤醒还是被动唤醒，都需要通过语言、表情、姿势等符号进行交流，结合情感能量的多少，实现情绪强烈或微弱的反应，再选择情绪传递的模式，最终形成互动。

由图 3-3 可知，社会情绪传递过程中主动或被动唤醒情绪时会发生以下几种情况：第一，际遇中产生强的/高度的情感能量、动机和符号时，群体就会释放出强烈的情绪，甚至某种情境下，这种强度的情绪表达会逐渐失控，即形成"情绪失控"。第二，际遇中，主体产生了强的/高度的情感能量、动机、符号，但是其他因素导致情绪释放时呈现较弱状态。第三，际遇中群体积聚的情感、动机和符号较少、较弱，却在情绪释放时呈现出较强状态。第四，际遇中不仅情感、动机、符号较弱，情绪表达也弱。这四种情况都会促进互动的发展，其中前三种情况对互动进程起到推动作用，第四种情况则会阻碍互动的发展。

---

① 柯林斯. 互动仪式链 [M]. 林聚任，王鹏，宋丽君，译. 北京：商务印书馆，2012：83.

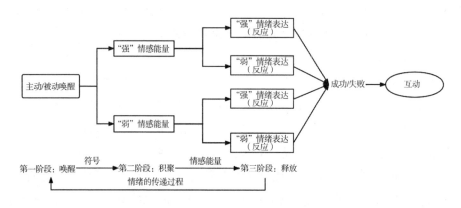

图 3-3 互动—情感符号下的情绪传递

因此，情感能量的高与低来自行为姿态和情感节奏的交流，节奏同步容易产生高情感能量，反之则产生低情感能量。较高的情感能量是对社会互动充满自信与热情的一种感受，较低的情感能量则处于情感分裂的状态。当主体不被群体所吸引，缺乏交流姿态，无法正常地从情境中获取信息，他/她就会感到疲惫不堪或者消沉沮丧，并希望避免这种情况。情境的差异导致互动结果的不同。如上所述，在情境和群体之间的相互影响下，人类既能改造环境又能回应环境。不同的社会情境下，无论情感能量、符号和动机的强弱高低，都会对互动的结果产生影响。

总而言之，社会情绪的传递过程主要集中于"传递"上，在人际交往中，社会成员先传递情绪，再由接收情绪的主体反馈出来，形成情绪传递机制。这一机制在社会氛围的营造过程中发挥了巨大的作用。无论是喜悦还是焦虑，基本情绪还是复杂情绪，都是通过这个机制来传递的，但是不同类型的情绪对社会的影响也是千差万别。例如，由于主客观因素的影响，社会成员的生活、经济的压力越来越大，焦虑情绪被唤醒。在压力被推动、情绪累积后，社会成员通过人际互动来释放焦虑，导致多数群体长期表现出普遍的焦虑状态，形成焦虑的社会氛围。不确定性事件发生期间，社会情绪传递表现为：有了公开化、透明化的数据，专业防疫和业余防护经验的积累，群体情绪释放后也将会恢复平静，群体对突发公共卫生事件的判断也越来越理性，由于社会情绪的不平衡不稳定状态而引发的舆情危机和风险也会有所降低。群体之间多次互动相遇，信息观点被不断地过滤、分裂和重新汇集，形成相对稳定的情绪体验，社会情绪完成这一次的传递。这个过程结束后，社会情绪又会开始下一次的唤醒、积聚到释放的过程，即在突发公共卫生事件等外部因素的刺激下，群体情绪会再一次开始传递。

第四章　社会情绪的呈现与影响

一、群体焦虑现象投映的社会情绪

每个人都会产生情绪，我们不仅意识到自身的情绪，而且情绪也会影响我们的身体状态，我们可以通过面部表情、声音甚至是姿态来表达情绪。[①] 现实生活中，随着经济、生活、学习等压力的增大，群体或多或少地产生了焦虑、烦闷情绪，并且伴随一些突发性事件的发生，只会增加焦虑、烦闷情绪，在这样的社会氛围下，群体感同身受，情绪相互被渲染和传递，一些群体认知失调，难免出现违背常理的行为，甚至造成暴力和恶性的社会安全事件。这也是因为社会成员情感层面的失落感或无奈往往伴随着对未来发展、社会工作压力和家庭的担忧，从而产生恐慌、焦虑、沮丧等负面的情绪，导致他们的行为方式发生改变或者情感自我控制能力的减退。弗洛姆指出，异化的人是不健全的人，他缺乏自我感，继而极度焦虑。现代之所以被恰当地称为焦虑的时代，主要是因为现代人自我感的丧失，[②] 个体自我感丧失以后，通过社会互动的过程，社会情绪的传递影响着个体情绪，而这些情绪都会经历唤醒、积聚和释放的过程来影响社会氛围。

一旦情绪不再局限于个体层面，经过互动，当情绪在群体之间表达和传递，当大多数群体表达自己深有其感并有相同的情绪状态时，个体情绪会在群体层面形成群体情绪，进一步对社会行为和周围环境影响时，在一定程度上构成新的社会氛围，即产生社会情绪。随着社会矛盾和冲突的凸显，对这些矛盾和冲突的原因深入分析表明，社会情绪是由社会成员"内忧外患"的环境造成的。

---

① 赖安婷. 群体情绪传播途径及其影响因素 [D]. 北京：首都师范大学，2013：1.

② 弗洛姆. 健全的社会 [M]. 孙恺祥，王大庆，等译. 上海：上海译文出版社. 2007：213

一方面，外部自然灾害对群体造成严重威胁；另一方面，长期以来，食品、药品安全事件的内部现实使人们处于焦虑状态。此外，社会成员的风险意识不强，导致一些安全事故和灾难发生后，[①] 未能及时采取应急措施，给稳定和谐的社会氛围带来隐患。换言之，社会矛盾和社会冲突不仅表现为社会情绪的强烈暴发，而且社会情绪也是这些矛盾和冲突的驱动成分。[②]

在日常生活中，"社会焦虑""社会戾气""内卷""鸡娃"等社会现象频繁出现于社会成员的视野中，这些社会现象的背后存在强烈的社会情感。前文已述，社会情绪传递是一个复杂的动态过程，不仅是个体或群体与他人进行情感交流的重要方式，也是个体对自身生活状态、所处环境的变化、社会责任的认识和评价的主要情感表征。在互联网技术飞速发展的今天，人们的社会情绪传递更加便捷、更加容易，同时也使得人们的情感传递呈现多样化的特征。突发公共卫生事件的发生造成以下结果：第一，不稳定性因素增加，对群体心态和社会发展造成了负面影响；第二，社会舆论压力过大，导致社会风险上升；第三，政府相应的应急机制缺位，导致一些应急政策和措施难以及时落地；第四，信息不对称诱发沟通障碍，从而导致社交疏离，引起群体心理失衡，最终产生严重后果。基于此，对日常生活中的社会情绪传递和突发公共卫生事件中的社会情绪传递过程进行分析和比较具有重要的现实意义。

（一）日常生活中群体焦虑的呈现

回顾以往，历史长河中世界万物时刻在变化，甚至是天翻地覆的变化，到目前为止，我国 2020 年全面建成小康社会，第一个一百年的目标圆满实现，不论是政治体制、社会经济或是人民生活都随着这场浩荡的社会主义现代化进程不断向前发展、日益进步和完善。社会情绪也随之起伏不定。经济收入提高了，群体满足感增强，感到自己的付出得到了同等的回报；经济收入下降了，群体感到烦闷不堪，觉得自己的生活每况愈下，入不敷出，买不起房，供不起车，基本生活需求急需得到保障。来到其他城市追求梦想、寻找机遇和期望发展的年轻人和一些来到大城市养家糊口的农民工等，他们其中有些人似乎融入了脚下的城市，成为新人，而另一些人被自身所处社会环境的压力压垮，焦虑、怨

---

①　王俊秀. 中国社会心态 10 年［M］. 北京：社会科学文献出版社，2020：17.

②　王俊秀. 中国社会心态 10 年［M］. 北京：社会科学文献出版社，2020：48.

恨、无助成为他们生活的真实写照。社会的剧变对每个人都产生了深远的影响，① 也对每个人的情感产生了深刻影响。

越来越多的人正经历着焦虑、怨气等情绪，相同的情绪和心理状态通过人际互动之间的抱怨、吐槽、发泄等一系列言语和面部表情来传递和表达。如前文指出，情绪的传递离不开人际互动，每次际遇中，主体都会表现出实时情绪，获得对方的认同或是理解。如今，在现代化进程中，衣食住行、休闲娱乐都悄然发生着变化，追求物质生活的人们开始追求精神生活和更高的物质条件，以达到预期目标的生活水平。但是，实现这些目标的同时也会带来更多的压力，包括经济压力、生活压力、教育压力等，这些压力又反映了社会成员的真实情感状态。

1. 案例一："鸡娃"的成长

我国地大物博资源丰富，各地教育水平越来越高，硬、软件设施越来越优化，孩子可以享受到优越的教育资源与环境，但是升学压力越来越大，竞争越来越激烈，导致越来越多的家长对孩子的学习越来越重视，给孩子不停地打鸡血，这便是"鸡娃"。② 父母的过度关心、望子成龙，就会推动"鸡娃"的成长。

"我以前（小时候）没咋上过学，现在就希望孩子能够好好学，不要像我一样（到处务工）。"（L10，45岁）

"（消极情绪）重点还是家里的问题吧，孩子不听话，学习成绩提不上去，感觉（家里事情）什么都是乱七八糟的。"（C32，57岁）

父母通过揭示他们对自己孩子的焦虑来表明他们养育子女的投入。③ 究其缘由，一方面，是因为目前的教育环境充满了紧张的社会氛围，而亲子关系也会受到此种氛围的影响。如果家长在孩子面临沉重的学业压力时，不能给予他们足够的安全感和情感支持，就可能导致孩子对未来生活失去信心，从而造成摩擦和冲突。学校教育和家庭教育环境竞争关系激烈，每位家长生怕自己的孩子输在起跑线，不断给孩子打"鸡血"，因此在日常生活中，家长与孩子、学校互

---

① 陈昌凯. 时间焦虑感 [D]. 南京：南京大学，2013：2.

② 王璇. 别陷入"鸡娃"焦虑 [EB/OL]. 人民网，2021-04-11.

③ 斯宾塞，沃尔比，亨特. 情感社会学 [M]. 张军，周志浩，译. 南京：江苏凤凰教育出版社，2015：150.

动的过程中不免产生焦虑、烦躁的情绪。具体而言：第一，亲子关系陷入焦虑的氛围中。作为家长，由于孩子先天"不聪明"，希望孩子后天奋发图强，甚至有些家长开始采取"武"力教育孩子，但希望落空时，他们就会陷入焦虑。作为孩子，"不会学、学不会"的状态使他们陷入学习焦虑中，对自己生气的同时更气家长的不理解和不支持，这让孩子出现厌学心理。第二，家长微信群、QQ群本是家长与老师沟通互动的平台，家长可以通过这个平台时刻了解孩子在学校的情况，老师通过这个平台了解孩子在家的情况，实现"双管齐下"，但是此平台在使用过程中逐渐成为家长怨气的源头。

"我每天除了开店，还要批改孩子的作业，这就要耽误很长时间。你不认真批改（孩子的作业）的话，第二天老师就会批评孩子，还在（微信）群里艾特我们家长，就很烦这个事情（老师点名批评）。你看我们那个时候（上学时期），（我们的）家长也没咋管过（我），现在感觉我自己又上了一次学。"（F8，37 岁）

不知从何时起，作业针对群体的范围不再局限于孩子，而是延伸至家长，家长群成为老师对家长布置"作业"的平台。与受访者 F8 相似案例还有很多，比如，在《法制日报》的一篇文章中，有一位经常不回复群消息的家长表示：自己又要加班又要盯孩子学习，没有及时查看且回复消息。在老师看来，这种情况就会被视为"不关心孩子"，家长内心压力过大，最后在家长会上情绪崩溃。此外，《法制日报》指出，网上流传的一些家长微信群的"潜规则"并非博人一笑，而是育儿焦虑的真实写照。深入了解可知，家长群转变为"压力群"的过程主要是：老师的通知是必选项，家长的讨论是可选项，向老师献殷勤是备选项，可一旦关系到自己的孩子，所有不满和无奈都要放下，这一切都成了必选项。[①] 第三，家长微信群不仅成为人际攀比的舞台，也成为孩子学习焦虑的根源。"别人家的孩子"是大部分父母在教育自己孩子时的口头禅，这也成为唤醒孩子焦虑的符号之一。每当老师在群里公布排名或夸赞某一同学时，孩子在父母眼中自己被贴上不如"别人家的孩子"的标签，他们得不到父母的认可，心理压力过大，导致焦虑。

另一方面，在工作和家庭之间，亲子关系可能是情感润滑剂，也可能是矛

① 家长怒而退群 教育"内卷化"背后的评价体系困局 [EB/OL]. 人民网，2020-11-19.

盾助燃剂。[①] 不管是家长的育儿焦虑，还是孩子的学习焦虑，都在一定程度展现出压力转移，也就是说，随着社会竞争的日益激烈，家长的压力随之加大，家长把工作压力转移到了育儿压力，同时，压力与日俱增，尤其是一些家长选择辞职，把精力放在教育孩子上，导致自己的空余时间越来越少，一旦孩子出现任何问题，家长的情绪也会深受影响。在一批微信公众号的推文中发现，孩子们拥有"六岁前自学完小学1—6年级数学""三岁入园词汇积累了小一千""狂攻英文10个月，二年级上学期通过KET""学霸父母"等能力似乎成了标配。[②] 正因如此，家庭教育的缺失或不足不仅在一定程度上影响到学校教育质量的提高，还会增加老师的教学任务。另外，随着幼升小、小升初、初升高等教学压力，迫使教师将部分工作压力转向家长，希望家长和学校对孩子的教育可以双管齐下，以此实现升学目标。

2. 案例二："内卷"的发展

越来越多的人通过自嘲的方式来纾解压力和缓解不稳定的情绪，如"打工人""社畜"等具有戏谑调侃的语气来表达群体内心真实的状态，是真诚的自我独白，也是对当下社会生活的剖析。工作场合中，同事之间争先恐后地加班；高校里，学生争抢高成绩、高绩点等，无一表现出任何场合中竞争关系始终存在。竞争关系是人际交往中最为常见的一种现象，良性竞争可以促进有效互动和人际交往，但过度的竞争关系则会导致群体陷入"内卷"。[③] 并且，随着内卷感受的增强，群体对岗位要求和薪酬奖励也是九变十化，从而群体的价值观念也会受到影响。

为什么社会经济发展迅速，生活水平提高，反而人们愈加焦虑？为什么某个领域的群体一度陷入互相倾轧、内耗的状态？追其原因，发现更大的压力来自人际互动中，群体情绪的传递，尤其是群体焦虑、烦闷等负面情绪的表达和宣泄。社会生活是由数个社交网络形成，如今因为科技智能化的发展，社会更加追求高效化、高速化人际交往。当群体无法跟上这种快节奏时，就会出现心

---

① 张品，林晓珊. 陪伴的魔咒：城市青年父母的家庭生活、工作压力与育儿焦虑 [J]. 中国青年研究，2020：71.

② 人民直击："鸡娃"号是如何被养肥的？[EB/OL]. 人民网，2021-04-28.

③ 内卷：本意是指人类社会在一个发展阶段达到某种确定的形式后，停滞不前或无法转化为另一种高级模式的现象。大学生的"内卷"：竞争还是内耗 [EB/OL]. 环球网，2020-11-09.

理落差，而这种落差感又会形成压力，在情绪层面呈现出失落和不安。如前文所述，网络社会的发展，促使现实空间又生成一个缺场空间，如工作微信群、亲朋好友群、同学群、代购群等以不同交往目的与意义存在于社会空间中。这些网络社交群的形成与发展，是现代社会中人们社会角色的转换与社会交往的结果，它们在给群体提供便利的同时也增添了许多烦恼。如《中国青年报》的一篇报道里指出："作为一名职场青年，魏丽娜想拍一张新出租屋的照片，发给她的母亲。然而，她一直下拉微信，很长时间也没有找到母亲的头像。聊天界面全是 27 个微信群，总是通过置顶功能显示在界面顶部。从而占据了手机聊天界面的前 4 屏。除了这些置顶群之外，还有多达 481 个其他统计的微信群，包括工作群、项目群、有/无领导群、家庭群、朋友群、同学群、投票群、抢票群、学习群、代购群等。对毕业进入社会的新人来说，上百个群组很快就把她拉进了不同的社交圈……就职于某知名公关公司的陈伟，刚经历了一场部门矛盾的升级，有同事在项目群里因为利益分配问题吵了起来，为了让领导主持公正，最后从项目群吵到部门群，又从部门群吵到公司大群。工作群俨然成了硝烟弥漫的'战场'。"《中国青年报》还指出：有些群因为活动需求成立，一旦活动结束，就会变成"僵尸群"，但是群里总会有这样一些人分享各种链接（包括投票、抢火车票、广告等）。也有些群里会冒出各种虚假消息、网络谣言，甚至是"病毒链接"。[①]

　　此外，区分真实与虚假信息的困难早已耗尽了人们对新鲜事物的好奇心和耐心，加深了已经充满工作压力时的烦躁感。过多的微信群会使群体的社交关系复杂化，但并不能为主体提供更加有效的社交关系。越来越多的微信群只会增加群体的焦虑和负担，并且随着社交圈越来越大，同时也对群体情绪产生更强的影响。"内卷"现象在各行各业中普遍存在，再加上互联网媒体迅速渗透到群体的日常生活中，不仅会给群体带来便捷，还会加剧群体负面的情绪，对营造和谐稳定的社会氛围也产生了较大影响。

---

① "还有一些曾经参加活动的群，活动结束后，逐渐变成'僵尸群'。但总会有一些人，孜孜不倦地往里面分享各种链接，有请大家帮忙投票的，也有做公众号想要拉阅读量的，但大部分时间并没有人会响应。还有一些群里，时不时冒出各种虚假消息、网络谣言甚至黄色信息。"参见微信群成"紧箍咒""隐形加班"带来新负担和焦虑 [EB/OL]. 人民网，2018-11-09.

（二）突发公共卫生事件中群体焦虑的社会表征

根据吉登斯的观点，现代人生活在一个世俗的风险文化中，焦虑感尤其突出。[①] 在这样的社会环境下，人们的心念也在一定程度上承受着不小的压力。突发公共卫生事件本就会加剧紧张的气氛，人们生病或遇到亲友住院或离世，都给人们的精神、心理和情绪蒙上了一层阴影。从这个意义上讲，突发公共卫生事件本身既是"应急病"，也是"心理病"，标志着人类从"传染病和躯体疾病时代"进入了"心理疾病和后精神疾病时代"。[②] 现实生活中的人们为追求财富欲望，几乎没有闲暇时间感受生活，在他们看来，"速度就是金钱，效率就是财富"，貌似永远不能停下脚步，一旦停下，就会被社会淘汰。

"之前（我）工作很忙，一直没时间陪父母。但是现在正好有时间待（父母）家里了，也能陪他们唠唠嗑了。"（Z31，28 岁）

如今，伴随信息化时代的来临，为群体情绪表达提供了许多开放、便捷、范围更广的平台，"每个人都能成为发声者，也能成为倾听者"，人们又会因为信息过载而陷入焦虑，频繁地了解相关信息，像是"惊弓之鸟"。正如受访者C6 所说：

"有时候网上出现了一些（负面）消息，但是也没明确这个信息的真假。那会儿（看到信息），我也就一扫而过。但是现实中听到周围人都在讨论这个消息。我就在想'难道是真的'，（我）心一下子被提了起来（对紧张情绪的夸张描述）。"（C16，30 岁）

上述访谈得知，由于未知事件的危险性，受访者 C16 起初是平静的，对于不辨真假的信息也采取忽视态度。直到周围其他人开始关注这些信息时，并且有理有据地指出这些信息的可靠来源，平静的情绪被打破，心理压力骤然增加，观念和行为出现转变。当然，当人们面临重大突发公共卫生事件时会出现相应的情绪表达和一系列生理反应，包括紧张、焦虑、悲观、抱怨等。进言之，一旦消极的情绪缓解失败，意味着情绪管理能力的降低，心理压力会更多反映在身体层面，包括作息紊乱、头晕胸闷等。[③] 比如，非毕业班学生需要在家上网

---

① 郭景萍. 西方情感社会学理论的发展脉络 [J]. 社会，2007：39.

② 新冠肺炎疫情对社会情绪的影响：心理健康服务视角：本刊专访中国人民大学教授、博士生导师俞国良 [J]. 黑龙江社会科学，2020：72-73.

③ 专家把脉：疫期宅在家，如何不焦虑 [EB/OL]. 人民网，2020-02-11.

课，初高中毕业班学生需要在家备考，高校毕业生要写论文、线上找工作和面试；企业面临复工，农民面临复产等情况。① 在日常生活中，上述事情都不容易被完成，而突发灾害加快了群体现实性焦虑，这也是社会情感能力缺失的表征之一。

可见，社会情绪会因为环境条件变化或主体自身的原因而产生。例如，当社会经济处于低潮时，有些家庭遭遇了不幸事故，经济损失惨重，从而使主体陷入悲观和失望的状态。也就是说，当某一领域受到冲击或者发生重大改革时，由此造成的紧张气氛和压抑心情便很容易传递给周围的人，使得社会情绪倾向于负面状态。因为突发公共卫生事件对社会环境产生的影响，造成社会环境的不稳定性，给这个群体带来了更多的不确定性，加剧了他们的心理压力，社会氛围难免陷入紧张状态之中，也正是在此氛围中，群体情绪变幻莫测。

总之，社会焦虑来自不确定性，包括环境、事件、场所、地点以及其他因素。诸如对未来发展的不可知；对时刻变化的环境有着强烈的不确定；对事件和场所的不确定都会让群体想要追求更多的确定性，营造安全的社会氛围。在当前的经济和社会环境下，群体对未知事物、场所等产生恐惧感是普遍存在的情绪反应。Robert J 等认为虽然不确定性通常不被认为是一种情绪状态，但其与消极情绪状态有关，如恐惧、焦虑和愤怒，并与结果或后果的不可知性和可感知的失控等维度有关，从而这些情绪引起了群体内部的相应反应，导致整个社会结构处于紧张状态，突发公共卫生事件又会加深这种状态，并形成社会矛盾的根源之一。

二、社会情绪传递对群体的影响

积极和消极的社会情绪在传递过程中，从某种程度上折射出社会群体情感体验和心理状况，可以反映出社会发展过程中矛盾点和社会治理状况。从个体情绪释放到社会情绪的形成并经由社会情绪的传递又会反作用于群体本身。群体在感受到自己被某种特定的情绪影响时，他们就会呈现出一系列与之相关联的行为方式和心理活动，其变化既可以是积极的或消极的，也可以是正面的和负面的，还可以具有多样性。如前所述，社会情绪体现了社会成员和社会事件

---

① 考试、就业、复工 三类人群如何排解现实性焦虑［EB/OL］央视网，2020-03-09.

之间的关系，它与社会成员的价值观念、情感互动以及情绪的传递者密不可分。当积极的社会情绪被传递时，群体会在特定情境中感到幸福和快乐，使社会气氛趋于融洽与安定；当消极的社会情绪被传递时，群体在特定情境中会丧失安全感甚至引发社会冲突。

（一）价值观念：从"力不从心"到"事在人为"

价值观的研究自从被提出后，就受到诸多领域研究者的关注，并成为多种学科关注的问题，哲学、经济学、伦理学、教育学、人类学、社会学、心理学等学科都在这一领域进行不同角度的探索。[①②③] 费斯汀格认为"态度、意见、信念等作为个体对社会现实的反映，其正确与否，个体并没有一个客观的、非社会的途径加以把握……"[④] 个体的态度、意愿和信念也会随着环境和生活方式的改变在个体心理中凸显。诸如文艺复兴时期，拉斐尔、达·芬奇、米开朗琪罗三大巨匠以及其他不同领域的学者、艺术家都无疑是想彰显自身个性，特别是自己与他人之间的差异来体现当时的时代精神与人格魅力。认知、态度和反应可以被视为是个体对现实社会的情感反映，价值观则是对社会现实境遇的评价。

改革开放以来，随着马克思主义人学的兴起，人的全面而自由发展，"自由个性""有个性的个人"等思想逐渐进入了理论研究领域，提出了从"个性"来立论的理论必要性。[⑤] 人的个性随物质充裕社会的发展而趋于多样化，主要体现在个体面对现实境况的态度、意愿和信念等。如王利平和陈嘉涛所言，"个性

---

① 杨宜音. 社会心理领域的价值观研究述要 [J]. 中国社会科学，1998：82.

② 唐文清，张进辅. 中外价值观研究述评 [J]. 心理科学，2008：765.

③ 尤国珍. 近年来国内外价值观问题研究述评 [J]. 四川大学学报（哲学社会科学版），2011：27.

④ 美国社会心理学家 L. 费斯汀格 1954 年提出的一种理论，用以解释群体背景下的信息沟通及其与态度、意见、信念等的转变之间关系的动力心理过程。他认为，态度、意见、信念等作为个体对社会现实的反映，其正确与否，个体并没有一个客观的、非社会的途径加以把握；但正确反映社会现实又是个体生存和适应的基本条件，故评估自己的态度、意见、信念等正确与否，便构成人性的基本冲动之一；在群体背景下，个体主要是在信息沟通过程中，通过将自己的态度、意见、信念等与所属群体的其他成员加以比较而实现自我评估的，其中，个体更愿意选择与自己特征相似的其他成员作为社会比较的对象。在社会比较过程中，若个体的观点与其他成员相互一致，个体便处于认知平衡状态；若不一致，便处于认知失调状态，从而产生对群体一致性的遵从压力。转自车文博. 当代西方心理学新词典 [M]. 长春：吉林人民出版社.

⑤ 张丽君. 论马克思恩格斯的"个性"观 [J]. 湖北大学学报（哲学社会科学版），2020：101.

需要的不是信念的跳跃,而是持续的生活节奏。"

　　然而,稳定的客观环境以及平稳乐观的主观心态会影响这种生活节奏。特别是在一个思潮纷涌和多种价值观念并存交织的快速变动的社会环境中,人们的价值观念和社会信仰面临着实用主义、相对主义、虚无主义等消极、负面价值观念的冲击,并在一定程度上造成价值判断标准上的迷失,从而导致政治冷漠和道德冷漠。① 不管是政治冷漠还是道德冷漠,其隐含的都是人们对政府、社会、人际关系的不信任以及缺乏责任意识的体现。

　　近年来违背社会公德乃至反社会事件时有发生,而且正处于深刻的社会变迁时期,群体责任心缺失;正面的价值观念淡化,形成了一种冷漠麻木的社会氛围。偏负面的社会情绪最为突出,会极大地影响社会稳定与和谐发展。在这种社会氛围下,社会情绪不可避免地表现出消极的情感能量。信任感的缺失使群体更缺乏安全感,也就是在这样一种状态之下,社会压力急剧增加,社会情绪表达也一直处于焦虑和烦躁之中。

　　然而,中国是一个经由几千年的感性教化形成了稳定传统的社会,人们在长期文化积淀中形成的具有突出感性特征的思维方式、行为方式和生活方式。② 面对疫情防控时,广大医务工作者、卫生防疫科学工作者、基层党员干部、社区和农村管理服务人员、生产建设者、社会志愿者等群体都在挽救生命的第一线。他们临危不惧、争分夺秒,与病魔抗争,拯救生命。③ 也正是因为这些奋斗在抗疫一线的人们,营造出具有强烈安全感的社会氛围,传递出具积极情感的强大能量,通过意识的改变、行为的转换,使他者从原本的"力不从心"的观念转向"事在人为"的态度。也就是说,积极的社会情绪在传递过程中取决于自律性和较强的自觉观念。

　　"(关于突发事件)我还是比较淡定的。我只是知道这个风险危机存在了,那我注意(预防或防护)就好,比如食品安全(的问题),还是需要自身注意的,做好个人卫生。"(Q3,28 岁)

　　"老百姓的自我(风险)防御意识,如接种疫苗的意识也在增强,(情绪)

---

① 温淑春. 当前我国社会情绪的现状、成因及疏导对策 [J]. 理论与现代化,2013:105.
② 刘少杰. 网络社会的感性化趋势 [J]. 天津社会科学,2016:71.
③ 黄玉琦. 专家呼吁:不确定性事件防控同时应同步优化国家应急管理体系 [EB/OL].
人民网,2020-02-07.

向一个积极方向发展。如果再有其他流感或什么事情的话，（威胁健康的因子）不会蔓延和传染得这么快，因为从源头上大家都很注意（自身防护），大家（警惕意识）已经觉醒了，不像以前那么麻木了。"（B9，37 岁）

在上述案例中，受访者 Q3 强调个体意识，其认为既然风险危机已经到来，自怨自艾没有任何意义，应该根据专家建议，采取风险应对措施，做好自我防护。受访者 B9 从社会环境的角度指出，提高全民应急意识是应对风险的有效方式之一，也是减缓病毒蔓延的坚强屏障。因此，极具团结意义的社会情绪对群体的影响往往是积极的，如那些自发抗疫救灾、抗震救灾、抗洪救灾的群体，在没有任何组织介入的情况下，也会通过各种途径贡献自己的力量。这些群体在遭遇危险时，不仅有着共同的情感体验，还会在一定程度上产生集体行动倾向。由于外界因素的影响，面对遭受不确定性事件危害到生命健康的社会成员，其他群体共同的感受和体会就是"我们都是中国人，要互帮互助，共渡难关"。群体的积极情绪在传递过程中会逐渐蔓延成具有团结意义的社会情绪，并且对他们产生了深刻的且正面的影响。因此，在社会互动中，群体需要表达积极情绪来传递信息，从而减少负面情绪和不良反应的发生率。全国政协文化文史和学习委员会副主任叶小文表示："回顾历史，支撑我们这个古老民族走到今天的，支撑 5000 多年中华文明延绵至今的，是植根于中华民族血脉深处的文化基因。处世以真诚为本，待人以宽厚为主。今天在实现中华民族伟大复兴的路上奋进的中华民族，正是如此真诚宽厚、坦坦荡荡。"[1]

"现在全民的这种（防护）意识都提高了。在一些公共场合，像是商场、电影院，大家都很注意自我保护，会有一些勤洗手、戴口罩的防护手段，我觉得（自我注重健康管理的意识）很好。纵观全世界的话，你都很难看到像中国（公民）一样，如此团结和统一地去做好防疫的工作。其实我觉得对我们社会来说，（社会公民）已经在意识方面，特别是对于突发公共卫生事件，全民意识相较于以往，其实是高出来很多。"（Q3，28 岁）

访谈中，受访者 Q3 表示，我国民众能够积极配合防疫措施，营造安全和谐的社会氛围，源于积极的社会情绪传递，基于乐观的价值观念，具有个性的同时拥有强烈的责任心和自觉意识。自觉意识和自律性往往来自群体对遵守社会

---

① 张柱贵，周晶，方经纶，叶小文：尊重文化多元性 实现不同文明和谐相处 [EB/OL]. 人民网，2020-11-26.

规范或准则的自我要求，所有操作层面的规范体系都是以该民族的基本价值理想为精神依托，并借此来获得自身的神圣意义和绝对权威。① 如果此种价值理想丧失或消失，规范体系将不再具有权威性，群体也最容易出现一系列违反主导性价值规范的行为，无论是道德滑坡还是道德丧失等行为最终会对社会氛围产生消极的影响。因此，构建有效的互动关系，良好的社会情绪传递氛围变得尤为重要。进一步来讲，大多数群体缺乏判断虚假信息而产生的压力，他们对危机事件的认知有限导致他难以预测突发公共卫生事件在未来给他们心态和家庭造成的伤害或损失是多少。在人与人之间的交流中，人们常常会遇到一些无法解决的问题，这些问题往往是在各种社会压力下才会被反映出来，因而更容易造成社会关系之间的紧张。简言之，在社会生活中，群体往往被动地接受各种真假难辨的信息，对信息过度解读而引发的恐慌情绪容易在社会互动过程中被传递。

（二）社会互动与"被动"的封闭空间

由于主体自身性格、现实情况所需，群体社交空间范围难免被缩小，群体并非主动限制自身与外界交往的空间，是由于一些心理因素、环境因素的影响，不得已而为之。

"我本身属于比较外向的性格，不喜欢宅在家里的那种人。但是因为放假或是其他事情，（让我）一直待在家里，（情感上）就会有点急躁。"（L12，32岁）

从以上案例中了解到，受访者 L12 作为一名医护人员，对疫情有一定了解。起初，自身情绪不会特别焦虑和紧张，在互动过程中，她会积极安慰家人和朋友，来缓解他们的紧张和焦虑。一些不确定性因素引发的心理焦虑严重影响了日常生活中社会成员的活动空间，互动关系不如以往紧密，被疏远，群体受此影响会加重烦躁的情绪反应。在如此社交环境下，主体积极情绪的自我保持能力会大打折扣，情感管理能力不断被影响，出现成员被孤立和排斥的情况，进一步产生消极的情感认知，如失落、悲观、无助等。

正常的社会交往和人际关系被群体非主动地排斥在外，阻碍了自我的社会

---

① 周德清. 价值断裂与精神乱象：社会转型期文化失范的症候分析 [J]. 山西师大学报（社会科学版），2012：31.

融合。这种情况下，个体的社会化过程很难顺利完成，也会影响情绪的传递。在群体内部，由于社交距离和价值观念的差异，主体之间的情感交流必然会存在隔阂。如果隔离时间过长，很容易产生心理压力，引发焦虑等情绪，这也会影响积极的社会情绪传递以及对群体之间的交往。因为主体情绪具有传染性，所以个体焦虑逐渐聚合发展成为社会焦虑，而社会焦虑这种不稳定的社会心理最终又为社会浮躁心态创造了条件。也就是说，心理状态上的不稳定直接导致急躁和易焦虑的心态，而这一心态又进一步通过个体的社会互动行为扩大到普遍的社会心理中，① 这一焦虑将使群体改变原来的生活模式，选择与其目前所处环境最为匹配的方式。

"（受突发公共卫生事件的影响）我对于日常的生活方式会有一些的变化。以前，我就不喜欢回到家马上洗手，或有时候忘记洗手。但是现在结婚了，婆婆又是医生嘛，就特别讲究（个人）卫生和防护。一进门（婆婆）就要求你（洗手消毒），我现在已经养成习惯了。几乎每次从外面回来，第一件事就拿洗手液洗手。有的时候（我）出去玩，我也会带一些免洗的洗手液。有些事件（威胁健康安全）可能会让我更关注自身的身体健康。当自己（觉得身体）有一些不舒服的地方，我会马上量体温，去医院检查什么的。放在以前，如果（我）发烧，我觉得睡一觉或喝水吃药就好了，但现在（自己）更关注身体健康的变化。不仅要求我自己，也会要求身边的一些人，让他们多注意卫生和注意自己的身体情况。"（Q3，28 岁）

生活空间的改变会影响到正常的社会交往。在社会生活中，人们的情感交流的方式也不断地发生变化。从传统的面对面在场空间到网络化的缺场空间，主体依靠网络平台与外界交流。随着互联网技术的不断进步，人们的交流方式不再局限于传统纸质媒介。它表明了目前社会文化多元化的趋势，这将日益影响到我们的生活。越来越多的人居住在同一个地球村中，通过电子邮件、大型客机和国际贸易等方式与同伴联系，② 疫情防控期间，社区和家庭成为卫生信息

---

① 赵晖，周赟. 探寻社会浮躁形成机理：基于社会运行、心理结构与程序正义的解读 [J]. 人民论坛，2014：15.

② 迈尔斯. 社会心理学 [M]. 侯玉波，乐国安，张智勇，等，译. 北京：人民邮电出版社，2015：155.

传播的重要场域,[①] 互联网平台作为互动的媒介也在被推进。

"云聚餐,我觉得可能00后或者说更需要(适应)快节奏的或者聚餐频率比较高的这一类人群(会选择云聚餐)。但是对这种有正常生活节奏的人来说,他还是看一个大环境的,如果说在目前社会环境下,疫情可以得到有效防护和控制的情况下,社交活动还是会选择线下面对面的范围。"(B9,37岁)

在面对面的互动空间有限的情况下,群体寻求在其他空间(缺场空间)实现和扩大互动范围,如前所述,"云聚餐"或"线上+"学习、办公模式,社会成员都在努力适应数字技术影响下生活与工作。通过互联网平台创造的新交流模式仍将对群体及其生活产生一定效用,网络平台会更快、更广泛地传播信息。社会情绪的传递必然通过社会互动来实现,互动规则是人类社会最基本的规则,它的建立和运行是否完善将直接现实社会的生存和发展。社会交往中没有一套可预测的、均衡的、完善的规则体系,[②] 尤其,缺场空间下的社会互动是没有可预测的程序规则,这也导致言语和行为能力的主体能够与多个世界建立起联系,并就世界中的事物达成共识,从而社会成员为他们的交往提供了一个共同设定的世界体系作为基础,[③] 多变的情绪状态也将被多次传递,并对社会氛围产生影响。

(三)社会情绪的不同传递者

社会情绪对群体的影响除了前文提到的群体价值观念和社会互动中空间被动的封闭外,还包括社会情绪的传递者(发出者)与接收者的差异。"谁"作为传递者与"谁"作为接收者会对群体产生不一样的效果。情绪传递的过程中,个体情绪信息的获取、处理、传递和表达达到一定程度时,传递者就会对接收者施加影响,并且这种影响会随着传递时间的推移而不断加强。情绪传递总是处于复杂的社会关系中,亲疏远近,情随事迁。传递者的情绪性信息内容直接

① 詹恂,王思雨.疫情下我国社区群体性信息焦虑传播研究 [C] //北京大学新闻与传播学院.北京论坛·健康传播分论坛|医疗、人文、媒介:"健康中国"与健康传播2020国际学术研讨会论文集,2020-11-7,电子科技大学公共管理学院教授;电子科技大学公共管理学院硕士研究生,2020:4.

② 赵晖,周赟.探寻社会浮躁形成机理——基于社会运行、心理结构与程序正义的解读 [J].人民论坛,2014:17.

③ 哈贝马斯.交往行为理论:第一卷 [M].曹卫东,译.上海:上海人民出版社.2018:288.

影响接收者的心理状态，促使接收者采取相应行为。情感社会学成熟阶段的一个重要特征是注重对具体情感社会现象的研究。这些对社会结构产生重要影响的情感现象得到了系统的研究，例如社会信任的关系，不管是政府和公众还是社区和居民之间的信任关系都能够呈现出社会关系亲疏远近的情感表征。① 社会信任也是个体在社会生活交往中的重要情感基础。

第一，将社会情绪置于政府与公众的互动过程中，如果政府作为社会情绪的传递者，公众是社会情绪的接收者，相关政策和制度就会成为影响社会情绪产生和传递的符号。政府与公众在社会情绪传递中的互动关系就是这种符号化的过程。政策的有效实施，不仅使公众增加了积极向上的情绪状态，增强了信任感，并主动配合。

"对于（行之）有效的政策，大家更加放心一点，不再像之前那么担忧。如果（风险）可控和不可控，相关部门在做这些东西（应对措施），起码在你心里来说，大家在努力控制这件事情，那你就会稍微安心一点。如果没有人没有做任何措施，它（危险）属于是一个不可控的范围，那你的担忧可能会被无限放大。你不知道是哪里出问题（危害健康的源头在哪里），（你）就会担心很多。如果有可控的措施。他会明确告诉你哪有问题或哪没有问题（危害健康的源头找到），你的担忧就会少一点。你会觉得这是可以控制的情况，降低了因未知带来的焦虑情绪。"（S1，29 岁）

"我觉得每个人都会有不一样（心态），但总体来说，疫情由于控制得很好，大家都是一个比较乐观积极的心态，大家都很配合社区人员的工作。我觉得是社会做的应对措施，发挥了作用。对大家来说，也是（对政府、相关工作人员）比较有认同感。"（Q3，28 岁）

从言语间不难看出，公众对政府和有关应急措施的高度认可，因为国家、政府正在主动积极地采取对应措施，所以"担忧就会少一点""大家都是一个比较乐观的心态去面对"。如果政府没有提供所需的服务或资源来引导，公众就可能表现出负面、消极的情绪，甚至表现出对政府的怀疑、敌意与排斥心理。可见，群体认为政府的有力手段作为具有正向意义的符号，可以使他们的担心减少，而政府所传递的情绪性信息偏向积极的，也就会营造出极具安全感的社会

① 郭景萍. 西方情感社会学理论的发展脉络 [J]. 社会，2007：38.

氛围。

第二，在社会情绪的传递过程中，社区作为传递者，居民是接收者。社区作为社会治理的基础单元，社区一旦存在不安定因素，社会秩序就更加难以实现稳定。突发公共卫生事件作为社区不稳定的因素之一，不确定性事件的暴发和蔓延会加剧社区内部的紧张气氛，这又会使居民产生消极的心理反应，出现不恰当的行为。如果社区采取积极的心态应对危机，居民的安全感就会增强；如果社区以消极心态应对风险或相关工作人员的不作为则会加深居民的不安。尤其是那些经历过封闭管理的小区，若要缓解消极状态，就需要社区采取积极的行为和举措，为居民提供基本应急保障。

"首先，在（我工作）辖区各楼院里面张贴通知。社区里面会出通知，然后（相关工作人员或楼长）把通知贴到各个院小区里的宣告栏。一旦事情比较紧急的话，（通知）会被贴到各小区楼院的单元口里墙上面。（事态）一般的话，大部分都会贴在这个小区楼院内，专门有一个公示栏，就贴在公示栏里。还有，现在好多小区里面都有业主群，（社区工作人员会将信息发给群主）群主就会把信息发到他们业主群里。"（W17，28 岁）

受访者 W17 作为一名社区工作者，她表示社区最为常见的宣传途径是通过楼院宣传栏、业主微信群等告知居民信息。依托虚拟社区（社区微信群、QQ 群）进行线上传播的有效性增强。大量疫情信息涌入社区并被再次传播，从而实现了信息在社区网络中的加速扩散。[①] 疫情信息的传播，不仅会导致社区网络中的信息量急剧增加，还会对社区居民的情绪产生影响。通过观察发现，数字化、网络化技术在疫情防控过程中发挥重要作用。比如，当小区居民居家时，相关信息资讯都会通过微信群告知。再如，为了更有效地和居民沟通，某社区组建了 159 个微信群，群主不仅是社区居民，也是志愿者的一员。他们的工作内容是：把居民的需求进行汇总，然后向有关部门反映，寻求解决方案，[②] 这能够在最大限度上满足居民的各种需求，其中一些有效信息的传播是能够缓解居

---

① 詹恂，王思雨. 疫情下我国社区群体性信息焦虑传播研究 [C] //北京大学新闻与传播学院. 北京论坛·健康传播分论坛丨医疗、人文、媒介："健康中国"与健康传播 2020 国际学术研讨会论文集，2020-11-7，电子科技大学公共管理学院教授；电子科技大学公共管理学院硕士研究生，2020：4.

② 北京唯一高风险区里，159 个微信群织起温情保障网 [EB/OL]. 人民网，2021-11-06.

民紧张、焦虑的情绪。

　　然而，信息传播途中难免产生一些失真信息，加深了居民的担忧，破坏了原本稳定平静的社区氛围。在信息传播的环境中，表达者和接收者都需要对信息进行过滤、判断和验证。如果社区微信群里的成员不对信息进行筛选、判断和进一步的求证，失真信息经过传播被不断扩大，就会加剧紧张感。同时，在网络舆论场上，在人与人交往的过程中受到影响，也会出现"言多必失"和"说话太直接"等问题，同样这些问题会加剧居民的不安。另外，情绪的表达过程中，情绪化极强的宣传标语是会成为影响社区氛围的情感符号。一方面，积极向上的宣传标语，如"见屏如面：网络拜年也是团圆！""少吃一顿饭亲情不会淡"等会增强社区氛围的稳定性。另一方面，极端的语气和极其负面的情绪化标语，不仅不能缓解群体的紧张和焦虑，还会诱发主体情绪管理失败。

　　第三，人际互动是表达情感、情绪频率最高的选择。在政府和公众、社区和居民互动中的情绪表达的前提条件是人际互动的情绪表达。互动中个体身份常常会发生变化，不同的角色身份亦会生成不一样的情绪，人们会选择相应的情绪表达途径、模式。如果一个人的想法或观点与我们类似或者对我们很重要，或者在特定的情境下看上去像专家或者有权威，我们就更容易遵从他的行为或意见。①

　　"像专业的人，人家出来说一句话（专家发表观点），某种程度上要更加有分量，有权威性。他们（专家）给了信心。只要钟南山他们说不要害怕，做好防护，我们（大家）肯定就有信心。"（W25，55岁）

　　"我觉得任何一个突发公共卫生事件发生，肯定是有相对应（此领域）的专家和专业的人士去研究它、去了解它，据此做出一些对策。如果是我，我通过新闻媒体或通过其他媒介知道专业的人在做专业的事情，然后为社会去解决问题，为每个人去解决问题，我自己就更不害怕这个突发公共卫生事件带来的影响。因为有人（专家）已经告诉了我解决方法，我知道这个东西他是能应对的，能从这个事情里面解脱出来。（专家）会给人安全感，也给人就比较鼓舞的感觉，更会让群众不恐慌不焦虑。"（Q3，28岁）

　　受访者W25和受访者Q3表示，风险应对当中专业人士或权威人士的重要

---

① 阿伦森. 社会性动物［M］. 刑占军，译. 上海：华东师范大学出版社，2007：20.

性。正是因为这些专业领域的群体能够带给其他群体安全感（他们给了信心），群体认可他们的专业知识，原本因为未知产生的焦虑、紧张的情绪都会被专业的、权威的群体或平台得以缓解和调整［（我）更不害怕这个突发公共卫生事件发生，因为有人已经告诉了我的解决方法，面临的问题也是能解决出来的，我们能从这个事情里面解脱出来］。专业领域的权威人士的情绪性信息是他们根据理论和经验认知所做出的判断结果，并且这些信息的表达会增强群体安全感，产生大众普遍信任的情感体验。也就是说，如果某个体的言行能够为一个共同活动所涉及的任何其他个体所理解、接受或信任的话，他的言行便有了一种新的普遍性——社会的普遍性。① 专业领域的权威人士表达科学的、权威的、专业的话语信息，会给群体带来足够的安全感，也是建立社会信任关系的重要基石。

三、社会情绪传递对社会的影响

社会情绪主要是指群体在特定的社会环境中能够体验和共享的相同的情绪状态。这种状态源于每一场际遇，际遇是存在某种目的或情感意义的，社会成员通过语言、姿态、表情等符号进一步表达这种目的和意义，即实现社会情绪的传递过程。社会情绪的传递不仅是复杂的动态过程，还会影响人们的社会交往，甚至影响人们的思维方式。互动范围的扩大和互动行为的持续，通过感染个人和群体而进一步影响社会，导致社会情绪的再制，② 其根源在于情感赋予文化符号以及意义和情感力量，这种意义和力量可调节和引导群体行为以及整合社会组织的模式③，简言之，社会情绪的生成和传递对社会发展有着重要的影响作用。

（一）社会氛围的营造

我们的社会经历了一系列的情感基调变化，从改革初期的嫉妒成风到重重郁积的怨恨，④ 再到"压力山大"和社会焦虑、戾气满满的现实环境，都呈现出社会情绪的传递过程对社会的影响。它在空间中是持久存在的，随着时间的

---

① 米德. 心灵、自我与社会［M］. 赵月瑟，译. 上海：上海译文出版社，2018：20.
② 朱代琼，王国华. 基于社会情绪"扩音"机制的网络舆情传播分析：以"红黄蓝幼儿园虐童事件"为例［J］. 西南民族大学学报（人文社科版），2019：147.
③ 特纳，斯戴兹. 情感社会学［M］. 孙俊才，文军，译. 上海：上海人民出版社，2007：239.
④ 成伯清. 从嫉妒到怨恨：论中国社会情绪氛围的一个侧面［J］. 探索与争鸣，2009：49.

推移而变化。群体的精神需求和物质需求会在不同阶段发生变化，并在一定程度上影响着人们的生活方式。当人们感受到环境的变化时，他们的内脏器官会立即产生变化，如交感神经系统的激活，从而抑制器官和身体某些部位的活动。这些生理上的变化导致个体把这些感觉和情绪联系起来。① 假设疼痛体验是由我们脚边的一颗钉子引起的，那么我们体验到一种情绪（疼痛），我们只需要关注这颗钉子就够了。我们寻找这个客体，或者，正如尼采所言："要从人群、体验等之中寻找一个人产生这样或者那样感受的原因。"② 例如，当突发公共卫生事件发生时，群体所感受到的压力和焦虑主要源于他们对周围环境的主观感受与体验。

通过调研发现，人们面对未知的内心体验主要通过环境或与他者的互动来感知的，也就是说，生理和心理变化唤醒了主体的内心感受，然后将它们表达出来，这种表达是社会能量的体现，是某群体、某个社会中无数个体情绪能量的累积。③ 社会情绪传递，顾名思义，是呈现出人与人之间情感交流的动态过程，不仅可以通过语言符号来实现，还可以通过语言以外的方式来体现。现代社会中人际交往关系越来越错综复杂，交往环境也越来越多样化，群体在交往过程中意识到情绪信息的重要作用。情绪的传递不再依赖于和局限于特定的社会纽带，而是可能直接将个体贯通于社会整体氛围。④

如前所述，社会情绪的传递是特定时期内社会氛围的体现，也是群体对此氛围的情感表征。比如，当人们面对生活或工作压力时，他们通常会采取相应的行动来缓解消极情绪，或是转移注意力，只为寻求一个安全舒适的生活或工作的环境。斯宾塞等人指出："我们既可以将一种'氛围'看作是对周围环境的体验，该环境因其昏暗或模糊不清而被激发情感，也可以把其视为一种完全不能产生自身形态的并由环境带来的一种影响。同时，在描述这样一种氛围时，我们赋予这种影响以某种形态。我们可能会说，氛围是令人紧张的，这意味着在它的影响下，个体在进入这个房间时不经意间'获得'张力并变得紧张起来。

---

① 特纳，斯戴兹. 情感社会学 [M]. 孙俊才，文军，译. 上海：上海人民出版社，2007：3.

② 斯宾塞，沃尔比，亨特. 情感社会学 [M]. 张军，周志浩，译. 南京：江苏凤凰教育出版社，2015：45.

③ 朱代琼，王国华. 突发事件中网民社会情绪产生的影响因素及机理：基于三元交互决定论的多个案定性比较分析（QCA）[J]. 情报杂志，2020：96.

④ 成伯清. 当代情感体制的社会学探析 [J]. 中国社会科学，2017：85.

当感觉形成一种氛围，我们只要走进房间，就能从一群人或一个集体当中，以及从接近另一个人的过程中捕获那种感觉。"① 从此意义来讲，社会氛围在持续地形成和变换，群体更加倾向于和谐轻松的氛围，因为在此种氛围中，当他们进入"这个房间"时，无意间产生的张力就会被控制，继而压力被减轻，所以给群体的体验就是快乐放松的，他们也更容易找到安全感和认同感。而当这种无意间产生的张力失控时，就会加剧"这个房间"内的紧张感，也就会加重压力，促使群体感到压迫感。

日常生活中工作、学习等方面所造成的压力，与人们身体健康和生命安全息息相关的突发公共卫生事件，都会使社会情绪处于高度紧张和焦虑的状态，影响人与人之间情感能量的传递。社会情绪的传递往往受到群体间情绪信息的传播和扩散的影响。当主体在特定情境下处于危险或面临困难时，他们可以通过宣泄或倾诉的方式来表达情绪，但这些方式并非都能被解释为具有实际意义的有效行动。目前社会，信息传播方式的发展和变化具有两面性，一方面是更加快捷的信息传播可以迅速传递最新的舆情信息，更好地普及相关领域的知识，从深化公众的认知水平到提高公众自我防护意识与防护能力的共同纽带，避免因信息交流不畅造成公众防护意识淡薄；另一方面是网络上的信息鱼龙混杂，一些造谣者趁机散布不实信息，公众很难区别信息的真实性，容易引发恐慌与焦虑。② 进一步来讲，恐慌、焦虑的情绪又会影响到群体认知与行为，群体所追求的和谐氛围由此被打破。布伦南表示："如果当我走进一个房间之后感到焦虑的话，那么焦虑会通过'印象'来影响我所觉察或我所获得的东西。"③ 过度焦虑会导致群体认知失调和行为失偏，影响社会、经济、政治及文化的稳定发展。这就解释了为什么社会焦虑或社交戾气对社会的负面影响强于正面影响，这些情绪对个人和社会可能有积极意义，也是对不确定性的情感反映，然而，过度和缺乏必要的管理焦虑会对个人和社会造成致命的负面效应。④

---

① 斯宾塞，沃尔比，亨特．情感社会学 [M]．张军，周志浩，译．南京：江苏凤凰教育出版社，2015：47．

② 刘环宇，谭芳，邓丽丽．新型冠状病毒肺炎疫情期间公众焦虑现状及影响因素分析 [J]．护理研究，2020：1647．

③ 斯宾塞，沃尔比，亨特．情感社会学 [M]．张军，周志浩，译．南京：江苏凤凰教育出版社，2015：47．

④ 黄军甫．缺乏共识的思想界：焦虑·异见·对策 [J]．探索与争鸣，2012：17．

本研究指出，营造社会氛围的关键要素包括主体情绪、互动、信息与行为，即指主体通过信息的接收、判断和筛选等过程与他人互动，从而产生确恰的情绪，最终产生行为。这些可以被看作是主体对周围环境的情感体验（更多的是指主体的心态、内心感受），包括信息环境、互动环境、情绪环境等。此外，互联网的出现使网络符号的数量成倍上涨，海量信息的压力、无尽的空间和可能性、病毒和游戏的沉迷、赌博的毒害，都在消耗着人们有限的时间和精力，挑战着人类的智力极限，使人们常常陷入疲惫和不安的境地。[①]

"其实我觉得，主要是社区氛围造成了你的这种（消极的）心态，影响到你的行为决定。如果这个社区（自己居住）原先的氛围环境就比较好，大家（社区居民）都自愿帮忙，那你可以主动去做（参与社区治理），其他人也会很乐意帮忙。但如果这个社区（一开始）就没有这种（和谐的）氛围，那就没有（社区居民）自愿帮忙的氛围，（居民们）都不愿意主动帮忙（参与社区治理）。"（S1，29 岁）

从上述访谈材料中可以了解到，以社区作为互动边界，若社会成员对周围环境的体会是轻松、愉悦的，他们就会积极互动和配合（"大家都自愿帮忙"）；若社会成员对环境的体验不如预期，现实感受到的是冷漠，他们则会选择逃避和不配合（"各家都不愿意自愿帮忙"）。互动是个体与他人和社会的连接，是社会的重要构件，主体的行为和决策会对他人和社会产生影响。尤其是当社会出现重大灾难和危机时，如果主体只考虑个人利益，会对他人和社会产生很大的负面影响，[②] 也是极其不负责任的体现。

（二）社会压力与发展

社会焦虑、社会怨气和社会戾气等社会情绪在现实社会环境中不断弥漫和扩散，这是因为技术飞速发展的今天，群体需要适应发展的节奏，找到"合拍点"，当群体不适应或跟不上社会发展的步伐时，就会从内心感到一种张力，即压力。压力是群体在面临外界刺激时，由于各种原因而导致的一种情绪反应。

---

① 张九海. 当前社会浮躁心态探因 [C] //天津市社会科学界联合会. 天津市社会科学界第十四届学术年会优秀论文集：加快构建中国特色哲学社会科学 推进"五个现代化天津"建设（上）. 天津：天津人民出版社，2019：146.

② 何芳."巨婴"现象的现实表征与社会背景探讨：关于当下国民心理素养热门话题的分析与思考 [J]. 青年发展论坛，2021：83.

压力会对群体的工作、生活产生不同程度的影响，也就是说，无论人们在宏观时代背景还是微观时代背景，其"操纵变量"或"一双看不见的手"就是无处不在、无时不有的压力。① "很烦""我很忙，没空"等成为社会成员的口头禅，似乎人们所有的时间都用来"跟节奏、合节拍"。如学者所言，有人想做生意一夜暴富，有人想在政界出人头地，还有人想成为娱乐圈的"网络名人"，也有人想在学界一鸣惊人。那些成功实现这些目的的人是盲目乐观的，那些遭遇挫折的人是一蹶不振的，因此，他们看待社会问题是一叶障目，更是牢骚满腹的。②

"烦躁的状态可能是（我）工作不顺心或者是家庭矛盾引发的，主要的（心理）压力还是来自社会和家庭的因素。"（W15，37岁）

现代生活日益紧张，意味着人们将面临社会分化加剧、专业化程度提高和高度竞争带来的一系列独特压力。在此情境中，群体压力主要表现在：主体在自我认知和评价上存在偏差，并且在情感和行为上存在明显的不一致。主体具有比较性和同一性的特征。通过对比他人，内心深处会有落差感，这些结构性的差异和个性化的压力不断对主体施加压力，使其无法再安全地管理和限制自我冲动。压力导致的紧张关系可能造成社会行为模式的困境。③ 如果群体不能正视压力，就会形成自我冲动，失范行为。特别是在突发公共卫生事件的关键时刻，更会引发一系列不确定性的风险，增加了群体生活、经济、工作等方面的压力，紧张和恐惧的社会氛围也使群体更容易通过极端行为传递情绪。

社会成员面对未知事物、陌生环境容易造成自我意识迷失，正常的生活习惯、秩序可能被打破，生活节奏被打乱，心理上又会增加更多的负担，加剧焦虑。除了上述案例中所提及的压力以外，研究发现，社会关系和正式组织是影响日常情绪的重要社会支持来源，自己和家人的就业、住房和婚姻状况是影响日常情绪的生活压力重要来源。④ 社会压力来自方方面面，任何环境都有可能成

---

① 新冠肺炎疫情对社会情绪的影响：心理健康服务视角：本刊专访中国人民大学教授、博士生导师俞国良［J］.黑龙江社会科学，2020：75.

② 张九海.当前社会浮躁心态探因［C］//天津市社会科学界联合会.天津市社会科学界第十四届学术年会优秀论文集：加快构建中国特色哲学社会科学 推进"五个现代化天津"建设（上）.天津：天津人民出版社，2019：145.

③ 斯宾塞，沃尔比，亨特.情感社会学［M］.张军，周志浩，译.南京：江苏凤凰教育出版社，2015：140.

④ 王俊秀.社会心态中的风险和不确定性分析［J］.江苏社会科学，2016：16.

为压力的源头，压力又会时常影响社会情绪的传递。

社会关系、地位声望、就业机会、教育收入等带来的压力都是影响社会情绪的重要因素。正如斯宾塞所言："我们到达某个角度时所带的情绪的确会影响发生的事情，这并非意味着我们总保持我们的情绪。有时，在到达时内心充满了焦虑，发生的每一件事情都会感到更加焦虑，而在其他时候，事情的发生会缓解焦虑，使空间本身看起来明亮而充满活力。"[①] 社会情绪的传递能改变人的思维与行为方式，同时对群体心态产生一定的影响。情绪从来都是自然产生的，只是因为人们的互动才变得错综复杂，它在一定时期或特定情景中的传递过程对社会氛围乃至社会成员自身都产生了一定的影响。

（三）社会风险的应对

社会情绪的传递是情感能量与符号在互动中不断扩散并附着于社会网络之上，从而实现个体与群体、群体与社会层面的情绪唤醒、积聚与释放。如前所述，社会情绪的传递模式存在着差异（倾听式、倾诉式和判断式），传递过程中所涉及的主体既可能是情绪相近的群体，又可能是毫无关系的群体面对同一种情境、同一件事情时所表现出的类似情绪。在交往中，随着多种传播方式的出现，群体的情感能量得到了强化或者弱化，群体表现出情感、意愿和态度方面的内容。更进一步地，社会情绪的传递会受周遭环境的影响，周遭环境的异动也可能成为引发社会风险的根源。

如何应对社会风险，是社会快速恢复发展的根本，也是调整社会成员的社会情绪的依据。突发公共卫生事件中的群体社会心态较为特殊，他们的社会情绪状态的改变是社会风险防控的关键点之一。如果人们的心理和生理都不能及时适应风险并做出调整，就容易陷入风险带来的心理"陷阱"，也就是说，群体的社会心理状态比较脆弱，大多数人在突发公共卫生事件中都会有极大的不确定性，对任何事物的未知导致的情绪失控，产生焦虑和恐慌。

根据访谈材料可知，由于社会风险自身的高度不确定性极大地决定了群体行为的结果，社会情绪对于社会风险的应对作用就更加明显。社会风险应对效果与社会情绪积极性相关。在社会与政府应对风险效果达到最大时，唤醒的社

---

① 斯宾塞，沃尔比，亨特．情感社会学 [M]．张军，周志浩，译．南京：江苏凤凰教育出版社，2015：49.

会情绪更偏向正面。简言之，社会有更强的风险应对能力从而提高了群体信心和安全感。

"现在是有（应对风险的）措施了，有办法了，大家也就安心了。"（W4，57 岁）

"主要是我们国家对疫情控制得非常好。像我们这么偏远的地方，预防流感的措施做到位了，（我）倒不会害怕。"（B29，46 岁）

"（面对突发事件）我比较乐观，社会预防措施的能力（强），所以（我）周围有很多正能量的情绪，自己也就没有那么担心这个事情。"（K24，52 岁）

大多数人对政府、社区等应对风险的措施持认可态度，受访者 W19 作为一名卫生防疫的工作者，他在谈到他们的工作时表示有很多危险，但想到相关工作人员的严谨工作态度，多部门紧密配合，最大限度地提高不确定性事件应对的有效性，既增加了自身面临风险的安全系数，又确保了群众的安全感，情绪就会得以缓解。

"市区防控得严格是为了给人们一种安全感。多个部门严格防控、密切配合。一切都要按照当地防控的规章制度来办……（抱着负责任的态度），不光是火车站、机场或私家车进入市区，高低速路口都有检查的人员。"（W19，53 岁）

毕竟，以安全为中心应对社会风险，不仅需要将安全作为优先价值目标，在安全与发展、安全与自由等价值冲突的权衡中更倾向于安全，而且要求在科学手段上通过应急管理、风险治理和危机治理来实现结果的安全，[①] 安全是风险应对的关键，安全的社会氛围能够保证人们心理健康，也是促进经济发展的前提。

四、小结：社会情绪的差异化

在我国，由于历史和现实等多方面原因，人们普遍存在着一种"被动应付、随波逐流"的心理状态，这就造成了人们对自身利益及其他相关问题的不确定。突发公共卫生事件引发的一系列不确定风险会使群体处于焦虑、紧张和恐惧的情绪状态。可见，因受某事件影响，个体的核心情绪发展为明确的情绪状

---

① 张海波，陈武. 以安全为中心治理社会风险［N］. 中国社会科学报，2017-12-27（6）.

态……虽然这些个体的情绪并未明显成为社会情绪，但构成了社会情绪、情感的基调，一种社会情绪的准备状态，也就是形成了一种情感氛围。[①] 在某种程度上，社会情绪的产生是对主体内心感受的肯定性反应，主体精神上得以满足，心理上产生积极作用，但如果情绪倾向于消极，就会带来负面的后果。社会心理学有关研究显示，人们在多数情况下对于社会事实都会有共同的情感体验，会更加强调经过互动之后对于社会和群体所带来的持续性作用。也就是说，无论是日常生活中还是突发公共卫生事件情境之下，社会情绪是在社会氛围、群体互动和信息传播等方面产生的。同时，社会氛围、群体互动和信息传播也对社会情绪产生影响，群体通过语言和非言语行为与外界沟通和展示自己。具体地说：

一是社会情绪对群体的影响主要表现在群体价值观念、互动空间和情绪传递者方面。第一，无论同一件事还是同一个环境，他们都会根据自身经验、知识储备等形成不同的意见和看法，通过传递方式的选择来表达其态度和意愿。第二，由于突发公共卫生事件的影响，群体正常社交空间被固定和封闭，如"居家""线上+"等模式。原有空间的变化会影响主体情绪，引起情绪波动（平静的情绪会转向焦虑、紧张的情绪）。第三，社会情绪对群体的影响还需考虑"谁"是传递者，"谁"是接收者。由于传递目的因传递者角色不同而有所区别，对接收者的影响也会有所差异。

二是社会情绪对社会的影响来自社会氛围、社会压力和社会风险。其一，突发公共卫生事件的发生，导致社会情绪偏向紧张和焦虑，形成担忧的社会氛围。毕竟，社会氛围是群体情绪传递过程中外在情绪的表达和呈现。如果社会氛围恶化或主体心理状态不佳，就有可能产生负面的情感反应，并形成社会舆论，引起社会情绪波动，加剧社会矛盾。如果社会氛围轻松愉快，群体就会增强幸福感，人际互动中传递具有正面意义的情绪信息，以缓解社会冲突。其二，社会压力总是来自方方面面，包括经济、生活、学习、工作等与群体密切相关的领域。由于群体压力的不同，产生了许多复杂的情绪，这些情绪逐渐蔓延到群体的共同经历和感受中，并对社会产生影响。其三，积极有效的社会风险应对能力是缓解焦虑、怨恨等有力措施之一。无效和无用的社会风险应对措施是

---

① 王俊秀. 社会情绪的结构和动力机制：社会心态的视角 [J]. 云南师范大学学报（哲学社会科学版），2013：59.

加剧群体紧张、焦虑等社会情绪的根源之一。

"不知道能不能做到（全面风险应对措施），就是对这些风险来说，我觉得跟技术有关系，（智能化技术）是不是能够提前（对突发灾害）做出预判，能够尽可能地提前告知所有人，这就是风险预警能力。当这件事情（风险或危机）一有苗头，在可能会进一步扩散和恶化之前，向大家发出警报，而不是等事件（灾害）突然暴发时，才去关注灾害和解决问题。除了地震以外，其他的一些风险如果在条件允许的情况下，能够（向人们）预警和预告的话，我觉得会给人更多的安全感。另外，我觉得要增加一些（事件或信息）公开和透明性。当在面临这些风险的时候，此间，（网络上）一些造谣就是因为新闻媒体报道得不够及时全面，而且很容易给那些不怀好意的人钻空子，去编造虚假的信息，这只会引发激烈的社会矛盾和个体的焦躁情绪。"（Q3，28 岁）

从上述案例中可以知道，除了非典、禽流感以及 2020 年疫情等突发公共卫生事件，还有许多其他类型的突发公共事件，包括环境方面和经济方面，这些事件对群体情绪带来的变化，都需要政府、社会、群体把握机遇，面临一系列的挑战。习近平总书记强调："面对波谲云诡的国际形势、复杂敏感的周边环境、艰巨繁重的改革发展稳定任务，我们必须始终保持高度警惕，既要高度警惕'黑天鹅'事件，也要防范'灰犀牛'事件；既要有防范风险的先手，也要有应对和化解风险挑战的高招；既要打好防范和抵御风险的有准备之战，也要打好化险为夷、转危为机的战略主动战。"① 政府、媒体和社会有能力对风险保持敏感认知，并提高风险应急技术，从而增强预警能力，使群体有更多安全感。如政府及时发布相关信息，减少公众恐慌情绪；媒体积极引导舆论，让公众最快了解事件真相，做出正确的应对反应；其他社会主体主动积极参与危机处理，增强各行各业因突发事件带来的风险规避能力等，这些都有助于形成良好的社会心态。

综上所述，互动中主体的言论、行为都会影响其情绪，这些影响又会反作用于社会和主体本身，并且影响程度有深有浅，从而导致社会情绪产生差异化。究其缘由，人类是社会性动物，这一事实决定了我们的生活处于个人价值取向与社会要求遵从的价值取向的激烈冲突状态之中。② 不论是倾向消极

---

① 警惕"黑天鹅"，防范"灰犀牛"［EB/OL］.中工网，2023-06-08.
② 阿伦森.社会性动物［M］.邢占军，译.上海：华东师范大学出版社，2007：9.

悲观的情绪还是倾向积极乐观的情绪，它们在形成之后又会自上而下通过社会环境的影响、群体间情绪感染、共情感知等机制作用于自身，使主体能够对波动较大的情绪及时进行调整，这些调整机制也将会影响个人的价值观，从而影响社会价值观的树立。在突发公共卫生事件背景下，主体先是介入威胁自身健康安全，打破日常生活节奏之中，形成焦虑、迷茫的情绪基调，并进一步汇聚成消极、悲观的社会情绪。在政府和社会应对风险的过程中，出现了新的问题和困境，社会情绪更加起伏不定。而政府、社会组织的强有力应对、支援，使突发公共卫生事件对社会、经济的影响损害降到最低，群体之间也会传递积极、乐观的情绪。

社会氛围的变化会影响社会情绪的波动。规则与秩序的建立和运行是营造社会氛围不可或缺的，一旦规则与秩序被其他因素打破，就会引起群体的情感波动。群体对理性规则的控制有限，如果控制取得成效，情感波动就会轻微；如果控制失效，情感则会产生大幅度的波动。帕累托则从"社会情绪循环"的规律论证了现实中不存在的纯粹理性的或纯粹情感的社会，人们社会情绪的波动与社会理性控制规则相互作用，社会就是在情感波动和理性控制中运行的，[①] 良好的社会氛围也正来源于此。在其他国家，有关部门和主体的非理性行为，在风险和危机面前无作为，无视理性控制规则，引发其他群体的抱怨和不满等，都对社会产生不良和负面影响，最终国际社会环境气氛逐渐恶化。

归根结底，社会情绪的发展是动态的和不稳定的。在发展过程中，社会和主体都会受到深刻影响，当人际关系结构发生复杂变化时，社会情绪表征愈加显著，群体所表现出的态度、价值观念和意志等也愈加强烈，同时会伴有相应行为。突发公共卫生事件发生时，存在着风险和危机感敏感人群，他们在认知上能够及时进行判断和筛选，并在互动中主动表达感受，传递情感能量。目前社会心理压力所引发的矛盾和冲突日益突出，国民心理素养已成为全社会共同关注的问题，[②] 同时需要加强对复杂、多变的社会情绪的重视，这是减缓乃至避免社会矛盾和问题出现的关键所在。

---

① 郭景萍. 西方情感社会学理论的发展脉络 [J]. 社会，2007：43.
② 何芳. "巨婴"现象的现实表征与社会背景探讨：关于当下国民心理素养热门话题的分析与思考 [J]. 青年发展论坛，2021：81.

第五章 社会情绪的传递动因

一、本体安全感的追求

（一）不确定性：生活充满未知

大千世界，生活中的未知因素太多，未知也带来了更多始料不及的风险因素，这对于群体生活、社会交往都有较大甚至是强烈的影响。不确定性是人类生存发展和成长过程中不得不面临的根本性问题。然而现实生活中很多事情都是不完全可预见、可控制的，不可避免地出现许多意想不到的情况。不确定性作为一种客观事实常常给群体带来极大的威胁和伤害。如杜威所言，"因为人们不喜欢的不是不确定性的本身，而是由于不确定性使我们有陷入恶果的危险"。[①]因此，人们需要不断地预测、准备和处理充满不确定性的事情和事件，以确保他们能够获得足够的安全感。

"我听着那些谣言的时候，还是心里紧张，又想了解真实的信息，但是就是容易受旁人的影响。"（S18，24岁）

流感疫情及其他突发性事件进一步验证不确定性极会威胁群体安全感。"生、老、病、死、战争、饥馑、瘟疫等旦夕祸患，以及狩猎无定、气候变异、季节变迁等，都使人想象到不确定的情况。"[②] 这些情况有可能发生在每个人身边，但并非所有的不确定性都会对个人的心理造成恐惧和焦虑。在相互依存的社会关系中，群体的态度和行为都会受到一系列规范或准则的约束，根据这些准则规范操作是可以找到确定性的解决方式。群体一直寻求更多的确定性，对已知的追求是在为自身规避陷入风险的可能。

---

① 杜威. 确定性的寻求 [M]. 傅统先，译. 上海：华东师范大学出版社，2019：9.
② 杜威. 确定性的寻求 [M]. 傅统先，译. 上海：华东师范大学出版社，2019：10.

尽管"未知"是一切危险产生的根本原因，但是"未知"又是社会进步与发展的动力，人类在寻求未知时，会通过建造各种工具把未知转换已知。在历史长河中，群体为了实现自身和社会环境的协调状态以获取更高层次的安全保障，对未知世界进行着持续的探索。一系列的仪式活动，如祈祷、献祭、礼仪和巫祀等，还有建筑房屋、缝织衣裳和利用燃火等生活技术都是群体为寻求安全感，同时由追求确定性和避免不确定性所引起的，并以此为基础产生族群内部或群体之间的生存信念和相互信任。① 但当不确定性降临时，群体仍有较强的躲避心理，即所谓的"鸵鸟"行为，从而使得他们对风险的感知能力下降。

"（大家）遇上突发公共卫生事件，（社区工作人员、街道工作人员）要给居民们做宣传（安全防护意识）、做解释（具体措施如何实施），大部分居民肯定会自己主动配合，但是也有少部分居民，他可能就是不知道或者不了解这个事情的严重后果，（少数居民）情绪就会比较激动，或者是他当时可能正好遇到比较紧急的事情，然后你给他解释，他可能也听不进去，他（在心理上）是排斥的。"（W17，28岁）

受访者 W17 提到他们经常需要向居民提供相关的信息或咨询等，由于居民不熟悉这些信息或是缺乏相应知识而不能及时地进行有效沟通。居民之所以不配合（他可能就会这种情绪比较激动……你给他解释，他可能也听不进去），导致工作进度受阻，是因为辖区内居民对突发公共卫生事件本身缺乏了解（要给居民做宣传、做解释的时候，少部分居民，他可能就是不知道或者是不了解这种事情的严重性）。并且，当一些居民拒绝获取信息时，受访者 W17 和其他同事难免抱怨，但是从居民的角度而言，他们又能够对居民的这种行为表示理解。

"刚开始的话（我们情绪）可能也会（烦躁）。我们给你们（社区居民）宣传这个（安全理念），但是你们（居民们）不理解和不体谅（工作），后面（我自己）换位思考了一下，如果我们是他们（小区居民），其实（居民的一些行为）也能被理解，这种（对工作的抱怨、埋怨）情绪就不会有了。"（W17，28岁）

角色身份不同的群体在面对同样的情况时会产生不同的情绪和关注点。如上所述，扮演社区工作者角色的群体希望居民能够配合自己的工作，共同参与

---

① 杜威. 确定性的寻求 [M]. 傅统先，译. 上海：华东师范大学出版社，2019：1.

防疫，当群体仅作为居民角色时，他们主要关注的是不确定性事件对生命健康和日常生活的影响，并不会过多地注意风险产生的根源和成因。只有在其生命和健康安全面临严重威胁的情况下，人们才能感到强烈不安，而不得不寻找风险发生的源头，目的是追求更多的确定性因素。

未知的根源是不确定性。心理学家斯科特（Scott Stanley）认为，如今是一个"不确定"的时代（The Age of Ambiguity），公众陷入更多的选择和未知之中，他们更多感受到的不是自由，而是一种消极悲观的无穷无尽感。现代社会的焦虑在"现实与可能""当下与未来"之间的不确定性中滋生。仇立平指出，无论是生存型焦虑和其他类型的焦虑都源于这样一个事实，即伴随普遍焦虑而来的是普遍不安全感，不安感和不确定性的增强往往会加剧群体焦虑。因此，社会情绪状态变得越来越难以控制、脆弱和敏感，在社会情境日趋复杂的情况下，群体一旦无法获得更多的复杂形势的应对能力，就会产生极端行为。如果人们经历不确定性，这可以被看作是中等强度的焦虑或恐惧，那么在一定程度上减轻这种情感是有价值的，[①] 主体可以采用不同的办法来减轻不确定性的负面作用。

当个体与不确定性相互作用的产物累积起来时，就会在个体参与社会交往的过程中爆发出来，形成社会焦虑、社会戾气、社会怨恨等，这些情绪都是由"不确定性"引起的，从而成为群体面对未知事物的主要感受和共同体会。在这种状态下，群体成员通常表现为一种恐惧或愤怒的情绪反应。群体成员之间可能因信息交流不畅而引发冲突甚至矛盾，也有部分成员因为缺乏安全感而产生不满情绪。当群体在突发公共卫生事件暴发后生命健康安全受到威胁时，由于他们对事件的突发性以及群体对事件缺乏了解，难以做出准确判断，就会产生紧张和焦躁。同时，由于突发事件的偶然性，事件一旦发生，结果往往是极具灾难性的，从而群体成员在应对的过程中容易产生恐慌情绪。

"我的担忧更多来自不确定性。因为你不知道（事情）哪里会出问题，会发生什么（后果），带来什么样的影响，所以不确定性会加重我的担心。"（S1，29 岁）

受访者 S1 表示，"不确定性"加强了自我担心的程度，因为它是未知的，

---

① 特纳，斯戴兹. 情感社会学［M］. 孙俊才，文军，译. 上海：上海人民出版社，2007：157.

所以本体自然而然地感到不安全。同样，受访者 C20 表示"不确定性"意味着本体不知道如何保护自己以实现效用最大化。一些行为可以对情绪起到轻微的缓解作用，但人们仍然处于焦虑状态。

"我们也害怕（健康受到威胁）。反正戴口罩（做好防护），再就是勤洗手（常常消毒）。（从个体而言）能做的防护只有这些。我们如果去医院或者一些公共场所，我们会变得更加小心翼翼。"（C20，52 岁）

如果群体在周围环境中采取的防护措施的有效性和安全存在一定程度的不确定性，就会导致他们在社会互动中传递恐惧或焦虑的情绪。不确定性有许多来源，包括主体本身、客观条件的变化和媒体的作用。如 R. Mandrou 在描写 16 世纪时期法国人在面对未被人们所能控制的自然环境时，他们的精神状态就体现在缺乏安全感，充满焦虑情绪和神秘的宇宙，这让他们创造了各种迷信。① 这种无法控制的自然环境真实地反映了人们暴露在未知的环境中，安全感极低，增强了他们对不确定性环境风险的敏感性。

随着全球化和现代化的发展，本体安全感受到了一定程度的影响。吉登斯指出，从传统的社会秩序看，现代社会制度分裂出来的"断裂"有三个要素：② 一是现代性时代到来的绝对速度。社会变迁和转型的步伐正在加快，尤其是技术方面的提升。手工业到自动化都在证明技术的不断进步。如今，随着科技的发展，顶尖科技相较于过去几年甚至几十年的人工计算速度大幅度地上涨，这意味着结果可能需要几天甚至是几分钟就可得到。二是变迁的范围。全球化的发展促进了世界各国的互联互通，社会巨变的浪潮席卷地球层面。如上所述，自传统的社交方式（包括飞鸽传书、电报、信件的邮寄）到互联网平台的出现和发展以来，社会互动范围越来越广；交流的界限越来越模糊，导致全球化，并对于建造"地球村"而做出努力。三是注重现代制度的固有特性。正是在这种现代性中，风险变得更加难以捉摸。因为现代性通过各种对"缺场"的其他要素的孕育，日益将空间与地点分离，从位置上看，与任何给定的面对面的互动情势分开，③ 也就是说，面对面互动情势不再局限于确立地点，而是由于技术

---

① 余安邦.文化心理学的历史发展与研究进路：兼论其与心态史学的关系 ［J］.中国社会心理学评论，2010：73.

② 吉登斯.现代性的后果 ［M］.田禾，译.南京：译林出版社.2000：5.

③ 吉登斯.现代性的后果 ［M］.田禾，译.南京：译林出版社.2000：16.

和手段的创新，可以在特定情况下呈现出来。

由不确定性引发的一系列情绪会在本体中造成不安全感。鲍曼也曾用不安全感、不确定感和不稳定感来强调现代性危险的"三位一体"。[①] 特别是在突发公共卫生事件发生时，这种本体不安感由于"未知"程度而加深和加剧。一方面，一些群体倾向于减压，由于他们已经对事实有了大致的了解，"未知"的程度降低；另一方面，有些人因为他们不能准确地判断自己是否处于危险之中，这也会导致"我不知道该怎么应付"，从而陷入恐慌。因此，当危机暴发时，人们的认知能力将直接影响他们的行为决策过程和后果，进而影响社会安全和稳定。

"对我自己来说，我不太会去（主动关注事态发展）。我知道事已经发生了，但我不会刻意地去深究它，像是专门去查资料了解它（事情）。如果挖得很深，看到非常多的案例，再和别人讨论，我自己（情绪）就会变得紧张。为了避免紧张情绪，通常我不会刻意关注，我先会大概了解事情是什么样的，然后我需要做什么（事情）可以预防它。因为深究（风险源头）的话对我和我周围的人会产生影响，我（自己）过度恐慌反而不好，又会影响日常生活。"（Q3，28岁）

还有些群体会对突发事件"过度认知和过度理解"，他们的焦虑情绪也会被加剧。如前文所述，人们对环境的变化总会产生不同程度的恐惧和焦虑。这种偏向负面的情感通过人际互动对他人或自己产生影响，造成群体之间的心理紧张和行为失范。当群体对于事件本身和事件所带来的危机、风险等过度理解后，其心情就会越来越不平静。也就是说，人们通常会对自身安全问题产生过多的忧虑，行为方式的选择也会对社会和谐发展不利。这种状态下，个体容易出现情绪波动或消极的现象，一方面是由外界环境的变化所引发的情绪体验，另一方面则是因自己认知能力不足所造成的消极心理反应。主体对事物本质、来源及原因不确定，因而无法做出准确的判断；由于事物发展趋势的不确定性，因而无法制定防范举措并最终产生不安感和不稳定性。当然，当社会情绪传递到一定程度时，由于受其他各种因素的作用，不确定性也不可避免地会和情绪性信息相混合，因此不确定性始终渗透到人们的互动交流中，也必然会持续地影

---

① 刘汉波. 符号赋权、焦虑消费与文化塑造：作为青年亚文化的"日常迷信"[J]. 中国青年研究，2020：108.

响群体间的关系。

（二）群际关系的复杂化

Edward W. Soja 在《第三空间》中指出："人类主体始终包裹在与坏境的复杂关系中，人类主体自身就是一种独特的空间性单元。"关系是复杂的，大致可以分为：第一，宏观层面，群体、政府和社会之间的关系；第二，中间层次的关系更多的是指群体和群体之间的关系；第三，微观层面，个体之间、个体和群体之间的关系。然而，不管情绪处于哪种关系层面，总是通过关系网络实现社会情绪的传递过程。关系是人际交往的基石。当关系发生变化时，人们的互动模式也会发生变化，从而引发情绪的变化。随着互动频率的增加或减少，关系变得亲密或疏远，情绪传递就会因关系的亲疏程度而加深或降低，也就是说，如果关系越亲密，互动频率越高，所传递的情绪类型也相应增加；如果关系越疏远，互动频率越低，情绪传递就会趋于失效。

在不同的社会情境下，群体之间存在着许多不同的关系，血缘、地缘和亲缘是交往的基础。随着人们生活水平的提高和生活节奏的加快，我们身边出现了各种各样的人际交往现象，如邻居、同事、同学、朋友等。关系贯穿于社会交往的始终，每一种关系中的群体都扮演着各式各样的角色，每一个群体中的个体也会有不同的角色。情绪表达亦有变化，这是由于在不同情境因素下，群体意识到哪种情绪可以进入唤醒过程，哪种情绪被甄别后进入无效过程。例如，在商业合作场合中，同一群体扮演合作者和被合作者的角色，参与者基于合作目的产生相应的情绪，一些附和的情绪更多的是为了确保双方利益最大化和合作的达成。如果场景发生转换（由商业场合转变为同学聚会），他们不再是合作者和被合作者，而是同学关系。从合作关系向同学关系转变的双方更倾向于以联络感情为目的，这促进了互动的延续性发展，合作利益的实现在这种情况下将不被考虑。但如果关系趋于复杂化，合作关系和同学关系相互交织，参与者扮演更多角色类型，既有联络感情的动机，又有促进合作的目的，那么情绪传递的过程就会变得非常丰富。换句话说，主体扮演的角色越多，群体之间的关系就越复杂，这也影响情绪传递的过程；反之，角色越少，群体之间的关系就越纯粹，情绪传递的过程就越清晰。

再者，在现实环境中，一方面，群体之间的关系已经从"邻里间的闲聊"转变为冰冷的机器（电脑、手机），即形成人和外界通过互联网进行交流的网络沟通模式。① 群体之间的关系逐渐变得更加复杂和多样化。另一方面，邻里关系则由熟悉走向陌生。虽然生活水平越来越高，但人们仍然由于对生活质量的追求而减少了业余时间，简而言之，因忙于工作，他们没有多余的时间来建立并维持一段新关系。

"自从现在高楼大厦建起来之后，你上下楼（邻居）搬不搬家，你都不知道。换个人做邻居，有时候（自己）也不知道。有时候可能只有人家搬家或装修的时候，你才知道楼上这家房子卖给别人了，你可能都还不认识（之前的邻居）。邻里之间的关系现在基本上就是点头之交。你几乎不知道这些人是（和你住同一单元的）邻居，甚至说，（你）都不知道（这些人）是不是与你住在同一个小区。小区区域内（人口）流动性特别强。现在住这个小区的人，邻里之间也不会相互走动，所有人都属于不熟的状态，可以说是陌生人的状态。我觉得，一是跟这个社区基本氛围有关，缺少了团体凝聚力；二是目前社区里面的人情味淡了，大家都是各过各的。"（S1，29 岁）

目前，社会关系日益错综复杂，特别是邻里关系渐趋冷漠。其主要原因是人们参加社会活动不多，人与人之间距离被拉远，形成疏离感，也即是"陌生感"。虽然小区里人数越来越多，关系却处于"点头之交"，楼上楼下"都属于不熟这个状态，是陌生人状态"。一旦群体之间或是群体和社会之间的关系转向冷漠，互动就会被扼杀或停滞不前。生气、怨恨、嫉妒等情绪也会在这种冷漠关系中出现。然而，良好有效的互动是建立在群体之间高度信任的基础上。在现实社会中，技术和网络平台的发展带来了不确定性，"不确定自己接收到的信息是不是真的""不确定自己网购的东西质量是否符合标准"等这些不确定性建立在信任关系的基础上，一旦对对方产生不信任，便容易缺乏安全感。信任是人际社会情绪传递的基础和核心要素，它对人们的生活具有重大影响，信任程度越高，沟通效果越好。

当人们追求高效率、高质量时，关系通常会通过"快餐式"来构建与维系，信任关系的构建则需要一个较长的过程。这种"快餐式"环境下的感情极易破裂。也就是说，复杂的群体间关系通常受外部环境的影响较强，需要判断并决定是否已经建立起可信的关系尚需时日。但如今更多的关系会在网络平台上建

---

① 前浪，后浪，冲浪：数看代际上网行为差异 [EB/OL]. 新华网，2020-11-27.

立并发展起来。网络是现实加虚拟的产物，因此，在这种复杂的关系网络上进行情绪传递时，需要被"外壳包裹"的结点中对信号进行持续过滤筛选，对情绪进行唤醒，对传递模式进行选择等，这也会加剧情绪传递所带来的冲击。本体安全感缺失既是不确定性带来的一系列风险因素，也受到群体之间关系复杂程度的影响。错综复杂的关系需要群体在每次交往中甄别、判断哪种关系是持久、可信的，并表达出相应的情感，哪种关系需要警惕、防备来传递对应情感。

（三）群体的态度、意识与价值观

从社会心理学的角度来看，价值观不仅是个体选择的倾向，而且是个体态度和观念的深层结构，它支配着个体对外界的感知和反应倾向，因此是重要的个体社会心理过程和特征，同时，价值观也是群体认同的重要根据——共享的符号系统，是重要的群体社会心理现象。① 由此可见，社会心态与价值观之间有着必然的联系，社会心态为人们树立价值观奠定基础，价值观是人们社会心态变化后的抽象表现，也影响着社会情绪的传递。在一定程度上，人们的价值观决定了他们的社会情绪。进一步而言，价值观是人们与环境互动的结果，而社会情绪的传递则反映出了这个过程本身。在现实生活中，总会有一些怨气满腹、牢骚满满的人，他们清晰地认识到能否有效地控制和调节情绪，不仅是自身素质修养的体现，也是树立良好公众形象的重要组成部分。正如受访者 B9 指出，调节情绪的关键在于个人自身观念的改变，使自己能跟上当前的生活节奏，并将紧急情况下的不适应转换为适应。

"突发公共卫生事件带来影响是可延续的。你得有一个应对手段，在短时期内可以（通过这个手段）调整你自己（的情绪）。事情已经发生了，你的工作跟生活的节奏肯定受影响。那（我会）先去适应（目前的）节奏，再去调整影响（我）情绪的人或事。你不知道这个（事情引发的后果）影响是有多久，你没有办法改变（事件本身），只能去适应。"（B9，37 岁）

当然，无论处于何种情绪状态，时间和空间的体验都是通过主体个性来表达的，最终成为能够体现价值观的一部分。在社会中，人们通过判断和观察其生活环境中的各种事物和现象，发展与其相应的价值观。这种价值观可以体现在他们对不同对象的看法、态度和变化过程中。价值观也是人们受客观环境影

① 杨宜音. 社会心理领域的价值观研究述要 [J]. 中国社会科学，1998：8.

响的感知、情绪和一系列后续行为。Rokeach. M. 表明价值观具有一种持久的信念，是一种特定的行为或最终的存在状态，具有动机功能，不仅具有评价性的，而且具有规范性和禁止性，是行动和态度的指导。面对突发公共卫生事件，人们的观念、意图和信念都受到价值观的影响。由于不同群体的社会地位和所处的环境不同，导致他们个性存在差异，这些差异在主体应对突发事件的方式上扮演着重要角色。随着个性差异，情绪传递路径也会发生变化，价值观的差异影响人际互动中的行为倾向。

那些持"我行我素"或"侥幸"态度的群体会陷入冷漠和无动于衷的情绪状态。在这种情况下，如果没有足够的认知能力和应对能力，就有可能导致社会恐慌和群体性突发事件。突发公共卫生事件发生后，其影响需要时间来沉淀，事件暴发源头亦是危机的"风暴眼"，从地域上说，距离较近的群体会更容易唤醒情绪，保持高度警惕和防备，而那些距离较远的群体会有一定的防护意识，但还会有人如受访者 W17 所说的那样："反正是这个事情离我比较远，然后就是别人是怎么怎么的；反正没在我身上，我也不会主动去干什么。就是事不关己高高挂起；反正没发生在我这儿，我也体会不到，跟我没多大关系。"三个"反正"强烈地表现出"侥幸"心理。这种一味地觉得"总之离我比较远，和我没关系"的薄弱的防护意识，甚至"我行我素"的态度也表现出强烈的抵触情绪，用实际行动表达自己的不满。

可以看出，配合和不配合的行为是群体态度、意识或价值观差异的结果。如果群体安全防护意识到位，防疫态度积极，他们就会主动配合相关人员的工作，主动调整自己的负面情绪；如果防护意识不到位，态度冷漠，他们要么不配合相关人员的工作，要么始终保持不管、不顾、不问的态度。尤其是相关负责人在监督中，望其能够改正时，公众仍然持不管不顾的态度，还在公共场合采取不当行为，妨碍防控工作的正常秩序。群体态度、意识和价值观的差异对群体情绪和心态有重要影响。在人际交往中，虽然允许个性差异化，但共性的重要性不容忽视。在面对突发公共卫生事件时，群体需要具备风险意识与危机意识，不能以无视事件所引发的系列风险与危机的方式去追求个性。

"我觉得医疗很重要。尤其是具有传染性的疾病发生的情况下，医院肯定是第一道门槛，医院会筛选得很严格，现在的医院急诊或者发热门诊，他肯定（面临）第一道关就是病人就诊，所以需要特别严格防护，第一道关给周围人带来足够的安全感。另外，就是人们从（防护或自我健康保护）意识上要开始觉醒了，经过一次（印象深刻的）突发事件，平民老百姓的安全意识不断被普及，（他们）脑子里要树立这样一个意识的话，那很多传染病在源头就会得到一个很好的把控。"（B9，37 岁）

　　正如受访者 B9 所言，为了更好地应对风险和危机，不仅专业人士需要强烈的危机感，还需要非专业人士有较强的防护意识。毕竟，突发公共卫生事件不是针对单个个体，而是与全人类、全社会密切相关，群体态度、意识以及价值观将在风险防范中发挥重要作用。情绪是社会主体受外界刺激的直接反应，它嵌入各种不同类型的社会风险和社会不稳定事件中，在一定程度上能够有效地解释和整合社会稳定风险与社会不稳定事件的动机，如上所述，Shaftesbury 指出是非之心和自然情感一样自然，并且是我们构成的首要原则，任何思辨的观点、信念或信仰都不能立即或直接摒弃或摧毁它。情绪是情境互动的产物，社会稳定风险和不稳定事件形成的许多关键机制，如相对剥夺机制、社会（群体）认同机制和社会网络传播机制等，都离不开情绪的传递，① 由此在社会情绪传递中仍有必要探讨群体认同感。

二、群体认同感的建立

　　情感是人际交往的主要力量。② 在人际互动过程中，双方因人际关系复杂且不确定而使用言语及非言语方式（如言语、面部表情、动作姿势、眼神等）进行信息传递。西金斯将消极的情感划分为两个范畴：一是与沮丧有关的消极情感，即现实与理想之间的不协调，这主要包括实际的—自己的自我和理想的—自己的自我之间的不协调产生悲伤、抑郁、不满意等情绪，再者是实际的—自己的自我和理想的—他人的自我之间的不协调产生羞愧、尴尬的情绪。二是与兴奋有关的消极情感，即是说实际的和应该的不协调将会影响兴奋的感受。当主体实际的—自己的自我和应该的—自己的自我之间的一旦产生不协调，则会产生焦虑、内疚、自我轻视的情绪，而实际的—自己的自我与应该的—他人的

---

　　① 洪宇翔，李从东．面向社会稳定风险治理的社会情绪共同体研究 [J]．情报杂志，2015：117．

　　② 特纳，斯戴兹．情感社会学 [M]．孙俊才，文军，译．上海：上海人民出版社，2007：134-135．

自我之间产生不协调则会导致羞愧感和尴尬。①

由此可见，在交往过程中，主体必然受到肯定和被肯定；否定和被否定，包括自我肯定和否定，也包括客体肯定和否定。认同感的建立可以促进积极情感的产生，有助于营造和谐的社会氛围，否则容易产生消极情绪。进言之，人际交往中的情绪主要来源于两方面：其一是自我认同和客体肯定。群体需要得到自身和他人的认同感，从而获得群体认同感。如果客体的评价与自身期待相违背，就会引发负面情感，从而降低交往的有效性。其二是实际需求和社会预期，群体一旦感知到实际需求与社会预期之间存在较大差距，无法实现本应履行的义务，就会产生焦虑、内疚和自我蔑视等。

（一）自我/客体认同与自我/客体否定

建立群体认同感以自我认同为基础，同时被客体所肯定。反之，如果自我否定的程度太大，就容易产生群体随大流，这就是从众心理。群体认同感和社会情绪密切相关，高度认同能够作为稳定社会情绪的重要力量并得到加强和巩固。由于主体受到来自他人或群体真实的或者想象的压力，个体行为或观点会发生变化，② 个体情绪也会发生变化。特别是个体情绪向社会情绪转变时，个体总是根据多数人的态度来改变自身情绪，从而取得相互认同，并在情绪传递中起着非常重要的作用。

"过往一年我的情绪大部分是以轻松平静为主，我因为想自己未来（事业规划、家庭规划），要工作赚钱什么的，就会焦虑。在实践找工作时发现也没有那么简单，所以又休息了一段时间，但可能对个人来说，我自己心比较大，即使没有上班，我还是挺能给自己找乐子的，那个时候（情绪）也会比较平静。但是有些时候，看到身边朋友都忙得热火朝天，觉得自己怎么那么不行，又不上进，我情绪就会焦虑。这段焦虑的情绪释放以后，（情绪）就逐渐偏正向的，（我心里）就说顺其自然吧。这其实是我的一个情绪转换过程。我和一些朋友聊天时，他们说自己也没有工作，彼此之间分享心情，（我发现）跟我也差不多，都是刚开始急吼吼的（想找工作），然后到后面（情绪）就平静了，（我）和朋友聊天时，朋友常常说：'就算焦虑了，不去做、不行动或者是没碰到合适时

---

① 特纳，斯戴兹.情感社会学 [M].孙俊才，文军，译.上海：上海人民出版社，2007：118.
② 阿伦森.社会性动物 [M].刑占军，译.上海：华东师范大学出版社，2007：14.

机，其实（对自己）没有什么实际意义的帮助。还不如开心快乐地过一天，做一点自己想做的事情。'"（Q3，28岁）

受访者Q3经历了从自我否定到自我肯定转变，其中情绪也发生了变化。起初，因为突发公共卫生事件对生活影响很大，于是受访者Q3情绪过于焦躁，产生自我否定。原因在于：一是当下客观形势，各种工作机会难遇；二是向身边朋友倾诉了这种焦虑的情绪，发现朋友和自己一样焦虑，并在互动过程中获得自我肯定，从而得到自我认同。

当群体处于相同情境并面临共同的事件时，他们先是寻找自我认同感，认可自己，并以此作为行动基础，然后与他人互动时得到他人的肯定，这又奠定了群体认同感的基础，从而确立特定情境之下的角色身份，完成从自我到群体的过渡，最终实现群体团结。认同感的建立包括情感符号认同、角色身份的认同等，这些认同可以在人际互动中不断强化，让原本短暂的情感转化为长期、稳定、连续的情感，最终构成群体间互动所需的情感能量和符号储备。如前文所言，互动—情感符号下的社会情绪传递是群体参与互动过程的需要，产生情感能量和符号储备，不同强度的情感能量与符号在际遇中得以传递，进一步增强参与者的身份认同，形成群体的巨大凝聚力。

（二）实际需求与社会预期

群体情绪理论认为，群体经历不公平感或相对价值的剥夺感，并通过群体行为进行情感补偿或替代。在互动过程中，主体对自身能力的肯定程度越高，其积极倾向就越高，反之则越弱。诚然，上述积极倾向的情绪对集群行为具有促进、维持和强化的作用，但相对价值剥夺感是集群自我评价的一部分，自我评价与社会情境和历史文化环境的变迁有关。这使群体情绪本身成为社会情境的衍生物而非已存在之物，成为一个中介概念，该理论从根本上否定和消除了情绪独立的决定性作用。[①] 群体的消极悲观情绪往往源于"相对剥夺"，即群体总会通过比较发现自身的优势和不足。具体而言，人们相互比较以后，得出结论：一方面，他们认为经济收入、学习工作、生活环境以及社会地位等各方面落后于参照群体，造成被剥夺感。无论是实际需求还是社会预期，都不如参照群体，他们会表现出怨气、愤懑等情绪。另一方面，他们认为这些方面比参照

---

① 祁海军. 我国集群行为的社会心理机制探讨 [J]. 江西科技师范大学学报，2013：9-13.

群体强，从而获得满足感。如马克思所言："无论一座小房子多小，当周围的房屋都是这样小的时候，它就能满足社会对住房的一切要求。但是，一旦一座宫殿矗立在这座小房子附近，它就会缩成可怜的茅舍模样了。"① 进一步通俗地解释了什么是"相对剥夺"。相对即存在比较，当这种不断攀比的情绪扩散至群体时，就会有一些负面色彩的共同感受，而且大多是消极的心理状态，最终形成社会怨气、社会焦虑等，当这些社会情绪暴发时，无论是个人还是集体，都会造成巨大的伤害。

在现实生活中，群体往往感到"相对被剥夺"，并被"吃不着葡萄，说葡萄酸"的"酸葡萄心理"所包围，从而加深和加重群体的怨气。目前社会已经从原始社会到农业社会再过渡到工业社会，继而迈入信息社会，互联网平台、移动通信和智能化机器是主要工具。在此情况下，群体可以通过各种媒介表达自己的想法和意见。如前所述，大数据时代，网络已经成为传播舆论的重要场所之一。社会情绪传递的环境不再局限于现实的面对面环境，而是延伸到网络平台。随着网络空间规模的快速扩大，人们对网络话语体系日渐熟悉，越来越善于识别网络角色的认知、选择和扮演，对网络空间的社会认同、群体归属、情感满足的诉求也日益强烈，网络空间生态逐渐显现。② 在此现实环境下，一方面，人们对社会热点事件、社会矛盾等存在一定程度的关注；另一方面，群体会因为相对剥夺而产生的怨气、戾气和火气，他们开始披上"马甲"，扮演一个与自身差异较大甚至截然相反的角色，并且在网络平台环境下，由于缺乏对他们的有效引导，他们可以无所顾忌地发泄这些情绪，网络谣言不断滋生蔓延。

"羡慕、嫉妒、恨"是现实中的流行语之一，其背后的隐含意义是群体通过比较产生被剥夺感，不满和抱怨的情绪逐渐转化为怨恨情绪的过程。如果群体无法有效纾解这些情绪，相对剥夺感就会使群体感到无能为力，因为自己所追求的财富已经为他人所有，而他人是导致自身失败的根源。③ 比如，当收入差距过大时，群体会感到被剥夺，嫉妒情绪越来越深，矛盾会越来越多，特别是随

① 中共中央马克思恩格斯列宁斯大林著作编译局. 马克思恩格斯选集：第1卷［M］. 北京：人民出版社，1972：367.
② 洪宇翔. 风险视角下网络空间社会情绪的形成和干预［J］. 浙江学刊，2017：137.
③ 段慧丹. 从嫉妒到怨恨：当代中国社会情绪的变迁（1978年至今）［D］. 上海：华东师范大学，2014：10.

着经济增长加快和生活水平提高，这些感到相对被剥夺的群体的怨气只会与日俱增。此外，如果自我对这些反应做出消极的解释，个体就会感到羞愧、恐惧、焦虑和内疚，这是因为自我的行为无法遵守群体规范（羞愧），无法实现道德标准（内疚），并不得不接受不恰当的后果或无能的行为（恐惧和焦虑）。①

然而，嫉妒作为一种社会性情绪，它可以被认为是社会发展的一项指标，②尽管从心理学视角而言，嫉妒是一种消极且不正向的情绪，但它可以在一定程度上促进社会发展。毕竟，当社会成员进行比较时，也是其改进和提高的时期。在现实生活中，有些群体就是通过比较认识到自身的不足，设立目标并为之努力和不断进步。一般来说，诸如生气和嫉妒等负面情绪是由于群体进行比较，发现实际和预期相去甚远，实然与应然之间存在更大的不协调感。尤其是对于那些处境相同的群体，他们中的一些人可能从国家高速增长的经济形势中获得更多实惠和机会，而且实际与预期达成一致，甚至超过预期，他们就会感到满足和愉悦，另一些人实际上没有达到预期，因此，他们就会牢骚满腹。"不患寡而患不均，不患贫而患不安。盖均无贫，和无寡，安无倾"的传统心理表明，当实际需求与社会预期之间存在较大差距时，与他人相比，是否有所收获，必然对社会情绪产生强烈的影响。人们总是希望实现自己的目标，或者至少实现自己的阶段性成功。但是，由于客观条件限制、个体能力不足、自身个性差异等原因，在短时间内很难缩小差距。如果现实与人们的期望相去甚远，就很难激励积极性实现理想目标。因此，要实现既定目标，就需要克服大大小小的障碍或困难。而这过程中往往伴随着焦虑、紧张等负面情绪体验。当这种情绪达到一定程度时，便会导致行为失控，从而会更加消极，失落感由此产生。

三、主体间信任感的重建

信任关系以熟悉和理解为基础，是互动中的人们对确定性的判断与行为，如"确定对方是可深交的""确定所处环境是安全的""确定这次互动是有效的"等，也是一种相对稳定的人际关系网络，更是社会交往活动顺利进行的重

---

① 特纳，斯戴兹. 情感社会学 [M]. 孙俊才，文军，译. 上海：上海人民出版社，2007.124.

② 特纳，斯戴兹. 情感社会学 [M]. 孙俊才，文军，译. 上海：上海人民出版社，2007.124.

要条件。但由于诸多主客观因素的影响，现实社会环境已经进入了不确定的氛围，随着社会化、网络技术化的发展，群际互动以及关系的建立也变得越来越不确定。这种不确定性迫使人们重新审视其社会关系，以适应新的情境形势和生活需要。特别是在突发公共卫生事件发生后的社会环境中，群体处于高度不确定状态，被诸多未知风险所包围，并对自身的风险状况和面临的威胁程度认识不全面，容易产生焦虑情绪或恐慌心理，从而引发一系列的危机事件。

群体情绪传递过程中的不确定性对信任关系构成了威胁。刘少杰指出，只有在不确定性的基础上建立新型社会信任关系，这种关系才会有真实的现实根基，人类社会生活才能在不确定性的跌宕起伏中得以连接和稳定的支撑。信任既需要个体层面上的理解，也需要群体层面上的认知与认同。群体间信任度的高低，决定于双方彼此认可的水平。主体之间的信任主要是群体与社会，群体与企业，群体与群体等信任关系。在社会情绪传递的情况下，群体对信任感强烈的社会氛围产生了向往，而基于信任的社会环境能够确保其安全，但明显或者潜在的风险因素使得信任很难如期而至，国家与社会公信力提升或者降低、企业是否承担市场主体社会责任、人际交往是否稳定等均表现出了主体之间信任感确立的困境。

（一）政府与社会的公信力

当前，重大不确定性事件要求防控措施要自上而下、逐级落实，特别是有不确定性事件的社区，要重点管理，精准落实防控举措，从源头上遏制不确定性风险，防止事件向外扩散。然而，在风险防控过程中，不少基层单位表面上积极传达上级下发的会议精神和防控措施，但了解实际情况后，却发现"现实很骨感"。尤其是作为社会应急管理的关键环节，有效的基层治理可以为应急管理和风险防范奠定坚实的基础，而基层治理不力，只是追求"形式主义"，这会对社区应急管理乃至社会应急管理产生负面影响。因此，如何重建群体、社区和社会之间的信任关系，是社会应急管理中亟待考虑的问题。在真实的突发公共卫生事件情境中，政府、社区等公信力的强弱是体现群体、社区和社会之间信任关系的有利证据。当群体信任社区和社会时，就会保持积极的态度和乐观向上的情绪。公信力的提升离不开应急管理过程中具体措施的落地实施。

"像小区单元楼电梯消毒，你（乘坐电梯时）能看到有一个登记表（记录每天消毒时间与人员）。（听朋友说）有一些楼层会每周定期或一两周做整幢楼层的卫生清洁，（物业）会提前通知到业主，告知业主会相关人员进楼工作。再就是小区安保管理，门卫会看进出小区的人有没有陌生的人，如果遇到不是这个小区的人员，会（让这人）做好登记。虽然这些措施可能让我觉得出行不方便，但是这些（工作）对于（住在小区的）每个人来讲是更有安全感的。你知道因为有了这些安全的措施，一些突发事件带来的风险可能会离你越来越远。人们只要做到了（注意与防护），危机降临在自己身上的可能性也就很小了。"（Q3，28岁）

受访者 Q3 表示，疫情防控期间，社区采取了多项防疫措施，如区域内外消毒、门口出入登记等，让居民有安全感，社区氛围具有稳定性，他们也愿意配合社区人员的工作。由此可见，领导力在社会治理和促进群体、社会和政府之间的信任关系方面发挥着重要作用。尤其在有关部门实施精准施策时，领导力不足将危害公众生命健康安全并直接影响到防控工作整体布局与精准施策的实施，甚至会降低民众对政府与社会的信任力。在应对突发公共卫生事件时，不能准确判断和分析问题的原因，导致应对不当或措施不当等不良后果，很容易陷入"塔西佗陷阱"。

（二）多元主体的社会责任

1. 政府相关部门的监督责任

为什么有些社区的居民能在突发公共卫生事件中心安神定，而有些社区居民是局促不安的，并且不安更多来自应对风险的责任是否由有责任心的人承担，每个人各司其职。政府及相关部门作为风险应对主体和重要角色，承担的监管责任更是重中之重。因此，我们需要重新审视在公共危机中的角色。从宏观上看，公共危机的职能应界定为：提供应急救援服务，维护公共安全秩序，预防和处理突发事件等。比如，在防控期间，社区作为最接近公众的防疫部门，承担着至关重要的责任。当被问及"如何看待社区应急治理中责任与担当"时，一些受访者表示：

"工作应该还是要严谨，我觉得，毕竟把责任划分清楚，你要是这边（工作中）有一个漏洞的话，那就追查到底嘛。每个人会把他自己的责任划分得很细致、很清楚，尽量每个环节不出现任何问题。如果说这种东西（工作态度）在老百姓看着都是特别的随便、随意，做得很糊弄人的话，那老百姓就感觉特别没有安全感。所以，他们这种工作中的态度跟职责是非常重要的，不仅仅影响到相关人员的工作，也会影响到老百姓。总的说，以身作则很重要，老百姓也是在看他们（社区、政府负责人），管得松了，睁一只眼闭一只眼，老百姓也会觉得无所谓，会存在一些想法：'这社区工作的人都这样，我们也就无所谓。'但是他们要是很严格的话，从老百姓自身而言，他也会对自己提高要求。"（B9，37 岁）

显然，责任的作用是将个体融入社会群体，以确保其健康和凝聚力，[①]从而使社会成员能够获得更多的支持，增强信任感，反过来又有助于个体与他人积极建立相互依赖关系，促进个人发展和改善社会关系。因此，在应对突发公共卫生事件时，无论是政府官员还是社区、街道等基层部门都需要积极承担相应的责任，这是筑牢公众信任、信心的共同基础，以及积极引导公众在认知层面趋于理性，不随大流，坚持听信有科学依据的舆情信息，避免非理性情绪的影响。

2. 媒体新闻传播责任

半个世纪以来，媒介的"社会责任论"逐步取代"自由主义论"成为国际主导性理论。[②]无论是以人民网、新华网、央视频道和中青网作为代表的官方媒体，或是地方电视台、报刊等各地方官方网络媒体平台，还是国外知名媒体，都要及时公开透明发布真实的情况信息，加强防控措施的宣传，通过各渠道起到安抚公众负面情绪的作用。但是，在信息传播过程中，由于传统思维方式影响，一些主流新闻媒体往往忽视受众的心理需求和情感诉求，导致一些人对主流舆论形成强烈的抵触情绪，甚至出现"舆论逆反"现象，造成不良社会风气的传播和蔓延，阻碍经济社会发展进程。

官方网络媒体和纸质媒体的社会责任对社会影响力是巨大的。作为主流媒体，其内容具有权威性、专业性和及时性。由于其公信力强和大众关注度高，必将成为在重要时间节点传播社会价值观、培育积极社会情绪，减少群体恐慌的重要力量，也会成为群体了解突发公共卫生事件的重要渠道。然而，媒体新闻一旦不能正确引导舆论信息，就会陷入卸责的窘境，导致一些不良群体乘虚而入，发布虚假信息牟利。大多数民众没有足够的科学知识来辨别真伪，这不

---

① 斯宾塞，沃尔比，亨特. 情感社会学 [M]. 张军，周志浩，译. 南京：江苏凤凰教育出版社，2015：110.

② 聂智，曾长秋. 负面心态治理：虚拟社会管理新视阈 [J]. 学术论坛，2012：177.

仅散播了不正确信息，而且增加了民众不必要的恐慌感，从而导致舆情的激化。① 所以媒体新闻有必要担负起传播科学性和权威性舆情信息之重任，使人们在舆情信息传播过程中常能去伪存真以建立自身与群体间的互信关系。

"还是看媒体（平台），尤其是这个官方媒体，像中央台呀，（我和家人）看得比较多。"（C20，52 岁）

现实生活中虚拟网络平台虽已成为群体表达意见、传递情绪的主要渠道，但是它的匿名性、互动性与即时性又使得人际互动具有去中心化与无边界化特征。当某些人的言论被夸大时，就很难获得其他成员的认可，从而引发社会矛盾和社会冲突，这也意味着有可能出现"网络群体极化"现象。它主要指网民对某一对象共同关注，并借助网络媒体平台发表意见与看法的一种网络现象。这些想法是在讨论、分歧、传递和聚焦中，最后达成较为偏激的共识。不过，这一现象也可以和网友们不同的情绪相互交织一起来传递。毕竟在虚拟而多元的社会空间里，人们习惯匿名而毫无拘束地表达意见，只为发泄消极的心情。比如，对某一话题进行评论时，一些网民由于其自身存在一定程度的负面情绪，在表达时常常带着负面情感，如果这种心态持续下去，必然会影响到正常的人际关系和社会秩序。此外，其中一些人对不认同自己观点的群体冷言冷语，甚至进行人身攻击，造成网络暴力。虽然这些人在宣泄完后往往也会冷静下来，但在一定程度上，他们制造了另一种社会压力，有时很容易威胁到生命安全。当带有"怨气和戾气"的情绪性信息在人际互动中不断传递时，一些群体可能"感同身受"而走向极端，网络平台就会成为集体宣泄消极情绪的舞台。换言之，为了吸引群体的注意力，经常夸大一些虚假的舆情信息，唤醒一些群体的情绪，再加上一些主观判断，这些虚假信息会通过各种渠道传播，造成更多的焦虑和恐慌，并被夸大到极致。

3. 企业的社会责任

李四海等指出，② 企业社会责任的概念可以追溯到古希腊时期，当时社会要求商人在经商时关注社会福利和公共道德。1923 年，英国学者欧利文·谢尔顿

---

① 马天剑，张鑫 . 雾霾舆情的沸腾化、日常化与娱乐化：基于社会心态变化的视角 [J].新闻爱好者，2018：35.

② 李四海，宋献中 . 新政治经济学视域下的企业社会责任：一个分析性框架 [J]. 社会学评论，2018，6（2）：34.

最早提出了企业社会责任的概念，即 CSR（Corporate Social Responsibility）。美国学者 Howard R. Bowen 正式将企业社会责任的概念引入公众视野，他认为"如果企业在决策中意识到更广泛的社会目标，就会给社会带来经济和社会效益"。K. Davis 等人表示："社会责任意味着企业决策者有责任采取行动，保护和促进整个社会的福利。"朱贻庭认为，① 企业的社会责任是企业除了对它的所有者、员工和股东负有责任外，还应对整个社会负有责任。因此，企业社会责任不仅有益于社会，促进社会、经济和环境的可持续发展，而且在公众与市场之间架起信任的桥梁。联合国可持续发展目标认为："企业的价值创造应包含三点：一是环境可持续：保障支撑人类生存的生态系统的长期稳定与恢复力；二是社会可持续：促进对人权的尊重和发展；三是经济可持续：满足稳定的、有恢复力的社会的经济需求。"可见，加强企业社会责任对社会发展起到积极影响。

然而，随着现代市场化进程的加快，社会趋利性不断增强，导致部分市场主体存在"见利忘责"的非法趋利性行为，例如口罩、酒精、消毒液等物品成为市民生活必需品，市场供不应求的情况并不少见，一些商家利用剩余产品通过提价来获取利润。这一行为在一定程度上加剧了人际冲突，影响了经济健康发展和社会秩序的稳定。

"这种行为（商家欺骗等）说实话，你除了生气之后，没办法对他（不良商家）有任何（措施）。你看到这种（欺骗）行为，最多就是口头骂他两句，然后指责一下，说他没有道德。但实际上你对这些人的指责，对他（不良商家）本身是不会产生任何影响的，因为是他自身的问题，你没办法让对方按照你的标准去做。你可以（口头上）批评别人，但是你不能让人家按照你的道德准则去做，碰到这种人（见利忘责），最多心里叨叨（批评）几句。再说，跟他又不认识，最多就是口头骂上他一两句，或者谴责他一两句，这没有任何实际意义。现在的大多数人都是漠不关心的。大家心里会想：'我不认识这个企业老板，这跟我没关系，他企业怎么做，是他本人的问题，我不认识他，他跟我又见不上面。我说他一两句，他听得到吗？听不到对吧。'如果说我们向相关部门去反映这个问题，说实话，我们反映渠道有哪些呢？这些反映渠道能否及时反馈呢？（我觉得）像这种反馈渠道，一是数量有限，二是好多人都不知道（反映

---

① 任重道，朱贻庭. 利益相关者权利与企业社会责任：兼论企业的环保责任 [J]. 道德与文明，2007（1）：88.

平台的存在）。这主要和城市的发展有关系。有些发展比较好的城市，如上海、深圳、广州等，治理模式比较超前，人们都有较强的维权意识，他们也了解（出现需要维权的情况）去哪里寻找维权渠道，同时通过这些渠道去反馈。像人口规模小的、发展稍落后的城市，或者地理位置比较偏远的城市，（当地）好多人都不知道这种维权渠道。他们主要的来源就是从新闻上看到这些报道（不良商家），（在家人身边）碎碎念几句，就结束了。这也是为什么大家（对此行为）漠不关心，因为你（维权时）得不到回馈，得不到回应，大家就觉得没有什么意义，或者说没什么影响，就是自己心里知道（发生）了这么一件事，然后有些时候与朋友聊天时的一个谈资。"（S1，29岁）

　　旅游行业作为服务业，其社会责任问题受到了人们的广泛关注。旅游业社会责任体现了企业在经营活动中的责任，也体现了经济利益与社会效益相统一。旅游行业往往会因自然灾害事件或者安全事故而给消费者带来损失，同时使消费者与旅游工作人员发生摩擦，引发消费者对旅游公司的不信任。受访者B9作为旅游行业的员工，其指出：

　　"因为这个东西（订单）你跟客户去取消的时候，你是要有相关文件发到客户的，客户不是听你说取消，他就立马接受。客户需要的是真正的官方文件或政策性的东西，当这些文件摆在客户面前时，他都会埋怨说是天灾人祸的东西，这又跟他没有关系，他还是想保全他自己的利益的，想要得到一定的赔偿。"（B9，37岁）

　　可见，一些企业还处于社会责任的"初始"阶段，并在现实中仍然持消极态度："企业管理只需要承担好经济责任即可，不需要做其他无关紧要的事情。"在他们看来，企业是逐利的主体，社会责任并非企业管理的一部分。一些缺乏社会责任的企业，往往生产产品质量低劣，宣传弄虚作假的广告，甚至出现就业歧视等一系列恶性事件，成为全社会关注的焦点。特别是防范诈骗风险尽管一直被提倡，但仍然无法抵挡千变万化的骗局。因此，在我国市场经济飞速发展的今天，更多企业有必要将自身定位于社会组织以履行社会责任，也就意味着，企业所要承担的社会义务越多，社会责任越大。企业作为市场的独立主体，应该主动参与到社会责任活动中来，并在实践中不断提高自身价值。企业社会责任的履行，需要对职工、消费者等进行有效的管理。进言之，企业已不只是实现利益最大化的"冰冷机器"，而应该成为推动经济和社会稳定发展的"推进器"，它给消费者增加了安全感，缓和了消费者与市场的冲突和摩擦，减弱了消费者负面情绪，同时企业还可以追求综合价值创造并提高可持续发展能力。

（三）人际交往的稳定性

"人生如戏，戏如人生。"正如莎士比亚所说："整个世界就是一个舞台，所有的男女都是演员。他们有各自的进口与出口，一个人在一生中扮演许多角色。"[①] 伴随社会的快速发展，在互动过程中主体角色的转换越来越快，没有人总是关注"谁"会在这一刻登上舞台，"谁"会在下一刻登台，"我们"早已站在舞台中心。当互动场景不断变换时，情绪、身份、角色等无一不发生变化，情感能量和符号储备越来越多，从而造成人际交往中的动荡，很可能此刻互动双方都是陌生人，下一刻又会由于一些因素，他们会以朋友或其他角色出现。现实生活中的个体总是以某种特定的身份出现，并与他人有着某种关系。因此，在人与人之间交往中，他们总是根据相关情境和交流信息来判断自己是哪种角色。每个角色都有一套规则，规定的态度、行为和情感等。一旦角色超出规则，便会进入另一情境，扮演另外的角色。那么是哪些原因造成了群体在人际交往中逐渐发生变化呢？

第一，主体对风险的认知和反应。如上所述，群体互动环境下，不确定性及其所带来的风险是必然的存在的，受知识储备的限制，群体易对未知事物感到恐惧和害怕，并做出不符合实际情况的行为。特别是遇到风险时，如果他们未能及时发现和做出相应措施，就可能陷入负面情绪之中。因此，常识、经验、避免和躲避是群体对危险做出的第一反应。在进一步的人际互动中，如果一些群体发现有些群体不像他们那样害怕风险，就会产生疑惑："难道事情不危险吗？"意识矛盾也被看作认知失调，即是一种紧张和冲突的状态，无论何时只要某个人同时拥有心理上不一致的两种认知（想法、态度、信念、意见），就会出现这种状态。[②] 主体对风险的认知与反应直接影响到他/她在互动交流中的情绪外露。认知过程是一个从外部信息输入内部加工处理再输出的循环过程。这种反应不仅可以通过表情和语言来理解，还可以通过姿态和行为传递。当然，认知失调的另一种解释是心理机制运行发生了不协调的现象，即当认知体系无法

---

① 莎士比亚. 皆大欢喜 [M]. 朱生豪，译. 北京：世界图书出版公司，2014：95.

② 阿伦森. 社会性动物 [M]. 刑占军，译. 上海：华东师范大学出版社，2007：132.

解释新出现的外在现象时，主体的内在心理产生强烈的压力，为了避免心理机制崩溃，主体会诉诸自身欲求能力，[①] 而心理机制运行错乱或失灵大多主要是由于主体以欲求能力为主导，不断扩张情感方面的欲望，导致心理活动不稳定，非理性需求致使主体心理机制走向更加无序、不规则的心理波动状态，最终导致焦虑和浮躁等负面情绪暴发，引发更多的社会问题。

第二，不同的主体角色导致了复杂多样的人际关系。在人际交往中，每个个体在关系网络中扮演着重要的角色，角色数量越多，人际关系越复杂，互动手段和途径的转换越频繁，对关系的信任度就会受到质疑。一方面，信任度越高，越能促进社会互动，社会情感能量会扩大到一定存量，也会产生相应的社会情绪。[②] 同时，随着社会交往次数的增加，个人对其角色有了更深刻的认识，对他人的角色定位也更加准确，从而能够获得人际的接受和尊重。另一方面，信任度越低，甚至缺乏信任感，会导致公众对社会活动的参与度下降，如受访者 L21 表示，人际交往并不简单，往往受到各种因素的影响，互动的内容和目的由于角色、身份、地位的不同而产生差异。

"社会本身就很复杂，在人与人之间的来往过程中，（我们的情绪）会受到方方面面的影响。"（L21，49 岁）

第三，主体对信息的筛选和判断。在突发公共卫生事件中，最接近风险源头的群体将利用社交圈搜寻到任何能够消除焦虑和恐慌的信息。在相关信息发布之后，这些人群迅速聚集，形成舆论场。这个过程往往伴随着大量的人际交流和冲突，也是引发群体性事件的诱因之一。如果社会信息具有不确定性、不透明性或沟通渠道不畅性，或对社会整体缺乏信任感，就需反复证实信息，从而不可能采取协调行动，[③] 一时之间，群体无法对信息内容进行准确且客观的判断和筛选，呈现出焦躁不安、疑虑重重的状态，在人际互动中进行传递。在这种情况下，个体难以及时有效地将情感与外界环境相联系，从而导致群体之间

①　欲求能力是以合目的性为原则的，所以当内在自然接纳认知产生的压力时，欲求能力对于外在现象的解读就会朝着符合自身需求的方向调整，从而获得新的认知。参见赵晖，周赟. 探寻社会浮躁形成机理：基于社会运行、心理结构与程序正义的解读 [J]. 人民论坛，2014：16.

②　朱代琼，王国华. 基于社会情绪"扩音"机制的网络舆情传播分析：以"红黄蓝幼儿园虐童事件"为例 [J]. 西南民族大学学报（人文社科版），2019：147.

③　翟学伟. 中国人的关系原理：时空秩序、生活欲念及其流变 [M]. 北京：北京大学出版社，2011：97.

沟通困难甚至发生矛盾冲突，并最终引发社会危机。

四、小结：社会情绪为何而来？

我国传统意义上的人与人之间一般是以"亲缘、地缘和血缘"的方式交流。数千年农业文明中的社会交往与小农经济直接相关，从而使人们对家庭、亲属及同乡关系给予了关注，所以我们有理由相信血缘及地缘积淀性构成了中国人交往的基础。① 情感表达与情绪传递均建立在上述关系基础上展开并深入发展，且随交往深浅或亲密程度的不同而有所差异，由此形成了较为复杂的情感表达。随着我国社会经济条件的不断改善以及社会文化的不断提高，社会交往日趋频繁，公众对自身安全问题也日益关注。当主体面临外界多种信息的激发时，常常体验到不同的负面情绪体验（如不安全感、不认同和不信任），从而做出不利于自身发展的行为决策。

进一步来讲，当社会情绪在传递过程中，群体遇到其他不确定性因素的影响时，原有的情绪开始发生变化，不安全感、不认同感和不信任是情绪变化的结果，这些变化会进一步影响到群体本身，甚至影响到日常生活和社会氛围。群体习惯于追求确定性以获得安全感；习惯在人际交往中获得认同感；习惯与信任感较高的对象进行更深层次的情感互动。然而，现实生活并不像群体习惯的那样存在和发展。社会情绪往往来自更复杂的社会情境和更不稳定的情感互动。从互动—情感符号的角度来看，社会情绪的传递过程更像是一架高空飞行的"大型飞机"，时而遇见晴空万里，飞行平稳的情况；时而遭遇狂风骤雨，颠簸不停。归根到底，要实现情绪的有效传递，本体安全感、群际认同感以及主体信任感缺一不可。

具体来说，本体安全感作为"机身"，是情绪传递过程的重要组成部分。人们在日常生活中会担心各种各样的事情，而这些因素都影响着人们的安全感。② 焦虑、紧张、害怕等都是在不安感中产生的。不安感可以被定义为一种对个体或群体而言，存在于特定情境之下并与之相关的心理体验。它包括紧张、恐惧、

---

① 翟学伟. 中国人的关系原理：时空秩序、生活欲念及其流变 [M]. 北京：北京大学出版社，2011：82.

② 武瑞清. 应急决策情境下社会心理稳定的因素分析 [J]. 山西警察学院学报，2020：61.

焦虑、不安等。反之，轻松、平静、喜悦等情绪表明群体有很强的安全感。然而，任何领域的社会生活都会根据人的意志而不断改变，并重新做出选择，这种改变可能是由环境、个人和外部事件引起的，也可能是由主体内在自我认知和自我调节能力的变化所造成的。社会生活具有难以预测甚至不可预测的本质属性，这就导致了许多不确定因素，[①] 这些不确定因素唤醒了群体更多的不安，而突发公共卫生事件引发了一系列其他无法控制和不确定的因素，这些因素只会增加群体不安的可能性。因此，对本体安全感的追求在群体情绪传递过程中起到了稳定作用。飞机的"起落装置与动力装置"是群际认同感，效果是可以支持群体之间或与他者之间的持续互动，情绪得以有效传递。在这个过程中，不断产生新的情感符号和情感能量，以保证互动的延续性，符号/情感记忆或意义的作用是在未来的情境中影响群体互动和个人的认同性。[②] 最后，"机翼与尾翼"是主体信任感，为情绪传递提供动力，从而支持不同情境下的情绪表达。

"我觉得每个人（心态）都是不一样，但就（2020）疫情来说，因为控制得很好，大家都是一个乐观积极的心态，也都很配合相关防疫措施。我觉得因为防疫措施是有一定成效的，大家对此也是比较有认同感。"（Q3，28 岁）

然而，突发公共卫生事件恰好反映了组织常态运作与紧急状态之间的矛盾冲突。[③] 换言之，文军等人指出，人们在日常生活中的困惑和焦虑与日俱增并引发人际情感危机，特别是信任危机，通常而言，如果社区内相关人员未能和居民形成有效的互动模式时，当紧急情况发生时，正常情况下出现的矛盾很可能会选择在此时暴发，群体亦会加重其不满和烦躁的情绪。

极具风险的社会环境处在信任破裂的边缘，公众对政府制定的政策和措施缺乏理解，采取不配合和不合作之心态，造成公众陷入"德行"困境。尤其是各种社会矛盾与社会问题频频发生，逐渐显示出复杂性、高频率等特点。在此情况下，公众如果不正确地认识自身以及行为，就极易产生消极态度，或对政府工作持怀疑态度，或抵触相关措施，矛盾由此产生。

随着社会舆论的传播，群体开始思考："这个社会怎么了，这些人怎么

---

① 刘少杰. 不确定条件下社会信任的分化与协调 [J]. 江苏社会科学，2020：62.
② 柯林斯. 互动仪式链 [M]. 林聚任，王鹏，宋丽君，译. 北京：商务印书馆，2012：125.
③ 周雪光. 芝加哥"热浪"的社会学启迪：《热浪：芝加哥灾难的社会解剖》读后感 [J]. 社会学研究，2006：220.

了。"若深究之，则可发现这类行为源自社会情绪的传递。情绪的发送者虽为个体，但唤醒者却可以是群体，在经历了一系列情感基调转变后，社会情绪也越来越丰富。不同的场景中的群体在面临不同的交往阶段时都会产生一些明显的主流情绪，而这些正面或者负面的情绪都会通过一定的形式表现出来并得到发泄。

改革开放四十多年来，我国社会发展要更加注重探索实践、创新理论。随着大部制改革，市场、社会和公众的社会作用越来越重要。人们对社会制度、社会价值观、个体价值观有了更深刻的认知和实践。但是，超高速发展的社会也存在不同程度、不同意义的风险，这不可避免地增加了主体生存的挑战，科技智能化和网络虚拟化会导致群体逐渐丧失亲密感、不安感和未知感。事实上，大多数人缺乏应急防护意识，甚至没有参与过实际的应急行动，即非亲历者，他们总会有一种"没关系，有政府、有社区"的依赖感，将应急防护的责任转移到社会和他人身上。因此，面对突发公共卫生事件，群体需要创造一个良好的公共空间，使他们能够积极主动与外界沟通，形成有效互动，使个体能够增强应对风险的能力。然而，有效的互动不仅是个人之间信任的基础，而且是主体、政府和社会之间信任的纽带。此外，越来越多的人开始"追星"（如袁隆平、钟南山等），追寻社会榜样的存在力量；每一次突发公共卫生事件背后都有一些默默无闻却有着强大力量的主体。

"（面对积极的，具有正能量的事情或人）会有心潮澎湃，热血沸腾。觉得如果自己当初选择这样一个职业（医生）的话，可能也会跟他们做同样的选择，很正能量，特别好。"（B9，37岁）

"一般像这种比较有代表性的（钟南山、张文宏等）专家声音，比方是科学家以及突发灾害发生以后，奔赴在最前线的人，（我）觉得有他们在，心里就会有安全感，觉得有他们（在），生活（环境）也会安全。"（W17，28岁）

疫情防控期间，公众对真实信息的渴求远超平时，希望报道更深入、更科学，而专家自身的声誉和权威性在一定程度上满足了公众对信息的深度需要。[1]正如受访者B9、W17所说，这些榜样和力量成为具有正能量的情感符号，使他们感到十分安全。这些榜样同别人一样很平凡，但是在危险来临之时，他们拥有积

---

① 彭华新，周琨. 作为知识与情感的"口罩"话语：基于对疫情期间@人民日报的文本考察［J］. 新闻春秋，2021：84.

极的力量。不仅在医学领域，在其他突发公共卫生事件中，也会出现像钟南山、李兰娟、张文宏这样的人，他们在不同的岗位奋斗，但他们的身影总能成功地唤醒群体情绪，即公众看到他们时的共同感受或心情状态。这恰恰是因为钟南山、李兰娟和其他全体一线医护人员具有明显的特征符号，不管他们被赋予怎样的特殊的情感意义，人们都认为这是一种极具安全感的表现，因此，人们对他们充满了信任和崇拜。正如杜威所言："任何显著的悲剧或胜利当中所涉及的景象或对象，不管是怎样偶然得到的，都获得了一种独特的意义，人们把它当作一种吉兆或一种凶兆。因此，人们珍爱某些事物，把它们当作保持安全的手段。"①

目前中国正处在"两个一百年"奋斗目标的历史交汇点，也是开启全面建设社会主义现代化国家新征程的重要时刻，习近平总书记指出："世界百年未有之大变局正在加速演进，国际环境错综复杂，世界经济陷入低迷期，全球产业链供应链面临重塑，不稳定性不确定性明显增加。我们必须保持强烈的忧患意识，做好充分的思想准备和工作准备。"② 如果社会正义缺席，社会公平缺位，社会保障缺失，显然不可能要求人们以"理性平和"代替"冲动暴戾"，以"自尊自信"驱除"焦灼疑虑"，以"积极向上"消解"消沉颓废"。③ 在复杂多变的社会形势下，除了要认识到社会情绪是协调社会关系、化解矛盾、促进社会和谐的有效途径和手段以外，④ 还要加强本体安全感、主体间信任和群际认同感，使那些社会焦虑、社会戾气之类的消极情绪在群体和社会中都能被重视，及时得到调整和纾解这些负面性情绪。

---

① 杜威.确定性的寻求 [M].傅统先，译.上海：华东师范大学出版社，2019：10.

② 习近平：在中国科学院第二十次院士大会、中国工程院第十五次院士大会、中国科协第十次全国代表大会上的讲话 [EB/OL].中华人民共和国中央人民政府，2021-05-28.

③ 黄亮，齐巍，孙时进.社会心理服务体系的多视角反思与整合构建策略 [J].心理科学，2020：1485.

④ 曾莉.社科院开展社会情绪调查 [N].湖北日报，2011-02-12（2）.

总结与展望

一、总结

回顾百余年来社会心理学学科的历史沿革，我们可以大致看到，社会心理学试图从个体行为、群体或情境的联合中，科学地探索社会认知和社会行为模式，并不是简单地研究个体（心理）或群体（心理）本身，① 这种观点不仅使研究者能够更加深入地了解人类的社会生活，而且对理解人类复杂的社会关系提供了更为深刻的解释。也正是如此，本研究试图从交往过程中的社会情绪的传递出发，科学、系统地探讨社会情绪、社会互动和社会行为相关的问题，由于情感被认为是自然的，它们是团结人，而不是孤立人；它们作为一种公共资源被所有人分享，② 因此，本研究不仅仅简单地研究个体情绪或群体情绪本身，而是在此基础上对社会情绪的传递机制进行更深层次的认识，进一步探索社会情绪传递对社会和群体的影响。

本研究以符号互动论、情感文化和互动仪式等作为理论依据，结合我国本土环境，阐释了微观互动中的情感共享与宏观社会网络的内在关联，为研究新时代尤其是突发公共卫生事件下的社会情绪传递提供了理论支持。从互动—情感符号角度出发，探讨了突发公共卫生事件情境中，群体如何利用特定媒介工具进行情感分享和传播以及群体间情绪的传递路径。本研究角度的理论假设之一是群体情绪的传递发生在个体和社会互动的关系网络中；二是传递者的视角通过群体被扩大，情感的表达通过符号（语言或非语言）实现，进一步营造当

---

① 翟学伟. 中国人的关系原理：时空秩序、生活欲念及其流变 [M]. 北京：北京大学出版社，2011：30-31.

② 雷迪. 感情研究指南：情感史的框架 [M]. 周娜，译. 上海：华东师范大学出版社，2020：217.

下的社会氛围，并渗透到群体价值认知和人际情感互动中。因此，情绪传递并不局限于个体本身或个体之间，而是以个体情绪作为基础，通过个体或群体与他人的互动，扩大情绪传递的范围，影响参与者，最终做出各种行为。

第二至五章主要探讨社会情绪的传递环境、传递过程、传递现状以及传递动因等。通过运用具体的研究方法，从互动—情感符号的角度对访谈案例进行分析，有助于更深入、更全面地了解社会情绪的传递机制。具体如下：

其一，社会情绪的传递是社会情感人际互动的主要表现形式。人本质上是具有社会性的动物，Cheng, Y. 等人指出，只有不断地与他人进行社会交往，才能满足内在的归属需求并维持良好的社会关系。可以看出，当主体互动时，就会表达自己对当前处境的态度和情绪，目的是使他人从他所流露出的情感反应中理解和联系当前行为的意义，从而促进互动的有效形成。在社会环境里，个体通过人际交往获得情绪体验。从这个意义上讲，大多数情绪都是社会性的。[①]社会是由互动着的个体组成，许多现存的社会现象都可以通过互动来解答。情感互动不限于负面感情，也包括正面情感，比如，在庆典、宴会等场合，人们互相分享喜悦和兴奋的情绪；在葬礼、灾害等场合，人们相互传递悲伤和难过的情绪。然而，这种情感的相互传递只能意味着个体与个体、个体与群体在特定情况下对某一特定现象或事物有共同的感受或类似的经历，则不能视为是社会情绪。当这些共同的感受和相近的体验在时间和空间上对社会和群体产生持久的影响并营造出一种社会氛围时，社会情绪得以产生。

其二，社会情绪的传递受现实环境的影响而产生变化。随着信息的快速发展，舆情在人们之间传播。突发公共卫生事件暴发后，许多事物都成为唤醒人们情绪的符号，但在某种程度上，这些内心感受并不是来自理性意识，而是来自情绪传递的环境中人与人之间的情感互动。第二章阐述了当前的社会生活环境大致分为两个层面：一是"现实舆论场"中群体面对面的互动模式，即通过在场空间传播信息所创造的生活环境；二是"信息舆论场"，强调群体不亲身在场，利用智能化设备进行互动，即在"缺场空间"的情况下来传递社会情绪。新媒体为居民、社区和各行各业群体表达意见和设置议题提供了新的可能性，情绪可以自由表达，极具感染力，更容易引起群体共鸣，引发基于互联网的抗

---

① 赖安婷. 群体情绪传播途径及其影响因素 [D]. 北京：首都师范大学，2013：6.

议和不满，无疑对城市改造和空间重构提出了全新的挑战。① 例如，一则难以辨别真伪的消息，可以清楚地显示出群体真实的情绪状态，现有研究中往往将情绪分为正面的和负面的、消极的和积极的，然而，情感的复杂性体现在人际交往中，正面情绪和负面情绪往往交叉融合。在人与人交往的过程中，有不同程度的消极情感体验，如焦虑、抑郁、恐惧等，同时有积极的情绪体验，如乐观、自豪、希望等。进一步来讲，社会成员需要认识到，不能简单地将这些心理状态解释为"正面或负面"的情绪或是"好或不好"的心理表现——这种观点在研究中无处不在——而需解释为此时此境中群体内心相符合的状态。

其三，社会情绪由情绪唤醒、情绪积聚和情绪释放构成传递过程，在这个过程中群体使用了贮备的情感符号（语言、表情、姿势等）来交流。"每一个结构都是心理发生的结果，而心理发生就是从一个比较初级的结构向一个不那么初级的（或较复杂的）结构转化。"② 在这个过程中，群体对某件事、某个人或某场情境做出相对应的情感反应，可以是喜悦的、开心的；也可以是伤心、难过的；又可以是焦虑、害怕的。这个阶段是唤醒（被动或主动）情绪的阶段。达尔文指出，有一系列的动作或动作的开端，会引起实际上表达了各种情绪的反应。③ 这些情绪需要群体进一步的判断和认知。当热点新闻进入公众视野时，人们会有不同的看法和感受，这种感受逐渐又会成为共同体验，在人际互动中来回徘徊，影响群体和社会时，就会形成社会情绪。社会情绪是无形的，但它就像一种发酵剂，迅速将公众注意力聚焦形成合力，引发了从"微内容"到舆论风暴的演变。④ 情绪积聚是指情绪被"发酵"的过程，在这个过程中，一些情绪被群体排除焦点以外，而另一些情绪则会被激化，最终群体选择在恰当的时间、空间节点释放，即进入情绪传递的第三阶段——情绪释放，即是指主体间情感互动的外显表现，主要通过语言和非语言行为（姿态、表情、眼色等）来实现群体间情感互动的过程。

也就是说，情绪是通过面部表情、声音语调等来表达。例如，通过说话的语调和响度，甚至周围的环境，这些都会比简单的符号增加更多的感染力，尤

---

① 何雪松．城市文脉、市场化遭遇与情感治理［J］．探索与争鸣，2017：37．
② 皮亚杰．发生认识论原理［M］．王宪钿，译．北京：商务印书馆出版社，1981：15．
③ 米德．心灵、自我与社会［M］．赵月瑟，译．上海：上海译文出版社，2018：38．
④ 赵红艳，吴珩．微政治时代社会情绪传播与引导［J］．青年记者，2020：4．

其是遇到和自己情绪相关的符号时，这种情绪会唤醒，并被影响，理性思考成为舆论引导的一个重要问题。① 情绪传递主要是让他人能够清楚地了解传递者的内心感受和传递者想要表达的意思。在面对面的互动中，群体可以通过社会情绪来解释和处理信息，使其更有效。由此可见，社会情绪的传递是通过以上三个阶段来发展和实施的。此外，无论群体选择哪种社会情绪传递的模式（包括倾诉者、倾听者和判断式），传递本质不会改变，传递过程中的情感能量与互动符号会随着传递的模式的改变而改变，最终会影响群体互动的结果和效果。

其四，在不同的社会氛围中，社会情绪的呈现有相同之处，也存在差异。相同点主要在于：一方面，日常生活中社会情绪的波动来自群体的压力，如工作压力、经济压力、生活压力等，导致群体焦虑和不安。另一方面，当社会成员处于突发公共卫生事件的关键时刻，不仅压力得不到缓解，还会加剧群体原有的焦虑和紧张。与往常相比，"快节奏"的生活被打乱，社会氛围也会发生变化。生活空间和社交空间的范围不断缩小，群体不得不借助智能化设备，希望生活、工作和学习能够恢复正常。此外，群体在接收外界信息时会出现不对称或是误判的情况，这些情况可能导致个体与他人之间发生情绪冲突或摩擦，从而产生消极反应，引发群体相互排斥或对抗。对突发事件来讲，由于其本身具有突发性和复杂性，人们很难第一时间通过理性判断做出反应，因此很容易引起负面情绪反应。尤其是没有经过科学、专业和官方渠道的信息会对群体情绪和社会氛围产生深刻影响。差异之处在于个体情绪的唤醒时间、地点和原因不同以及他们对环境和事件的认知不同，当他们每一次相遇时，情绪的传递模式和途径就会发生改变，使得情绪表达和情绪状态存在差异化，有的强烈，有的微弱，这表明主体在面对突发公共卫生事件时表达了不同的情绪。

其五，社会情绪的传递与社会、群体之间互相影响。社会情绪无时无刻不在发生，并在社会结构、社会行为和社会生活中扩散，既是社会生活产生的基础和条件，又深刻地为社会生活所型构，是原因也是结果，② 由社会情绪传递带来的积极影响和消极后果中，积极方面体现在：一方面，具有团结、正能量意义的情感符号更能使群体产生凝聚力。如"白衣战士""献爱心、捐款捐物"等具有正能量的情感符号能够唤醒群体偏积极、正向的情绪。那些第一时间冲

① 李帅帅，梁羽，何鑫. 融媒体时代大众情绪引导方法探究 [J]. 新媒体研究，2018：54.
② 夏军. 直面"社会情绪"："社会情绪"的定位及其战略选择 [J]. 探索与争鸣，2013：5.

锋在"前线"的社会个体，不仅可以成为唤醒他人积极情绪的符号，更能够作为凝聚力的主要动力。"同心协力、众志成城、共克时艰"是战胜每一次突发公共卫生事件的关键，也是群体凝聚力的展现。另一方面，偏向积极、正面的情绪会促进社会良性互动有效地发展。虽然突发公共卫生事件引发的一系列社会风险和危机常会阻碍社会正常有序的发展，但是"患难见真情""一方有难八方支援"，我国民众在困难、灾难来临之际，展现出强大的民族凝聚力，正是这种强大的力量唤醒了社会成员正向乐观的情绪，传递彼此之间的积极心态，为推动社会发展、建设民族共同体而奋斗。社会情绪引发的消极后果主要包括：第一，群体行为失常的根源是企业失责和政府公信力下降的后果。政府、社区、媒体与公众等不同利益群体的风险沟通中的信息都可能产生负面社会影响，导致事件风险压力相对加大，最终政府形象受损、媒体公信力下降、公众情绪恐慌和行为异常等。① 第二，消极、负面的情绪容易加深社会矛盾和社会冲突。在社会变迁过程中，一旦不同利益相关者的利益受到损害，相关群体在与他人比较后很可能会产生被剥夺感或未得到认可的失落感。再由于资源分配不均，经济收入、机会和获取资源方面的差距被拉大，生活需求达不到预期，落差感日趋加深，群体对政府和社会产生强烈的不信任，特别是弱势群体心态变得敏感、多疑，他们对政府和社会的不满情绪逐渐高涨。在突发公共卫生事件发生后，公众的被剥夺感、不信任感、不安全感等问题日益凸显，这不仅加剧了社会焦虑、社会怨气和社会戾气，也对社会心理服务体系建设形成巨大挑战。

综上所述，不论是常规行为还是失常行为都会展现群体互动时的"姿态"，只不过这种姿态由群体更多通过情绪语言来实现互动。在互动过程中，社会压力的强弱，社会氛围的好坏和社会应对风险的能力高低都会影响群体的安全感、认同感、信任感。安全感的增强，在群体之间、群体与社会之间形成了充足的信任感，在信任感不断增强的过程中，群体获得认同感，减轻了社会压力，营造出良好的社会氛围，提高了社会应对风险的能力。一旦群体丧失安全感，群体之间、群体与社会之间的信任感就会被打破，既不会被认同，彼此之间也会怀疑，由此以来，社会压力不断被增大，社会氛围变得紧张，社会风险应对能力下降。简言之，群体安全感、认同感和信任感的变化会影响社会压力的强弱、

---

① 袁银传，王晨霁. 突发公共卫生事件的舆论引导与心理疏导：以新冠肺炎疫情应对为例 [J]. 国家治理，2020（21）：50-54.

社会氛围的营造及社会应对风险的能力。

如前所述，在社会情绪的传递过程中，情绪性信息通过语言和非语言等共同意义的符号来传递。社会互动或社会交往的实现需要某种媒介，当媒介在发展过程中被赋予情感意义的符号时，社会成员会借助诸如喊叫等符号在无意中有用地指导着活动，然后采用这种方法解决生活中遇到的类似问题。但是不管来源如何，只要有符号，就能找到解答的办法。无论是姿态、文字或是更精巧的构造，他们便不动作而动作了。① 正如米德所指出的，其他研究者假定语言的存在是为了传递某种思想和情感，语言被视为是一种标准意义的符号和有意义的姿势的基础。正是因为人类掌握了语言的符号，他们才能有思想意识。可见，语言具有社会性，它可以帮助人们更好地理解他人及其感受。日常活动或行为是社会成员之间互动的结果，他们掌握了语言、姿势、表情等沟通工具，并最终使用这些工具来表达情感。"心态历史的对象正是社会或某个社群、某个社会阶层；就算研究的对象只有一人，但所探讨的，却是这个人与他同时期、同文化的人所共有的心态。"② 以社会情绪作为主要内容展示心态，将进一步推动社会心理服务体系的建设，营造和谐社会氛围。只有通过讨论共有心态，才能充分了解社会发展对群体生活、工作、学习等方面的影响。社会的发展导致社会规则的变化和社会角色的含义的相应变化，这就要求人们在完成基本社会化后不断地再社会化，这也是一个适应的过程。如果群体不能及时调整自身态度和行为，很容易导致社会适应能力的下降，一旦出现适应不良，可能会在思维方式、价值观、行为习惯等方面出现问题，对心理健康和人格发展产生冲击，导致心理病态或心理危机，脆弱性增强。③

此外，大多数研究都是对某一领域或某一事物或特定情景进行深入的理解和探讨，不免存在一些主观和客观的问题或不足。本研究不足之处在于访谈案例的局限性以及访谈案例是否具有外推性。其一，前期研究中，笔者计划收集全国范围内各地的访谈案例。然而，由于我国幅员辽阔，不同地区的资源配置、

---

① 杜威. 确定性的寻求：关于知行关系的研究 [M]. 傅统先，译. 上海：华东师范大学出版社，2019：122.

② 梁其姿. 心态历史 [J]. 史学评论，1984：93.

③ 黄亮，齐巍，孙时进. 社会心理服务体系的多视角反思与整合构建策略 [J]. 心理科学，2020：1485.

经济收入、教育水平等方面存在差异，人们对事物的认知观念也不同，这可能会导致案例数量过于宏大，难以聚焦。为了研究具有针对性，选择特定区域进行实地调研，但就会出现一定程度的局限性。其二，有学者指出，关于个案研究方法代表性和外推性的相关讨论主要集中在个案研究方法论的弊端上，但由于该方法自身的特点，无法对个案做到推论出总体。[①] 鉴于此，如艾尔·巴比所指，个案研究是可以"对个人、群体和社会进行的案例式考察，其主要目的是描述，但也试图提出解释"。[②] 本研究旨在描述社会情绪的传递过程，分析突发公共卫生事件中社会情绪的传递对群体和社会的影响，并试图解释社会情绪传递的现实根源。

二、进一步展望

近几十年来，社会学家在情感社会学领域做了大量的理论工作，例如，特纳的《情感社会学》中有许多学者讨论对"情感"有关的问题。情感治理虽然被提上议程，但重视程度不够，有时人们并不被视为复杂富有情感的社会人，而是作为只追求物质的经济人和理性人来进行管理，忽视了情感因素，自然会遇到治理困境。[③] 可见，在社会治理中，"社会情绪"需要得到更多的关注和讨论。一个时代的社会情绪反映了这个社会的经济政治发展水平、社会民主化程度、国民教育程度、意识素质、民族特色和心理等状况。[④] 尤其当下正是网络飞速发展的时代，网民的情绪深深根植于中国的社会文化根基中，因此，针对未来社会情绪的传递研究，将更加需要注重理论和实践的结合，试图构建具有中国现实的情绪传递研究体系。

公众心态表征是一个高度可变的结构机器，它表明公众对突发风险的感知导致不同的心理结果。例如，Delplanque Sylvai 等人研究中表明（人会）在愤怒和恐惧中接近和避免；出于厌恶而拒绝；羞愧而屈服。当人们做出反应时，他

---

① 李涵，李超超. 个案研究的延伸价值：布洛维扩展个案法与费孝通社区研究法的比较 [J]. 贵州师范学院学报，2018：43.

② 巴比. 社会研究方法基础 [M]. 邱泽奇，译. 北京：华夏出版社，2002：241.

③ 文军，刘雨婷. 40 年来中国社会治理研究回顾与实践展望 [J]. 济南大学学报（社会科学版），2019：33.

④ 夏军. 直面"社会情绪"："社会情绪"的定位及其战略选择 [J]. 探索与争鸣，2013：6.

们会假设把反应类推至他人而非特定的人，再为了维持社会秩序，个人会习惯于遵守共同的行为准则，从而使集体行为得以发生，然后，通过积极的沟通，参与者调整事件的意义并选择最合适的行为来表现，[①] 而不顾行为对群体和社会的影响和结果如何。然而，人与人之间的互动和交流不能简单地被认为是"刺激—反应"的过程。如上所述，社会情绪会受到群体所处现实情境的影响，无论是突发公共卫生事件期间还是在日常生活中，这既是群体对外界的感应本能，也是表达态度和观点的重要组成部分。布鲁默指出："社会是由行动着的人们构成的，社会生活由人们的行动组成，这些行动发生在一定的情境中或与一定情境有关，行动是因对情境的解释而产生的，人类的行动即'解释性行动'"，[②] 因此，社会情绪更多地包括人们的互动和情感符号，它们的意义来自特定情境（如面对面交流、网络平台沟通等），群体行为和情感反应也旨在表达对情境的认知和感受。

因此，本研究倾向于对社会互动中的社会情绪传递进行研究。社会情绪形成、传递和影响的过程，人际互动和交流是以符号作为媒介，彼此之间解释情感行动的意义。这种符号会以文字、图像、照片等形式呈现，它通过具体且抽象的内容向人们传递不同的情绪性信息。受不安全因素影响，很多人的情绪传递路径发生了变化。习近平总书记在第73届世界卫生大会视频会议开幕式上指出："重大公共卫生突发事件对人类来说不会是最后一次。要针对这次疫情暴露出来的短板和不足，完善公共卫生安全治理体系，提高突发公共卫生事件应急响应速度，建立全球和地区物资储备中心。"[③] 由此可见，风险防控的关键时期，政府、社区等相关部门介入，引导公众选择合适的情绪传递方式，缩短人们从消极情绪状态向正常状态过渡的时间，努力构建心理服务体系。

进一步来讲，由于社会情绪的传递对社会发展和群体心理服务体系的建设具有重要影响，面对非常态化的生活现实，如何有效地缓解负面的社会情绪，增强正面的社会情绪，已成为社会心理学研究的重要课题。换言之，通过调适

---

① THOMPSON L, FINE G A. Socially Shared Cognition, Affect, and Behavior: A Review and Integration [J]. Personality and Social Psychology Review, 1999, 3 (4): 278-302.

② Blumer. Symbolic Interactionism: Perspective and Method [M]. America: University of California Press, 1986: 64.

③ 建设健康中国, 习近平"把脉开方"[EB/OL]. 人民网, 2021-08-08.

和纾解社会负面情绪，增强本体安全感、认同感与信任感，有利于完善社会心理服务体系的建设。社会情绪的传递如何才能达到正面积极的效果，减少消极不良的影响呢？本研究指出，在"社会焦虑""社会戾气""信任危机""公信力下降""行为失范"等情况下，负面情绪的传递难以控制，学者也很容易将它们放置于心理学、精神病医学领域进行阐述，难以将其与宏大的社会环境结合并开展讨论。因此，从互动—情感符号的视角来探讨社会情绪的传递，可以更准确地把握群体情绪的自我调适，以社会情绪的传递过程为出发点，用制度、政策提升群体在各个阶段的信任感和认同感，从而获得安全感。具体而言：其一，人们需要厘清对事件及情绪认知，旨在减轻如焦虑等消极情绪。就突发公共卫生事件对社会情绪的影响而言，群体的核心情绪（群体焦虑）不可避免地发展为明确的情绪状态，当群体焦虑成为社会情绪主要基调时，在认知上找出焦虑的原因，并积极缓解焦虑情绪，为群体营造一种安全感的情感氛围。其二，重建社会信任，在信任的基础上形成良性互动。通过相互认同、包容，增强信任感，才能更好地制止谣言和流言的传播，纠正公众由于心理认知失衡而产生的偏差行为。其三，以社会主义核心价值观为引领，提升群体心态向心力，获得幸福感。在我国特色社会主义新时代，需要坚持树立特色社会主义核心价值观，即是中华民族道德文化、法治文化、拼搏文化、公共文化等多方面内容的精神提炼，也是新时代培育公民正确社会心态的价值参照，① 更是凝聚公众价值取向的"指向灯"。本研究通过对社会情绪的传递情境、传递过程及传递动因等分析，社会互动过程中社会情绪的表达是基于主体主观感知的，同时会直接和间接地影响人际交往能力和社会互动效果，最终导致群体行为和态度发生变化，这反过来又会影响群体的本体安全感、主体间认同感和群际之间的信任感。未来，社会情绪的传递将成为社会心态体系建设的重要力量，通过改变和调整传递模式，趋向多样化、系统化的发展，可以更好地将社会情绪的传递机制与社会心态体系建设结合起来。在社会情绪传递方面，后续研究主要集中在：

（一）研究范围的延伸

西方学者普遍都有自己的一套研究方式，有的研究方法烦琐、机械，偶然性和随意性很强，对社会情绪的本土研究借鉴意义较小，当然，我们无须严格

---

① 司明宇，金紫薇. 如何增强对社会心态的前瞻性引导 [J]. 人民论坛，2018：69.

要求这些学者，但害怕以此为依据，简单地照搬照办，解决本土事情，① 我们可以利用他们已有的研究成果，在不违背其理论逻辑的前提下对社会情绪的传递研究进行推进和深入地探讨，从而形成我国本土化研究范式。现有的概念框架预设了社会情绪的产生和传递源于并限于社会心态，在研究过程中容易集中讨论个体情绪，导致社会情绪的中观、宏观层面与个体情绪的微观层面极具模糊性，从而无法将社会情绪与时代的宏观现实情境有机地联系起来。有学者指出：情感的产生和传导源于和限于社会互动，以至于个体的情感故事不能与时代的宏大叙事有机地联系起来。② 可见，对社会情绪的研究和讨论需要超越社会心态的研究框架，甚至超出社会互动的范围，把社会情绪的传递和宏观现实情境相结合，理论与实践相结合，不能是实践的步伐跟不上理论或是理论发展跟不上实践。在后续研究中，社会情绪研究也会更加偏向于测量和方法论，这也将影响研究的科学合理性发展。此外，本研究重点探讨西部地区在突发公共卫生事件现实情境中社会情绪的传递过程，相较于西部地区，一些在中部和东部地区的特大城市的经济、资源、技术发展优势明显，群体情感的表达可能会有所差异，因此，在未来可以研究突发情境之下这些城市（北上广深等）的社会情绪又是如何呈现、传递以及如何影响群体和社会。

（二）研究方法的扩展

在未来学界发展中，对社会情绪传递的研究不应只局限于深度访谈的研究方法，还可以通过定量研究的方法。毕竟，定量研究依靠对事物的可量化部分及其相关性测量、计算和分析，以便对事物的"本质"有一定了解。③ 换言之，后续研究可以通过一些指标（社会信任、社会认同、社会幸福感等）和数值等具体而清晰地研究和探讨社会情绪的概念和传递，以弥补社会情绪现在相关研究中的不足。此外，定量研究侧重于宏观层面，为了更好地实现宏观层面的社会情绪的探讨，有必要继续将微观和宏观层面结合起来，在后续研究中分析社会情绪的传递。

总而言之，对社会情绪传递的研究表明，群体间的共享感受渗透在社会互

---

① 夏军. 直面"社会情绪"："社会情绪"的定位及其战略选择 [J]. 探索与争鸣，2013：8.

② 成伯清. 当代情感体制的社会学探析 [J]. 中国社会科学，2017：84-85.

③ 陈向明. 质的研究方法与社会科学研究 [M]. 北京：教育科学出版社，2000：10.

动中，从社会互动的角度来看，追求群体的本体安全感，在群体之间建立主体认同感和人际信任，可以促进成员之间的积极沟通，形成一种良好的人际关系互动网络。这样一种社会环境有利于人们更好地融入社会，增强凝聚力和归属感，也反映了群体和社会在日常生活中的关系。在未来，社会情绪的传递研究将更加注重互动符号和情感符号的意义，不仅要从心理学和精神病医学领域的角度探索个体情绪的本质，还要跨学科地引导群体在社会情绪传递过程中关注正能量意义的符号，改变当前社会冷漠、道德丧失的现状，营造和谐美好的社会氛围，使群体、社区和社会共同构建情感共同体。无论是在社会治理中还是在解决社会矛盾或冲突时，都需要将社会心态、社会情绪纳入考虑的范围。而且，在未来社会发展中，信息传播技术只会越来越先进和智能化，信息传播渠道只会越来越多元化，对舆情信息的真伪判断也会越来越复杂，情绪传递的途径和手段也会产生更多的选择。同时，群体表达的自主性和意愿增强，这就对政府责任、媒体责任和企业社会责任提出了更高要求，一旦某一主体失责，社会就会产生失信危机，许多冲突、矛盾也会应境而生。因此，未来的研究应该更多地结合多学科相关理论和方法来探究社会情绪的发生机制及作用机理，从而更加深入地揭示社会情绪对群体和社会的影响，为社会稳定发展提供依据。

参考文献

著　作

[1] 安珊珊．虚拟社会的群体参与及互动［M］．北京：社会科学文献出版社，2021．

[2] 陈向明．质的研究方法与社会科学研究［M］．北京：教育科学出版社，2000．

[3] 刘建明．宣传舆论学大辞典［M］．北京：经济日报出版社，1993．

[4] 刘放桐，陈亚军．中国心灵的转化：杜威论中国［M］．上海：华东师范大学出版社，2017．

[5] 彭克宏．社会科学大词典［M］．北京：中国国际广播出版社，1989．

[6] 时蓉华．社会心理学词典［M］．成都：四川人民出版社，1988．

[7] 沙莲香．社会心理学［M］．北京：中国人民大学出版社，2006．

[8] 王俊秀．民众风险源评价分析［M］//王俊秀，杨宜音．2011年中国社会心态研究报告．北京：社会科学文献出版社，2011．

[9] 王俊秀．社会心态理论：一种宏观社会心理学范式［M］．北京：社会科学文献出版社，2014．

[10] 王俊秀．中国社会心态10年［M］．北京：社会科学文献出版社，2020．

[11] 奚洁人．科学发展观百科辞典［M］．上海：上海辞书出版社，2007．

[12] 杨宜音，王俊秀．当代中国社会心态研究［M］北京：社会科学文献出版社，2013．

[13] 周晓虹．中国体验：全球化、社会转型与中国人社会心态的嬗变［M］．北京：社会科学文献出版社，2017．

[14] 翟学伟．中国人的关系原理：时空秩序、生活欲念及其流变［M］．北京：北京大学出版社，2011．

[15] 赵毅衡．符号学：原理与推演［M］．南京：南京大学出版社，2016．

[16] 吉登斯．社会的构成［M］．李猛，译．上海：生活·读书·新知三联书店，1998．

[17] 吉登斯．现代性的后果［M］．田禾，译．南京：译林出版社，2000．

[18] 涂尔干．宗教生活的基本形式［M］．渠东，汲喆，译．北京：商务印书馆，2011．

［19］巴比．社会研究方法基础［M］．邱泽奇，译．北京：华夏出版社，2002．

［20］阿伦森．社会性动物［M］．刑占军，译．上海：华东师范大学出版社，2007．

［21］索杰．第三空间去往洛杉矶和其他真实和想象地方的旅程［M］．陆扬，等译．上海：
上海教育出版社，2005．

［22］贝克．风险社会［M］．何博闻，译．南京：译林出版社，2004．

［23］贝尔．后工业社会的来临［M］．彭强，译．北京：科学普及出版社，1985．

［24］格利高里，厄里．社会关系与空间结构［M］．谢礼圣，吕增奎，等译．北京：北京
师范大学出版社，2011．

［25］斯宾塞，沃尔比，亨特．情感社会学［M］．张军，周志浩，译．南京：江苏凤凰教
育出版社，2015．

［26］弗洛伊德．精神分析引论［M］．高觉敷，译．北京：商务印书馆，1986．

［27］勒庞．乌合之众：大众心理研究［M］．冯克利，译．北京：中央编译出版社，1895．

［28］齐美尔．社会学：关于社会化形式的研究［M］．林荣远，译．北京：华夏出版
社，2002．

［29］卡普费雷．谣言：世界最古老的传媒［M］．郑若麟，译．上海：上海人民出版
社，2008．

［30］格尔茨．文化的解释［M］．韩莉，译．南京：译林出版社，1999．

［31］柯林斯．互动仪式链［M］．林聚任，王鹏，宋丽君，译．北京：商务印书馆，2012．

［32］戈夫曼．日常生活的自我呈现［M］．黄爱华，冯钢，译．杭州：浙江人民出版
社，1989．

［33］米德．心灵、自我与社会［M］．赵月瑟，译．上海：上海译文出版社，2018．

［34］特纳，斯戴兹．情感社会学［M］．孙俊才，文军，译．上海：上海人民出版
社，2007．

［35］特纳．仪式过程：结构与反结构［M］．黄剑波，柳博赟，译．北京：中国人民大学
出版社，2006．

［36］雷迪．感情研究指南：情感史的框架［M］．周娜，译．上海：华东师范大学出版
社，2020．

［37］哈贝马斯．交往行为理论．第一卷［M］．曹卫东，译．上海：上海人民出版
社．2018．

［38］杜威．确定性的寻求：关于知行关系的研究［M］．傅统先，译．上海：华东师范大
学出版社，2019．

［39］HOFFMAN M L．Empathy and Moral Development［M］．Cambridge：Cambridge University
Press，2002．

［40］ COOPER A A. Characteristics of Men, Manners, Oponions, Times［M］. Cambridge：Cambridge University Press，1999.

［41］ DRUCKMAN D, BJORK R A. Learning, Remembering, Believing：Enhancing Human Performance［M］. Washington, DC：National Academy Press，1994.

期　刊

［1］ 边琦，马奔，马永驰. 危机管理中的符号与仪式：以新冠疫情防控为例［J］. 中国行政管理，2020（10）.

［2］ 蔡欢乐，朱言欣，雷璐碧，等. 新型冠状病毒肺炎相关知识、行为和心理应对：基于网络的横断面调查［J］. 中国公共卫生，2020，36（2）.

［3］ 柴梦然，郝旭. 论突发公共事件中网络社会情绪的生成逻辑与治理［J］. 内蒙古财经大学学报，2020，18（6）.

［4］ 陈云松，潘雨，张亮亮. 当代中国的社会焦虑及其宏观机制：基于搜索大数据的省级面板研究［J］. 济南大学学报（社会科学版），2020，30（6）.

［5］ 成伯清. 从嫉妒到怨恨：论中国社会情绪氛围的一个侧面［J］. 探索与争鸣，2009（10）.

［6］ 成伯清. 当代情感体制的社会学探析［J］. 中国社会科学，2017（5）.

［7］ 成伯清. 新媒体之新空间：从大众到公众［J］. 探索与争鸣，2016（11）.

［8］ 董向慧. "后真相时代"网络舆情与舆论转化机制探析：互动仪式链理论视角下的研究［J］. 理论与改革，2019（5）.

［9］ 董韦. 转型期社会焦虑的化约与消解［J］. 人民论坛，2012（20）.

［10］ 丁立平. 社会浮躁心理及其遏制对策［J］. 社会科学，2002（6）.

［11］ 杜杨沁，霍有光，锁志海. 政务微博微观社会网络结构实证分析：基于结构洞理论视角［J］. 情报杂志，2013，32（5）.

［12］ 冯柔佳，毕研玲，付小丽，等. 伪装情绪的人际影响及其作用机制［J］. 心理科学进展，2020，28（10）.

［13］ 高峰. 空间的社会意义：一种社会学的理论探索［J］. 江海学刊，2007（2）.

［14］ 管健. "弱势心态"蔓延：矫情还是憋屈［J］. 人民论坛，2010（34）.

［15］ 高光华，马翠英. 关于中国社会转型时期的社会焦虑问题研究述评［J］. 学理论，2013（22）.

［16］ 郭景萍. 西方情感社会学理论的发展脉络［J］. 社会，2007（5）.

［17］ 郭建新. 公正视阈下社会焦虑与核心价值观认同研究［J］. 江苏社会科学，2016

（6）．

［18］郭小安．网络抗争中谣言的情感动员：策略与剧目［J］．国际新闻界，2013，35（12）．

［19］郭小安．网络谣言的政治诱因：理论整合与中国经验［J］．武汉大学学报（人文科学版），2013，66（3）．

［20］龚为纲，朱萌．社会情绪的结构性分布特征及其逻辑：基于互联网大数据 GDELT 的分析［J］．政治学研究，2018（4）．

［21］何芳．"巨婴"现象的现实表征与社会背景探讨：关于当下国民心理素养热门话题的分析与思考［J］．青年发展论坛，2021，31（1）．

［22］何雪松．城市文脉、市场化遭遇与情感治理［J］．探索与争鸣，2017（9）．

［23］洪宇翔．风险视角下网络空间社会情绪的形成和干预［J］．浙江学刊，2017（4）．

［24］洪宇翔，李从东．面向社会稳定风险治理的社会情绪共同体研究［J］．情报杂志，2015，34（4）．

［25］洪宇翔，李从东，谢天．基于 X 列表的社会情绪图式模型研究［J］．系统科学学报，2016，24（2）．

［26］郝宇青，张弓．当下中国社会焦虑的类型探析［J］．齐鲁师范学院学报，2013，28（1）．

［27］黄军甫．缺乏共识的思想界：焦虑·异见·对策［J］．探索与争鸣，2012（7）．

［28］黄亮，齐巍，孙时进．社会心理服务体系的多视角反思与整合构建策略［J］．心理科学，2020，43（6）．

［29］黄玲玲，许远理，工晓宇．核心情绪：情绪产生之前的基础状态［J］．兰州教育学院学报，2010，26（4）．

［30］黄宇鑫．网络情绪传播研究综述及展望［J］．东南传播，2021（2）．

［31］胡佩知．人民日报抖音号的情感传播研究［J］．新媒体研究，2020，6（21）．

［32］胡文倩．非官方自媒体焦虑情绪表达下的网络舆情分析：以《一个出身寒门的状元之死》为例［J］．新闻研究导刊，2019，10（11）．

［33］胡潇．空间的社会逻辑：关于马克思恩格斯空间理论的思考［J］．中国社会科学，2013（1）．

［34］蒋子龙．警惕情绪污染［J］．人民论坛，2008（18）．

［35］姜方炳．空间分化、风险共振与"网络暴力"的生成：以转型中国的网络化为分析背景［J］．浙江社会科学，2015（8）．

［36］姜立君．新冠病毒疫情下大学生信息焦虑对手机成瘾的影响：一个有中介的调节模型［J］．大连大学学报，2020，41（2）．

［37］姜晓萍，郭兵兵．我国社会焦虑问题研究述评［J］．行政论坛，2014，21（5）．

［38］刘春晓，刘立志，王丹，等．集体仪式促进群体情绪感染的机制［J］．心理科学进展，2022，30（8）．

［39］刘红霞，曾先锋．近年来社会情绪研究综述［J］．山东社会科学，2015（S2）．

［40］刘汉波．符号赋权、焦虑消费与文化塑造：作为青年亚文化的"日常迷信"［J］．中国青年研究，2020（1）．

［41］刘环宇，谭芳，邓丽丽．新型冠状病毒肺炎疫情期间公众焦虑现状及影响因素分析［J］．护理研究，2020，34（9）．

［42］刘博．网络公共事件中的群体情绪及其治理［J］．上海行政学院学报，2017，18（3）．

［43］刘聪慧，王永梅，俞国良，等．共情的相关理论评述及动态模型探新［J］．心理科学进展，2009，17（5）．

［44］刘少杰．网络化时代的社会结构变迁［J］．学术月刊，2012，44（10）．

［45］刘少杰．网络化时代的社会空间分化与冲突［J］．社会学评论，2013，1（1）．

［46］刘少杰．网络化的缺场空间与社会学研究方法的调整［J］．中国社会科学评价，2015（1）．

［47］刘少杰．不确定条件下社会信任的分化与协调［J］．江苏社会科学，2020（4）．

［48］刘毅．略论网络舆情的概念、特点、表达与传播［J］．理论界，2007（1）．

［49］梁艳．关于建立社会情绪疏导机制的思考［J］．武警学院学报，2006（1）．

［50］李端生．社会情绪概论［J］．社会科学论坛（学术研究卷），2008（4）．

［51］李涵，李超超．个案研究的延伸价值：布洛维扩展个案法与费孝通社区研究法的比较［J］．贵州师范学院学报，2018，34（5）．

［52］李金云．符号互动论述评［J］．徐州工程学院学报（社会科学版），2020，35（4）．

［53］李颖．突发公共卫生事件中的情绪传播与舆论引导［J］．山西师大学报（社会科学版），2021，48（2）．

［54］李晓嘉．"财富焦虑"从何而来［J］．人民论坛，2018（34）．

［55］刘博．网络公共事件中的群体情绪及其治理［J］．上海行政学院学报，2017，18（3）．

［56］李帅帅，梁羽，何鑫．融媒体时代大众情绪引导方法探究［J］．新媒体研究，2018，4（17）．

［57］李硕，丁瑜，伍艳婷，等．网络舆情事件中的道德焦虑及其调适策略［J］．科教导刊（上旬刊），2017（12）．

［58］李静，何云峰，冯显诚．论社会心态的本质、表现形式及其作用［J］．华东理工大

学学报（社会科学版），2003（4）.

［59］卢春天，张志坚，张琦琪．缺场交往中青年的形象自我管理［J］.中国青年研究，2016（3）.

［60］罗希明，王仕民．论现代人的生存焦虑［J］.长江论坛，2014（1）.

［61］罗坤瑾．微博公共事件与社会情绪共振研究文献综述［J］.学术论坛，2013，36（10）.

［62］卢岚．新时代网络意识形态的风险防范与实践逻辑［J］.湖湘论坛，2021，34（1）.

［63］雷开春．青年中产的焦虑："被下流"的风险及其应对［J］.青年学报，2018（2）.

［64］马广海．论社会心态：概念辨析及其操作化［J］.社会科学，2008（10）.

［65］马天剑，张鑫．雾霾舆情的沸腾化、日常化与娱乐化：基于社会心态变化的视角［J］.新闻爱好者，2018（8）.

［66］卡斯特，刘益诚.21世纪的都市社会学［J］.国外城市规划，2006（5）.

［67］聂智，曾长秋．负面心态治理：虚拟社会管理新视阈［J］.学术论坛，2012，35（11）.

［68］牛金玉，陈超亿，宁良文，等．新冠肺炎疫情下的公众风险沟通满意度：信息需求、渠道偏好、媒介信任与情绪的影响［J］.中国科学基金，2020，34（6）.

［69］倪稼民．灵魂栖息何处：中国式社会焦虑之文化根源［J］.探索与争鸣，2012（7）.

［70］彭华新，周琨．作为知识与情感的"口罩"话语：基于对疫情期间@人民日报的文本考察［J］.新闻春秋，2021（3）.

［71］仇立平．城市新移民的"中产焦虑"［J］.人民论坛，2014（15）.

［72］祁海军．我国集群行为的社会心理机制探讨［J］.江西科技师范大学学报，2013（5）.

［73］乔建中．情绪的社会建构理论［J］.心理科学进展，2003（5）.

［74］邱敏．社会焦虑：一个微观层面的社会问题［J］.社会，2003（3）.

［75］沈正赋．突发公共事件的危机管理、舆情应对和共情传播：基于新冠肺炎疫情的检视与思考［J］.对外传播，2020（2）.

［76］沈正赋．社会风险视野中网络舆情的生成、传播及其信息治理：基于新冠肺炎疫情网络信息的梳理与阐发［J］.安徽师范大学学报（人文社会科学版），2020，48（5）.

［77］孙远太．城市居民的地位焦虑问题研究［J］.中共福建省委党校学报，2016（5）.

［78］孙江，李婷．风险建构视域下突发公共卫生事件网络舆情治理研究［J］.中国行政

管理，2019（9）．

[79] 宋辰婷．突发公共卫生事件中的情感治理：以新冠肺炎疫情为例 [J]．福建论坛
（人文社会科学版），2020（3）．

[80] 唐文清，张进辅．中外价值观研究述评 [J]．心理科学，2008（3）．

[81] 滕紫薇，黄兢，邱妍，等．2019 冠状病毒病防控一线人员的心理状况 [J]．中南大
学学报（医学版），2020，45（6）．

[82] 田维钢．微博评论中的网民情绪传播机制及策略 [J]．当代传播，2019（1）．

[83] 王俊秀．社会情绪的结构和动力机制：社会心态的视角 [J]．云南师范大学学报
（哲学社会科学版），2013，45（5）．

[84] 王俊秀．社会心态：转型社会的社会心理研究 [J]．社会学研究，2014，29（1）．

[85] 王俊秀．社会心态中的风险和不确定性分析 [J]．江苏社会科学，2016（1）．

[86] 王丽萍．转型期的文化多元、文化冲突对社会焦虑的影响 [J]．山东社会科学，
2018（2）．

[87] 王利平，陈嘉涛．齐美尔论个性 [J]．社会，2018，38（6）．

[88] 王礼申．去个体化效应：群体偏差行为的心理学解释 [J]．科协论坛（下半月），
2009（6）．

[89] 王建玲．我国大学生社会焦虑问题研究述评 [J]．上海理工大学学报（社会科学
版），2017，39（2）．

[90] 王鹏，侯钧生．情感社会学：研究的现状与趋势 [J]．社会，2005（4）．

[91] 王倩，孙俊青．传媒视阈下社会焦虑的形成与疏导 [J]．北京联合大学学报（人文
社会科学版），2020，18（1）．

[92] 王少磊．互联网之火：网络舆情和时代焦虑：从南京的突发公共卫生事件谈起 [J]．
南京邮电大学学报（社会科学版），2010，12（1）．

[93] 王雨磊．缘情治理：扶贫送温暖中的情感秩序 [J]．中国行政管理，2018（5）．

[94] 温淑春．当前我国社会情绪的现状、成因及疏导对策 [J]．理论与现代化，2013
（3）．

[95] 温芳芳，马书瀚，叶含雪，等．"涟漪效应"与"心理台风眼效应"：不同程度 CO-
VID-19 疫情地区民众风险认知与焦虑的双视角检验 [J]．心理学报，2020，52
（9）．

[96] 吴莹，杨宜音．社会心态形成过程中社会与个人的"互构性"：社会心理学中"共
识"理论对社会心态研究的启示 [J]．社会科学战线，2013（2）．

[97] 武瑞清．应急决策情境下社会心理稳定的因素分析 [J]．山西警察学院学报，2020，
28（3）．

[98] 文军，刘雨婷. 40 年来中国社会治理研究回顾与实践展望 [J]. 济南大学学报（社会科学版），2019，29（3）.

[99] 文宏. 危机情境中的人群"圈层阻隔"现象及形成逻辑：基于重大传染病事件的考察 [J]. 政治学研究，2021（4）.

[100] 文宏. 网络群体性事件中舆情导向与政府回应的逻辑互动：基于"雪乡"事件大数据的情感分析 [J]. 政治学研究，2019（1）.

[101] 肖珺，杨家懿. 情感与真相："后真相"传播观念的文化转移 [J]. 新闻与写作，2021（8）.

[102] 徐晓坤，王玲玲，钱星，等. 社会情绪的神经基础 [J]. 心理科学进展，2005（4）.

[103] 新冠肺炎疫情对社会情绪的影响：心理健康服务视角：本刊专访中国人民大学教授、博士生导师俞国良 [J]. 黑龙江社会科学，2020（5）.

[104] 夏一雪. 基于舆情大数据的网民情感"衰减—转移"模型与实证研究 [J]. 情报杂志，2019，38（3）.

[105] 夏军. 直面"社会情绪"："社会情绪"的定位及其战略选择 [J]. 探索与争鸣，2013（9）.

[106] 邢占军. 焦虑之下的幸福指数 [J]. 探索与争鸣，2012（7）.

[107] 邢梦婷，王曰芬. 国内外社会舆情研究的回顾与展望 [J]. 情报理论与实践，2015，38（11）.

[108] 余安邦. 文化心理学的历史发展与研究进路：兼论其与心态史学的关系 [J]. 中国社会心理学评论，2010（1）.

[109] 于水，杨溶榕. 转型期中国社会焦虑中的政府责任研究：基于 CGSS2013 数据分析 [J]. 信阳师范学院学报（哲学社会科学版），2016，36（4）.

[110] 营立成. 迈向什么样的空间社会学：空间作为社会学对象的四种路径与反思 [J]. 中国社会科学评价，2019（1）.

[111] 尤国珍. 近年来国内外价值观问题研究述评 [J]. 四川大学学报（哲学社会科学版），2011（6）.

[112] 杨宜音. 浮躁怎样成为一种社会心态 [J]. 江苏行政学院学报，2014（6）.

[113] 杨锃. 从"人格崇拜"到"自主自我"：社会的心理学化与心灵治理 [J]. 社会学研究，2019，34（1）.

[114] 喻国明. 网络舆情治理的基本逻辑与规制构建 [J]. 探索与争鸣，2016（10）.

[115] 颜其松. 自媒体环境下青年社会焦虑心态的实证研究 [J]. 现代交际，2019（4）.

[116] 杨宜音. 个体与宏观社会的心理关系：社会心态概念的界定 [J]. 社会学研究，

2006（4）．

[117] 杨宜音．社会心理领域的价值观研究述要 [J]．中国社会科学，1998（2）．

[118] 周晓虹．焦虑：迅疾变迁背景下的时代症候 [J]．江苏行政学院学报，2014（6）．

[119] 周晓虹．转型时代的社会心态与中国体验：兼与《社会心态：转型社会的社会心理研究》一文商榷 [J]．社会学研究，2014，29（4）．

[120] 周雪光．芝加哥"热浪"的社会学启迪：《热浪：芝加哥灾难的社会解剖》读后感 [J]．社会学研究，2006（4）．

[121] 周德清．价值断裂与精神乱象：社会转型期文化失范的症候分析 [J]．山西师大学报（社会科学版），2012，39（4）．

[122] 朱代琼，王国华．突发事件中网民社会情绪产生的影响因素及机理：基于三元交互决定论的多个案定性比较分析（QCA）[J]．情报杂志，2020，39（3）．

[123] 朱代琼，王国华．基于社会情绪"扩音"机制的网络舆情传播分析：以"红黄蓝幼儿园虐童事件"为例 [J]．西南民族大学学报（人文社科版），2019，40（3）．

[124] 朱逸．"缺场"空间中的符号建构 [J]．学习与实践，2015（1）．

[125] 詹恂，王思雨．疫情下我国社区群体性信息焦虑传播研究 [C] //北京大学新闻与传播学院．北京论坛·健康传播分论坛 | 医疗、人文、媒介："健康中国"与健康传播 2020 国际学术研讨会论文集，2020-11-7，电子科技大学公共管理学院教授；电子科技大学公共管理学院硕士研究生，2020：4.

[126] 张潇爽，徐艳红．当前中国人为何焦虑？焦虑程度几何？[J]．人民论坛，2013（9）．

[127] 张丽红．当前社会存在的主要负面情绪及其疏导 [J]．理论界，2011（8）．

[128] 张丽君．论马克思恩格斯的"个性"观 [J]．湖北大学学报（哲学社会科学版），2020，47（3）．

[129] 张奇勇，卢家楣．情绪感染的概念与发生机制 [J]．心理科学进展，2013，21（9）．

[130] 张艳丽，司汉武．青年群体的社会焦虑及成因分析 [J]．青年探索，2010（6）．

[131] 张兵娟．互动仪式中的情感传播及其建构：以《中国好声音》为例 [J]．新闻爱好者，2012（24）．

[132] 张彦，魏颖．网络表达：美好生活现代化叙事的一种方式 [J]．山西师大学报（社会科学版），2021，48（6）．

[133] 张品，林晓珊．陪伴的魔咒：城市青年父母的家庭生活、工作压力与育儿焦虑 [J]．中国青年研究，2020（4）．

[134] 甄瑞，周宵．新型冠状病毒肺炎疫情下普通民众焦虑的影响因素研究 [J]．应用心

理学，2020，26（2）．

［135］赵晖，周赟．探寻社会浮躁形成机理——基于社会运行、心理结构与程序正义的解读［J］．人民论坛，2014（20）．

［136］赵红艳，吴珩．微政治时代社会情绪传播与引导［J］．青年记者，2020（35）．

［137］赵金，曹保印，上官酒瑞，等．社会焦虑与媒体责任［J］．青年记者，2012（19）．

［138］周德清．价值断裂与精神乱象：社会转型期文化失范的症候分析［J］．山西师大学报（社会科学版），2012，39（4）．

［139］CHERBONNIER A, MICHINOV N. The Recognition of Emotions Beyond Facial Expressions：Comparing Emoticons Specifically Designed to Convey Basic Emotions With Other Modes of Expression［J］．Computers in Human Behavior, 2021（118）．

［140］BENDELOW G, WILLIAMS S J. Emotions in Social Life：Critical Themes and Contemporary Issues［M］．London：Great Britain, 2000.

［141］BEARTH A, SIEGRIST M. The Social Amplification of Risk Framework：A Normative Perspective on Trust?［J］．Risk Analysis, 2022, 42（7）．

［142］BOEHNER K, DEPAULA R, DOURISH P, et al. How Emotion is Made and Measured［J］．International Journal of Human-Computer Studies, 2007, 65（4）．

［143］VILLANUEVA C M, SILTON R L, HELLER W, et al. Change is on the Horizon：Call to Action for the Study of Positive Emotion and Reward in Psychopathology［J］．Current Opinion in Behavioral Sciences, 2021, 39.

［144］FISHER C L, ROCCOTAGLIATA T, RISING C J, et al. "I Don't Want to be an Ostrich"：Managing Mothers' Uncertainty During BRCA1/2 Genetic Counseling［J］．Journal of Genetic Counseling, 2017, 26（3）．

［145］CHENG Y, LIU W, YUAN X, et al. The Eyes Have It：Perception of Social Interaction Unfolds Through Pupil Dilation［J］．Neuroscience Bulletin, 2021, 37（1）．

［146］CORNELIUS R. The Science of Emotion［M］．Prentice-Hall, Inc. New Jersey 1999.

［147］SCHOEBI D, RANDALL A K. Emotional Dynamics in Intimate Relationships［J］．Emotion Review, 2015, 7（4）．

［148］DENHAM S A, FERRIER D E, BASSETT H H. Preschool Teachers' Socialization of Emotion Knowledge：Considering Socioeconomic Risk［J］．Journal of Applied Developmental Psychology, 2020, 69.

［149］FINUCANE M L. Emotion, Affect, and Risk Communication With Older Adults：Challenges and Opportunities［J］．Journal of Risk Research, 2008, 11（8）．

[150] GEORGE J M. Personal Affect, and Behavior in Groups [J]. Journal of Applied Psychology, 1990, 75 (2).

[151] ROSENBUSCH H, EVANS A M, ZEELENBERG M. Multilevel Emotion Transfer on You-Tube: Disentangling the Effects of Emotional Contagion and Homophily on Video Audiences [J]. Social Psychological and Personality Science, 2019, 10 (8).

[152] ASLIH S H, NETZER L, TAMIR M, et al. When We Want Them to Fear us: The Motivation to Influence Outgroup Emotions in Collective Action [J]. Group Processes & Intergroup Relations, 2019, 22 (5).

[153] VEILLEUX J C, POLLERT G A, SKINNER K, et al. Individual Beliefs About Emotion and Perceptions of Belief Stability are Associated With Symptoms of Psychopathology and Emotional Processes [J]. Personality and Individual Differences, 2020, 171 (1).

[154] JEANNEROD M. The 25th Bartlett Lecture. To Act or Not to Act: Perspectives on the Representation of Actions [J]. The Quarterly Journal of Experimental Psychology A: Human Experimental Psychology, 1999, 52 (1).

[155] KELLY J R. Mood and Emotion in Groups [M]. Oxford: Blackwell Publishers Ltd, 2008.

[156] WALBY K, SPENCER D C. Tree Planting as Neo-tribalism: Ritual, Risk Boundaries, and Group Effervescence [J]. Emotion, Space and Society, 2018, 28.

[157] SMITS K. Strangers in Their Own land: Anger and Mourning on the American Right [J]. Political Science, 2017, 69 (1).

[158] ASKINS K. "That's Just What I Do": Placing Emotion in Academic Activism, Emotion, Space and Society, 2009, 2 (1).

[159] SELS L, TRAN A, GREENAWAY K H, et al. The Social Functions of Positive Emotions [J]. Current Opinion in Behavioral Sciences, 2021, 39.

[160] GITELSON M. The Problem of Anxiety by Sigmund Freud [J]. Social Service Review, 1937, 11.

[161] Ahmed Nagy, Jeannie Stamberger. Crowd Sentiment Detection During Disasters and Drises [C] //. Proceedings of the 9th International ISCRAM Conference. Vancouver, April 2012, Vancouver, Canada, Rothkrantz, J. Ristvej and Z. Franco, eds.

[162] LOGESWARAN N, BHATTACHARYA J. Crossmodal Transfer of Emotion by Music [J]. Neuroscience Letters: An International Multidisciplinary Journal Devoted to the Rapid Publication of Basic Research in the Brain Sciences. 2009 (2).

[163] NETZER L, HALPERIN E, TAMIR M. Be Afraid, be Very Afraid! Motivated Intergroup

Emotion Regulation [J]. Personality and Social Psychology Bulletin, 2020, 46 (11).

[164] PARKINSON B. Intragroup Emotion Convergence: Beyond Contagion and Social Appraisal [J]. Personality and Social Psychology Review, 2020, 24 (2).

[165] CHEN Q N, LIANG M N, LI Y M, et al. Mental Health Care for Medical Staff in China During the Covid-19 Outbreak [J]. The Lancet Psychiatry, 2020, 7 (4).

[166] HAN Q, ZHENG B, AGOSTINI M et al. Associations of Risk Perception of COVID-19 With Emotion and Mental Health During the Pandemic [J]. Journal of Affective Disorders, 2021, 284.

[167] RUSSELL J A. Emotion, Core Affect, and Psychological Construction [J]. Cognition and Emotion, 2009, 23 (7).

[168] GRIFFIN R J, DUNWOODY S, NEUWIRTH K. Proposed Model of the Relationship of Risk Information Seeking and Processing to the Development of Preventive Behaviors [J]. Environmental Research, 1999, 80 (2).

[169] STIEGLITZ S, DANG-XUAN L. Emotions and Information Diffusion in Social Media—Sentiment of Microblogs and Sharing Behavior [J]. Journal of Management Information Systems, 2013, 29 (4).

[170] SCHACHTER S. Obesity and Eating [J]. Science, 1968, 161 (3843).

[171] DELPLANQUE S, SANDER D. A Fascinating But Risky Case of Reverse Inference: From Measures to Emotions! [J]. Food Quality and Preference, 2021, 92.

[172] Scott Stanley. Is "Cuelessness" Exacerbating Anxiety And Depression In Teens? [EB/OL]. Institute for Family Studies (IFS), 2017-11-08. https://ifstudies.org/blog/is-cuelessness-exacerbating-anxiety-and-depression-in-teens.

[173] HEFFER T, WILLOUGHBY T. A Person-Centered Examination of Emotion Dysregulation, Sensitivity to Threat, and Impulsivity Among Children and Adolescents: an Erp Study [J]. Developmental Cognitive Neuroscience, 2020, (47).

[174] TACKETT A P, CUSHING C C, SUORSA K I, et al. Illness Uncertainty, Global Psychological Distress, and Posttraumatic Stress in Pediatric Cancer: A Preliminary Examination Using a Path Analysis Approach [J]. Journal of Pediatric Psychology, 2015, 41 (3).

[175] LIU Y S, FU G F. Emotion Recognition by Deeply Learned Multi-Channel Textual and EEG Features [J]. Future Generation Computer Systems-The International Journal of Escience, 2021, 19.

博/硕学位论文与论文集

[1] 陈昌凯. 时间焦虑感 [D]. 南京：南京大学，2013.

[2] 段慧丹. 从嫉妒到怨恨：当代中国社会情绪的变迁（1978年至今）[D]. 上海：华东师范大学，2014.

[3] 赖安婷. 群体情绪传播途径及其影响因素 [D]. 北京：首都师范大学，2013.

[4] 刘飞. 基于情绪感染理论的群体心理安全感/心理不安全感传播机制 [D]. 北京：中国地质大学（北京），2016.

[5] 刘春丽. 博士研究生抑郁和焦虑症状现况调查及影响因素分析 [D]. 沈阳：中国医科大学，2019.

[6] 李东坡. 复杂社会条件下社会心态培育研究 [D]. 兰州：兰州大学，2015.

[7] 李潇健. 舆情事件中网民的情绪化表达研究 [D]. 哈尔滨：黑龙江大学，2019.

[8] 史亚丽. 公共理性视域下社会心态及其引导研究 [D]. 长沙：湖南大学，2017.

[9] 王竞莹. 互动仪式理论下大众情感动态传播研究 [D]. 石家庄：河北经贸大学，2020.

[10] 谢志宪. 突发公共卫生类舆情中公众情绪的传播机制研究 [D]. 保定：河北大学，2020.

[11] 张杰. 户外音乐节青年受众群体的情感传递 [D]. 南京：南京理工大学，2017.

[12] 张海波，童星. 从社会风险到公共危机——公共危机管理研究的新路径 [C] //中山大学行政管理研究中心（Center for Public Administration of Sun Yat-Sen University），澳门特别行政区行政暨公职局（Public Administration and Civil Services Bureau，MSAR），澳门大学（University of Macau），澳门基金会（Fundacao Macau）. 21世纪的公共管理：机遇与挑战——第二届国际学术研讨会文集，2006-10-31，南京大学公共管理学院社会风险与公共危机管理研究中心，2006：15.

[13] 张九海. 当前社会浮躁心态探因 [C] //天津市社会科学界联合会. 天津市社会科学界第十四届学术年会优秀论文集：加快构建中国特色哲学社会科学 推进"五个现代化天津"建设（上）. 天津：天津人民出版社，2019.

[14] 詹恂，王思雨. 疫情下我国社区群体性信息焦虑传播研究 [C] //北京大学新闻与传播学院. 北京论坛·健康传播分论坛 | 医疗、人文、媒介："健康中国"与健康传播2020国际学术研讨会论文集，2020-11-7，电子科技大学公共管理学院教授；电子科技大学公共管理学院硕士研究生，2020：4.

报刊类

［1］蔡劲松，刘建新．现代性危机中城市生存焦虑的风险与化解［N］．中国科学报，2019-06-26（3）．

［2］王俊秀．社会治理也是社会情感治理［N］．北京日报，2017-03-27（15）．

［3］王俊秀，陈满琪，应小萍，等．疫情防控期间社会心态变化调查［N］．北京日报，2020-02-10（10）．

［4］吴忠民．中国为何弥漫着社会焦虑［N］．学习时报，2011-06-13（4）．

［5］曾莉．社科院开展社会情绪调查［N］．湖北日报，2011-02-12（2）．

［6］张海波，陈武．以安全为中心治理社会风险［N］．中国社会科学报，2017-12-27（6）．